新工科视域下混合教学模式的构建与实践

主　编　王少英
主　审　王振存
副主编　胡世雄　樊豫陇　李　鹏
参　编　田广强　高继梅　汤迪操
　　　　王　军　张新焕

北京理工大学出版社
BEIJING INSTITUTE OF TECHNOLOGY PRESS

内 容 简 介

本书整合面授和网络教学的优点，讲述了新工科视域下混合教学模式的构建与实践。混合教学模式综合了“教为主”和“学为主”两种教学模式的优势，在具体的教学实践中，不仅充分发挥了学生在教学中的主体地位，还保留了教师在教学活动中的主导性，使学生在教师的指导下完成教学任务，获取更多的知识并实现了创新能力的提升，能更好地实现教学目标。全书内容丰富，具有较高的学术价值，可供各类高校教师参考、借鉴。

图书在版编目（CIP）数据

新工科视域下混合教学模式的构建与实践 / 王少英主编. --北京：北京理工大学出版社，2022.5

ISBN 978-7-5763-1293-5

Ⅰ. ①新… Ⅱ. ①王… Ⅲ. ①工科（教育）-教学模式-研究-高等学校 Ⅳ. ①G642.0

中国版本图书馆 CIP 数据核字（2022）第 071229 号

出版发行 / 北京理工大学出版社有限责任公司
社　　址 / 北京市海淀区中关村南大街 5 号
邮　　编 / 100081
电　　话 / （010）68914775（总编室）
（010）82562903（教材售后服务热线）
（010）68944723（其他图书服务热线）
网　　址 / http：//www.bitpress.com.cn
经　　销 / 全国各地新华书店
印　　刷 / 三河市华骏印务包装有限公司
开　　本 / 710 毫米×1000 毫米　1/16
印　　张 / 13
字　　数 / 337 千字
版　　次 / 2022 年 5 月第 1 版　2022 年 5 月第 1 次印刷
定　　价 / 68.00 元

责任编辑 / 李　薇
文案编辑 / 李　硕
责任校对 / 刘亚男
责任印制 / 李志强

图书出现印装质量问题，请拨打售后服务热线，本社负责调换

序

自1946年世界上第一台通用计算机诞生起，人类就开始步入信息化时代。在短短几十年时间里，由于互联网等现代信息技术的不断发展，我们的社会生活发生了翻天覆地的变化。尤其近十几年，新一轮的科技革命如火如荼地开展，信息技术与人类生活已经形成一个休戚与共的共同体，但人工智能、大数据、物联网等新兴技术的发展和变革在给人们生活带来便捷的同时，也对教育提出了新的挑战和要求。这就要求我们把握时代契机，充分发挥信息技术优势，推进现代信息技术与教育教学的深度融合，构建高质量教育体系，更好地促进综合型、复合型和创新型的人才培养。

在信息化背景下，我国开始通过颁布相应的教育政策、制定国家教育战略、深化教育综合改革等举措探索人才培养新模式。教育部从2017年开始，相继发布“复旦共识”“天大行动”“北京指南”等一系列文件，积极探索新工科建设和发展的新模式、新路径，满足当前社会对人才的新要求，助力教育强国建设。事实上，在信息技术诞生之初，人们就尝试将其运用到教育教学和人才培养过程中。只不过那时的信息技术主要是作为学校教育教学手段的补充和辅助。近年来，信息技术发展迅猛，已渗透到学校教育的方方面面，实现现代信息技术与教育教学的深度融合已成为不可阻挡的发展大势。

该书的作者王少英教授是一位专家型领导，她有着广阔的视野、深厚的文化底蕴，以及强烈的教育情怀。该书立足信息时代背景，在新工科视域下探索混合教学模式的新形式，为新工科专业建设、混合教学研究和新工科人才培养提供了新思路和新方向。通过对我国高校新工科专业建设现状的分析，结合TRIZ等相关理论，进行混合教学模式的革新，将传统教学与网络学习结合起来。该混合教学模式既包括教师课堂讲授和学生网络学习的混合，也包括学生课上学习和课后网络自学的混合，整合面授和网络教学的优点，推动教学目标的顺利实现，并通过实际试验验证教学设计的实践效果，真正实现传统教学与网络学习的深度结合，充分发挥学生的主体性和教师的主导性作用，提高混合式教育教学的效率和质量。在这一基础上，该书进行混合式学习课程设计与实施，并以工科课程为例进行深入的案例研究，进而为高校混合教学课程改革提供一定的现实参考。

该书不仅有混合教学理论的分析和研究，也通过问卷调查等方式对高校教学实际情况进行量化分析，理论与实践相结合，较为直观地反映出高校混合教学的现状和混合教学模式实施的效果，并以具体课程的开展为案例进行分析，充分体现该书的实用价值。该书对我国高校新工科专业建设的现状和未来的发展方向进行了较为深入的分析和探讨，内容完整充实，操作性和可借鉴性强，是我国教育教学领域的一部力作，非常契合我国当下的新工科专业建设和工科人才培养的需要，为我国高校新工科混合教学建设和改革创新提供了一个很好的范本，相信会对我国相关理论和实践研究带来诸多启示和借鉴。

（河南大学教育学院院长、教授、博士生导师）

2022 年 3 月 12 日

前言

在新时代背景下，许多传统工科专业不断延伸、拓展与变革，衍生出许多与新时代社会需要相适应的新工科专业。新工科专业与社会新兴产业紧密相关联，是新兴产业发展的重要基础。新工科的概念是针对原有的传统工科概念而言的，具体来说，新工科就是在原有工科基础之上，把理学、工学、医学和人文等多种学科不断交叉融合而又有所创新的新工程学科，是新领域、新模式、新方向的概念综合体。新工科的范围比较广，可以是多种学科的交叉学科，也可以是一级学科或二级学科，甚至是具体的一个专业或一个研究方向。新工科是未来工科类相关学科的发展方向，能较好地适应未来产业的发展和新经济的发展态势，新工科建设是目前经济发展转型的现实需要。对于新工科，我们要不断地在实践中进行探索，逐步推进研究进程，经过周密的计划和严密的实施方案，最终形成较为完善的新工科学科体系。新工科专业建设不只是高校的任务，还需要政府、企业、学生的共同努力。尤其是在工科类专业中有优势的高等院校，要根据自己专业建设的情况和企业对工科人才需求状况来发展新工科专业。

发展新工科、培养新工科人才迫在眉睫，但受不同专业学科之间存在壁垒、新工科专业建设存在局限性、新工科专业建设过程中企业参与较少等问题影响，新工科发展道路受阻。面对困难，寻找解决之策是重中之重，其中教学模式革新则是核心所在。新工科的发展要充分结合时代特征，立足于信息技术产生的混合教学模式则是新工科教学领域需要重点研究和探索的对象。混合教学模式并不是抛弃了传统的面对面课堂教学形式，而是在此基础上，针对教学内容和学生对知识的理解程度选择合适的形式开展网络学习。两种教学形式的混合是混合教学模式的基本教学形式之一，但不是唯一的混合形式。这里讲到的混合既包括了教师课堂讲授与学生网络自学的混合，也包括了学生课上学习和课后网络学习的混合。这种教学模式把面授和网络教学的优点进行了整合，综合了“以教为主”和“以学为主”两种教学模式的优势，在具体的教学实践中，不仅充分发挥了学生在教学中的主体地位，还保留了教师在教学活动中的主导性，使学生在教师的指导下完成教学任务、获取更多的知识，进而实现创新能力的提升；使教师能更好地实现教学目标的要求。

本书共分为九章，第一章为基本概念和理论基础，介绍了新工科和混合教学模式等基本概念，以及其理论基础；第二章为我国高校新工科专业建设发展研究；第三章为新工科视域下我国高校工科人才培养改革现状与策略；第四章为创新人才培养与 TRIZ 理论在混合教学中的应用；第五章为我国高校混合教学发展与保障制度研究；第六章为混合教学模式设计；第七章为混合教学模式实践；第八章为新工科视域下混合教学课程设计与实施设计；第九章为混合教学模式设计与实践实例分析——以“信息安全保密”课程为例。

该书是为深化工程教育改革创新、提高新时代工程人才培养质量，响应《河南省教育厅办公室关于开展新工科研究与实践项目立项工作的通知》（教高函〔2020〕70 号）要求，对立项的项目（2020 年度河南省新工科研究与实践项目“泛在学习视阈下新工科专业课程混合教学模式构建研究与实践”，项目编号为 2020JGLX095，教高〔2020〕138 号）的专项研究。该项目组成员在该书的编撰过程中，贯彻落实立德树人根本任务，充分认识到当前工程教育改革创新的迫切性，主动服务国家战略和河南省区域发展需求，根据以工科为主的应用型本科高校的办学定位和优势特色，深化教育教学改革，坚持问题导向，探索新工科人才培养路径，完善人才培养体系，创新人才培养模式，提高人才培养质量。该研究成果已在该项目组所在单位黄河交通学院应用并推广。

感谢王振存教授百忙中为本书作序，感谢北京理工大学出版社为本书的出版所做的工作。本书在项目研究过程中，得到了河南省教育厅对项目的指导；在编撰过程中参考了一些兄弟院校、中外专家的研究成果，在此，对以上领导与专家、学者一并表示最诚挚的谢意。

由于编者水平有限，书中疏漏在所难免，恳请同仁和读者批评指正。

王少英

2022 年 3 月

目录

第一章 基本概念和理论基础

第一节 基本概念

一、新工科

（一）新工科的概念

要理解“新工科”的概念，首先就要对“新”字的含义进行解读。“新”具体可以有“新型、新兴、新生”等解释，这三者与“学科”相对合，主要有以下解释：“新型学科”主要是指在面对当今和未来产业发展中的变化时，传统学科要适应发展进行转升级改造，转型成新的学科；“新兴学科”指的是还没有出现过、即将出现的新学科，是在现有学科的基础上，面向未来经济发展中出现的新产业和新技术而成长起来的新学科；“新生学科”主要指的是针对未来多变的产业发展状况，糅合多门学科的优势和精髓而形成的新生学科。由此可见，“新”是一个动态发展的概念，即不断完善现有工程学科和专业的建设工作，不断更新人才建设的方式、方法，在新形式、新经济发展的要求下，各教育主管部门及其他相关部门、高等院校要坚决执行党和国家教育改革的方针，及时转变人才培养方式，认真研究传统专业的发展方向，根据国内外经济、科技发展的形势对现有专业进行及时科学的调整，结合地方经济发展的现状以及新的地方发展中长远规划，在人才建设和培养上制订新的目标，确定新的方案，具体来说就是要创新教学模式、变革课程体系、优化教学内容。

“工科”概念比较简单，就是指人们熟知的工科类学科，即在人类现代教育中已经出现过的工程技术类学科专业。新工科的概念是针对原有的传统工科概念而言的，具体来说，新工科就是在原有工科基础之上，把理学、工学、医学和人文学科等多种学科不断交叉融合而又有所创新的新工程学科，是新领域、新模式、新方向的概念综合体。新工科的范围比较广，可以是多种学科的交叉学科，也可以是一级学科或二级学科，甚至是具体的一个专业或一个研究方向。新工科是未来工科类相关学科的发展方向，能比较好地适应未来产业的发展和新经济的发展态势，新工科建设是目前经济发展转型的现实需要，对于新工科的认识，我们要不断地在实践中进行探索，逐步推进研究进程，经过周密的计划和严密的实施方案，最终形成较为完善的新工科学科体系。新工科专业建设是未来工科类专业发展建设的趋势，它的建设不只是高校的任务，还需要政府、企业、学生的共同努力，尤其是在工科类专业中有优势的高等院校，要根据自己专业建设的情况和企业对工科人才需求状况来发展新工科专业。

综合上述内容，新工科可以定义为高校在面对新时代、新形势、新环境和新的改革要求下，为适应国家发展战略和经济发展要求，正在形成或即将形成的新型、新兴、新生学科和专业或者研究方向。新工科和我们熟知的传统工科有比较大的区别，它是由国家牵头，高校和企业联合对人才建设规划进行改革，推动工科人才面对产业加速发展和经济持久稳定发展的新要求，把产业创新发展和经济发展联系起来，具有引领性、创新性、融合性、实践性等特点，对工程类学科和专业建设发展具有较高要求的工科专业。通俗来说，新工科是根据国家战略发展要求、国际经济发展状况和高校立德树人育人模式而提出的，目的是应对未来国际社会多变的竞争环境，其以未来学科发展为学科建设理念，更加强调学科的实用性和适应性，以继承和创新、交叉和融合、协调和共享为主要建设途径，培养能适应未来社会发展需求的多元创新型专业人才，具有引领性、创新性、融合性、实践性等特征。

（二）新工科的理念

新工科的理念即培养工科人才中要注意的内容。新工科人才建设中不仅要注重培养学生获取知识的能力、参与实践的能力和未来从事工作要具备的职业素养等多种专业技能和素养，还要注意培养学生广阔的国际视野、人文精神和创新精神，以提升学生的协作和沟通能力、创新能力、分析解决工程问题的能力等。这里所讲到的新工科理念具体来说就是新工科的教育理念，具体有以下几个方面的内容。

1. 开放、包容的教育理念

“开放”指的是新工科建设要摆脱传统工科的局限，在工科教育中吸收人文社科等其他专业的内容。未来社会的发展是多元的，对于人才的需求已经不是单一的专业需求，而是需要具备多种能力的综合型、复合型人才。例如，从 1939 年起，美国的卡耐基梅隆大学就要求工科学生选修人文社科课程，并占据选修科目至少 1/4 的比例，这说明单一的专业人才建设模式早已不是世界人才的培养策

略，所以我国工科人才的培养也要朝着开放、全面的方向发展。

"包容"意味着新工科不是对传统工科的颠覆，而是在现有工科教育的基础上，对传统工科教育进行整体的转型。从我国经济发展的情况来看，工业仍是推动经济发展的主导力量，新技术在工业领域的不断应用，需要我国高等院校在工科专业建设上研究世界科技理论的最新成果，借鉴国外大学的专业建设经验，并根据我国工业发展的实际情况，结合高校自身专业优势，规范新工科的专业建设方向和内容，形成比较全面具体的建设方案并加快建设，以包容的理念做好新工科和传统工科的融合发展。

2. 创新型教育理念

我国是目前世界上最大的工业制造国，拥有诸多先进技术和建设成就，在世界上占据着重要的地位，但是也仅仅是规模上最大，在工业的总体实力上还和一些国家存在比较大的差距。为了应对未来日益激烈的国际竞争环境，实现我国从工程大国向工程强国的转变，我国的工程专业建设必须朝着"新工科"的方向发展。具体来说，就是要创新工科人才的培养模式、优化专业设置、改进教学方法，推动我国高等院校工程专业教育的创新改革。各高校要结合自身学科专业发展情况，面向未来制订长远发展计划，在新工科建设中合理定位，全面培养我国乃至世界工业建设发展需要的创新型人才。

3. 综合化教育理念

首先，新工科人才的培养要注重知识、能力和素质的全面综合，在重视学生专业知识的前提下，更加突出学生专业技能实践能力，特别是实践创新能力的培养，形成既注重专业知识又重视创新实践能力的人才建设教育理念。其次，新工科人才建设要注重工科专业知识和人文社科知识的综合，这是现代社会发展对于新工科专业人才建设的需求，具备扎实的专业知识能够更好地适应未来工作的需求，而具备一定的人文科学知识，能帮助学生更加热爱自己的职业，以比较高的道德素质进行工作，遵纪守法、爱岗敬业。再次，新工科专业要实现专业教育和通识教育的综合，新工科教育离不开专业教育，既要培养出专业理论知识过硬的学生，又要在人才培养中重视学生的综合专业能力和素质。同时还要强化学生的通识教育，突出"育人"理念。通识教育能使学生在毕业后不是单纯地为了生计而从事相关工作，而是热爱自己的职业，在工作中激发出创新的活力，推动我国工业实现跨越式的发展。

4. 全周期教育理念

新工科教育是一个周期性的过程，根据 CDIO（Conceive，Design，Implement，Operate）教育理念，新工科培养的人才应具备工程基础知识、个人能力、人际团队能力和工程系统能力，实现人才培养的周期性建设。

5. 全面发展的教育理念

新工科建设不能脱离教育的本质，要以学生为根本，在学科建设上要始终坚持教育的育人功能，不仅要能适应未来社会对专业人才建设的需要，还要坚决贯彻落实高校立德树人的根本任务，以社会主义核心价值观引领学生的思想建设。在具体专业课程设置上，不但要体现工科专业知识的学习，还要重视学生思想、法律、道德等方面的建设工作，使新工科培养出来的学生不仅能在工作中把所学的知识转化为专业的工程技术能力，还具备创新能力、人文素养和全球发展视野。

（三）新工科的特征

结合新工科的概念和教育理念，对比新工科和传统工科的区别，笔者认为，新工科的特征至少包括引领性、创新性、融合性、实践性四个特征。

1. 引领性

新工科的引领性指的是新工科专业建设对其他学科和专业发展建设的引领作用。世界经济的发展在很大程度上得益于新兴技术的不断创新，但是新技术也只是在某一个时期内是“新”的，很快就有可能在更新的技术出现后被淘汰。在技术快速更新换代的新时代，很多产业会出现颠覆式的变化，甚至是被迫退出市场，因此在新技术不断发展的前提下，经济的发展形态也是难以预估的。而新工科的出现是根据新的经济发展形态而兴起的，它能够适应技术快速更新的现实和未来经济的发展要求，会随着科技创新的步伐和产业革命的脚步不断建设，填补新技术革命环境下对新人才大量需求的缺口，为各综合性高校、专业工科院校和各相关院校未来人才建设提供了发展思路和专业发展方向，以更好地适应未来产业发展的需求。

2. 创新性

新工科的创新性强调的是在技术、产业和发展模式上进行革新，是对工科教育思想和教学方式方法进行的革新。随着新兴技术的不断发展，对具备创新能力的工程专业技术人才的需求愈加迫切。新工科的发展要突显在“新”上面，即要对传统工科进行创新。只有对传统工科专业进行创新，不断突破并掌握核心技术，才能建设世界一流专业工科院校和专业，抢占世界科技创新发展的桥头阵地，创造出更多的经济发展新形态。这里讲的创新并不是在原有技术上进行二次加工或是在实践应用中变革使用方式，而是更加重视技术的原生性，在前所未有的新技术上实现技术的转化和应用，扩大技术的应用范围、服务方向，实现新技术、新产业和新发展模式适应新经济发展的最终目标。新工科的创新可以有五个方面的内容，即新模式、新体系、新质量、新理念和新结构，在新工科专业建设

和具体的教学过程中要按照这些内容进行创新。

3. 融合性

推动新经济发展绝不是单一行业、产业发展能实现的，新经济具备跨领域和跨行业的发展特征，这就需要在建设和发展新工科和对传统工科进行改造升级的基础上强调跨专业的融合。新工科的跨专业融合，一方面，注重的是工科类学科专业具备多学科性、跨学科性和跨行业性，在现有工科专业的基础上进行工科专业与工科专业、工科专业和其他学科专业的交叉融合。这种融合不能只局限于理工科专业深度融合研究，而是要把新兴技术和传统工科专业进行有机融合，实现工科专业和其他专业尤其是人文科学类专业（如历史、地理、人文、艺术等）之间的融合，使枯燥单一的传统工科教育更具人文精神。另一方面，在新工科的人才培养计划中，要引导学生把多种学科知识进行融合，以更好地适应现实经济发展中可能出现的困境，强调学生的工作能力和创新能力，以便在多元文化发展的环境中更好地适应复杂多变的商业环境，使学生在拥有工科专业知识和技能的前提下，还能拥有多种学科的专业知识和综合技能，在实践中不断磨炼学生的交流能力、领导能力和适应环境能力。总而言之，新工科的融合性不仅是工科和多学科专业知识的融合，更是多种实践能力培养的融合。

4. 实践性

新工科的实践性比较明显，就是要改变传统工科教育中重视理论知识而忽视实践能力的痼疾，重点转变学科专业的培养方向，在学科教学中不但要重视学科专业的理论知识教学，还要增加学生进行实践的机会，开设理论实践课，和企业建立联合发展机制，增强学生的实践能力。新的经济发展形态和层出不穷的新兴技术，要求新工科建设改变过去单一的知识生产模式，转而以研究为基础，集合以创新网络、知识集群、分形研究、教育与创新等为核心的知识生产新模式，更加强调学科建设的应用性和实践性。新工科的学科教育建设符合 OBE（Outcome Based Education，成果导向教育）教学理念，是一种基于学习产出的教育模式，要以学生为中心、产出为导向、培养实践能力强的人才为目标。具体来说，就是新工科专业建设和发展要在特有的环境下，发挥其实践性强及与产业发展联合紧密的特点，积极建设新经济发展形态和多主体协同育人，突出新工科建设重视实践性的特征。

二、混合教学模式

（一）混合教学

随着信息技术的成熟和普及，网上学习已经成为不可缺少的一种学习方式，越来越多的教学工作者或教学专家尝试着把多种媒介结合起来开展一种混合教学的新模式。混合教学也称混合式教学，原意指在传统的课堂教学环境下，除了借助于传统的学习形式，还把传统课堂和网络学习，把自主学习和合作探究学习结合起来。混合教学虽不是新鲜事物，但是由于各国的教学环境及国情不同，国内外学者对于混合教学的研究也有不同的认识，没有一个明确的、得到普遍认可的权威定义。

1. 国外对混合教学的概念界定

印度 NITT 公司教学设计专家将混合教学作为一种教学方式来研究，其内容包括传统的课堂教学，利用网络进行学习和课下的自主学习。也有专家认为，混合教学就是进行课堂教学的多种媒介，混合教学依托多种教学理论，不同于传统教学的组织形式、评价方式以及多种信息技术支持，能够进行教学活动的混合应用。

美国培训所比较重视混合教学的效果，因此其对混合教学的定义偏重于教学要达到的目的：混合教学是教师组织的一系列旨在提高学习者学习效率的方法，主要包括投入与产出的统一、学习内容和学习方法的统一、多样化学习资源的统一，提高学生沟通能力的方法。

詹妮弗·霍夫曼（Jennifer Hofmann）在《混合式学习案例研究》中指出：混合教学就是运用模块化的思想设计教学活动，并将过程按照相应的规则分为几个部分，然后再去寻找最优的媒体将教学内容呈现给学习者。詹妮弗·霍夫曼对混合教学的理解侧重分析研究适合学习者的学习内容，然后利用媒体组合实现最优化的传递和呈现，以达到最佳的学习效果。

2. 国内对混合教学的概念界定

随着教学改革的不断深化，国内学者对混合教学进行了大量的研究，根据不同的研究方向和学习经历，对混合教学的定义也有不同的看法。

中国电化教育的奠基人南国农教授认为，混合教学是利用最合适的信息媒介把教学内容传递给学生，减少媒介使用成本，以达到最优的学习效果。混合教学应充分考虑学习者的学习要求和学习能力，以此来选择最佳的教学媒介，确保用最短的时间和最佳的方式把学习内容传递给学习者，并能较大幅度提高大部分学生对学习内容的掌握程度。

李克东教授对混合教学的研究主要考虑有机整合传统的面对面教学和在线学习两种学习模式，他比较关心两者之间应该怎样混合或是用什么要素进行混合，认为混合的目的是以最低的教学成本提高学习效率，可见，李克东教授比较重视在混合教学的教学设计上进行研究。

黎加厚教授认为，混合教学是把教学方法、信息化教学模式、教学策略、教学媒体等教学要素，进行优化选择和组合，以实现预期的教学目标。

（二）教学模式

要界定混合教学模式的概念，就要理解什么是教学模式。美国学者乔伊斯和威尔在《教学模式》一书中对“教学模式”进行了定义：所谓教学模式就是构成课程和课业的框架、教师选择教材以及提示教学活动的泛型或计划。我国学者从 20 世纪 80 年代开始引用教学模式的教学概念，并进行了一系列的研究和实践。何克抗教授认为，教学模式就是在一定的教育思想、教学理论和学习理论指导下，在一定环境中展开的教学活动进程的稳定结构形式。

教学模式就是各种教育理论在教学实践中的具体应用体现，有一定的操作程序和比较稳定的教学活动结构。一般来说，这种教学活动结构包括理论基础、教学任务、教学手段、教学方案、教学评价，这些要素之间相互配合、相互作用，形成了比较健全的教学模式，指导着教学实践活动的开展。开展教学活动离不开这五个方面的配合。但是如何具体实施，还要根据具体的教学环境和教学内容来确定。

教学模式具备一定的特点，这里主要从三个方面进行阐述。第一，可操作性。教学模式是指导教学实践活动的，更加强调实践性，并不重视理论内涵，如何在具体教学中进行实践是教学模式可操作性的体现。教学模式在教师开展教学活动中起着重要的指导作用，是教师完成教学任务的引导。第二，发展性。教学环境、教师水平、学生的学习能力等因素决定了教学模式并非不可改变，在具体的教学实践中教师要根据这些因素对教学模式不断地进行调整和完善，以保证教学目标能够按时按质完成。第三，系统性。教学模式的系统性指的是在教学活动中各教学元素相互联系和组合，形成比较完整的教学结构，并能够视不同情况进行自我调整。在采用某种教学模式时，要注重其系统性，不能只是简单地套用教学模式的程序步骤。如果不从教学环境和教学实际出发，教学效果并不能达到预期的效果。

（三）混合教学模式

1. 混合教学模式的概念

混合教学模式也称混合式教学模式，是在多种教育理论指导下，把多种信息化教学设施和教学设备进行综合应用，坚持学生的教学主体地位和教师主导课堂的教学理念，将传统的课堂教学和网络教学方式实现有机结合，形成良好的教学环境和教学氛围，最终实行教学目标最优化的一种教学模式。

混合教学模式指导下的教学环节，并没有抛弃传统的面对面课堂教学形式，而是在此基础上针对教学内容和学生对知识的理解程度选择合适的形式开展网络学习。两种教学形式的混合是混合教学模式的基本教学形式之一，但并不是唯一的混合形式。这里讲到的混合既包括了教师的课堂讲授与学生网络学习的混合，也包括了学生在课上学习和课后利用网络平台进行学习的混合。混合教学模式要依靠教学资源和教学环境的混合才能顺利实现。这种教学模式把面授和网络教学的优点进行了整合，综合了“教为主”和“学为主”两种教学模式的优势，在具体的教学实践中，不仅充分发挥了学生在教学中的主体地位，还保留了教师在教学活动中的主导性，使学生在教师的指导下完成教学任务，获取更多的知识并实现创新能力的提升，更好地实现教学目标的要求。

除了理解混合教学模式的内容外，还要区分清楚以下两对概念。其一是混合教学模式和教学模式的混合的区别。这两者并不是一个概念，混合教学模式是随着信息技术不断成熟普及所形成的一种传统教学和网络教学相融合的教学模式，而教学模式的混合是在教学实践中应用多种教学模式。混合教学模式并不是简单地把传统教学和网络教学混合起来，混合教学模式和教学模式的混合有一定的联系，但并不是同一概念。其二是混合教学模式和混合学习的区别。从字面意思可以看到，混合教学模式是教学活动，而混合学习是学习活动。两者之间的角度不同，前者是从教师的角度进行的教学活动，后者是从学生的角度进行的学习活动。两者之间的联系在于，都借助了传统课堂教学和网络教学进行师生之间的互动。

2. 混合教学模式的特征

（1）综合性。混合教学模式和传统的课堂教学模式以及单纯的在线学习模式有很大的区别，重点表现为综合性很强。混合教学模式的综合性特征具体有两个方面的体现：其一是综合了多种教学理论，在对混合教学模式理论的不断研究和挖掘中，形成了多种理论混合发展的新型教学模式。其中比较成熟的理论有人本主义理论、建构主义理论、掌握学习理论、教育传播理论等，这些理论在综合发展中对混合教学模式的发展提供了有力的理论支撑，但是即使每种理论都有其优点，不可避免具有时代发展的局限性。因此，在教学中应用混合教学模式，就要考虑到不同学习者的具体需求和学习环境，综合运用多种教育理论进行实践教学。其二是教学过程中综合了多种要素。教学环节和教学环境是多变的，因此，开展混合教学模式就要把学习环境、学习方式、评价方式、学习资源以及教学媒体、目标、评价等诸多元素综合起来，发挥混合教学模式的优势。

（2）实践性。混合教学模式注重培养学生利用理论知识解决现实问题的能力。一般认为，教师进行教学活动就是进行知识的传授，以学生掌握了所授知识为教学目标，因此在教学环节的设计上比较简单，并没有通过创设有效的环境，将理论知识的讲授和实践活动结合起来。同时，传统的教学模式以学生的考试成绩为主要衡量标准，很少把学生的实践能力囊括到教学评价中，这样就忽视了学习的最终目标，即将学习到的理论知识运用到生活实践中，因此传统的教学模式很难培养学生运用多种技能和思维方法来解决实际问题的能力。混合教学模式相比于传统的教学模式，在课堂教学中更重视发挥学生的主动性，突出学生的课堂教学主体性作用，把对学生实践能力的培养作为教学的一个重要内容，更有力地推动了学生多方面能力的提升。具体来说，运用混合教学模式，创设适合学生发挥主动性的教学情境，激发学生主动学习的兴趣，通过学生自主合作探究学习，鼓励学生大胆发问，锻炼了学生独立思考的能力和分工协作的能力。此外，混合教学模式利用多媒体教学工具丰富了教学内容，能够有效地把学生学习生活中遇到的问题结合起来，为学生解决实际问题提供方法。

（3）互动性。在课堂教学中，良好的师生互动既能帮助教师更好地进行知识的讲授，也能使学生在比较轻松的环境中掌握所学的知识并进一步完成知识体系的构建。混合教学模式相对于传统的教学模式，表现出了更强的互动性，这种互动性首先表现在教师与学生、学生与学生之间的交流互动和及时沟通上。传统的授课模式下，教师是教学的主体，掌控着整个课堂教学的各个环节，大部分时间展示教师对课程的理解，学生根据教师的理解完成课程的学习，很少能在课堂上发表意见、提出问题。在这样的课堂教学模式下，学生不能及时向教师提问，很多问题得不到及时的解决，对学生进一步学习产生了不小的影响。在混合教学模式下，课堂的主导权还在教师的手中，但是教师的地位发生了很大的改变，课堂以学生在自主学习中难以解决的问题为导向，在完成教学目标的前提下，教师重点解决学生面临的难题。在这样的模式下，学生根据教师的解答进行深入的思考，可能还会产生更多的问题，学生可以和教师或其他同学进行沟通，得到解决问题的方法。其次，混合教学模式的互动性还体现在人机交流互动上。学生除了在课堂教学中进行学习，还可以在网上进行探究学习。网络多样的教学资源和灵活多变的教学形式能最高程度地激发学生主动学习的热情，促进学生在网络上获取知识、提出问题、寻找答案，形成混合教学的人机互动模式，提高学生的创新意识和创新能力。

3. 混合教学模式的类型

（1）补充型。补充型指的是混合教学模式在传统课堂教学结构基本不变的前提下，把课外在线学习活动和补充的在线学习资料进行运用，让学生对教学内容有更深层次的认识。

（2）替代型。混合教学模式相对减少了传统的面对面授课的时间，相应增加了线上教学、学习的时间。这里讲到的替代并不是完全的替代，而是在教学时间的安排上进行一定量的时间替代。

（3）商场型。商场型的混合教学模式，取消了所有的线下授课，学生根据网络学习资源中心提供的学习资源进行自主学习。在这种形式的教学模式下，教学的时间不是由教师来安排的，而是由学生自主选择的，学生在合适的时间利用教学资源中心提供的学习软件、授课视频、在线练习等进行自主学习，教师则给学生提供个性化的帮助。

（4）完全在线型。在这种类型下，学生在线学习的时间占教学活动的绝大多数，非必要情况下不开设面授课程。教师把学习的内容在线上分为诸多小课程供学生学习，并在线上有针对性地回复学生在线上学习中提出的问题。

（5）自主型。这种形式的混合教学模式最大限度地给予学生学习的选择权，学生把自己的学习能力、学习情况以及喜欢的学习方式通过网络传递给教师，教师则根据学生的需求，选择合适的教学方法。这种教学模式充分展现了以学生为中心的教学思想。

4. 混合教学模式的要素

（1）教学环境的混合。混合教学模式的基本形式是课堂教学和在线学习的混合，既有课堂教学中教师的面授和课堂在线指导学习的混合，也有学生课堂学习和在课后利用网络教学平台在线学习的混合。混合教学模式把课堂授课和在线学习的优势进行融合，充分展现出教师对课堂的主导作用，并体现学生课堂主体的地位。

（2）教学方式的混合。混合教学模式强调的学生自主学习，主要是学生面对难以理解的问题通过查阅、调查等形式进行的自主学习，以及学生在网络学习中利用网络资源进行的自主在线学习。混合教学模式中的协作学习，是指在传统教学环境中进行的小组讨论、分组探究的学习形式和利用网络技术进行在线讨论、交流的合作学习。实现自主学习和协作学习的有效融合，是开展混合教学首先要解决的问题。

（3）交互方式的混合。利用混合教学模式展开的教学活动的交互方式，不但包括了我们熟知的传统的师生之间、生生之间的面对面交流互动，还包括了利用网络技术进行的线上交流活动。从诸多教学实践中可以看出，传统课堂教学中的课上交流、分组讨论等形式可以增进师生之间的情感，增强学生的合作、协作意识，同时线上教学能帮助部分有交流障碍的学生在没有束缚的条件下表达自己的思想，和教师、同学进行交流。

（4）教学媒体的混合。教学媒体指的是传递教学内容的媒介和工具。传统教学环境中的教学媒体（如黑板、粉笔）能比较直观地将教学内容呈现出来，并能够直接进行交流，而且讨论时便于分组，但是对时间和地点有比较高的要求，进行改革实验的成本也较高。而网络教学中能弥补这些不足，使教学资源得到充分应用，学生进行自主学习的程度也比较高，但是对学生学习的情况很难追踪。因此，开展混合教学模式要把传统媒体和网络媒体结合起来，趋利避害，实

现最佳的教学效果。

（5）教学评价的混合。混合教学模式下的教学评价和传统的评价方式不同，它强调了评价主体的多元化和评价形式的多样化，一改教师为主的传统教学评价形式，把学生也作为评价的主体考虑进来，更加突出学生在教学中的关键性作用。在评价方式上，不但注重结论性的评价，还强调在学习过程中进行评价，把过程评价和结果评价结合起来，使教学评价更加全面地体现出学生的学习成果，使学生更加全面地认识到自己的优势和不足，也使教师更加全面地考虑学生的需求。通过这样的教学评价，学生分析问题、解决问题的能力有了很大的提高，考试的方式也更加灵活多样、动态开放，学生自主选择的空间就显得比较大，学习的压力相应有所减轻，学生对学习的过程也能够进行有效的调控。学生不再是被动地接受评价，而是成为评价的主体和积极参与者。

第二节　理论基础

一、建构主义学习理论

建构主义理论认为，知识不是依赖教师的讲授而是依靠学习者已经掌握的知识主动建构而获得的。据此可知，每一个学习者对相同知识进行学习的过程是有很大区别的，这就使学习的结果是不可预估的。所以在教学中，教师不是控制学习，而是促进学生继续进行学习。建构主义突出学生在教学中的主体地位，重视在教学中创设有利于建构知识体系的学习情境，从而使学习者能够便捷地获得知识，教师并不需要利用教学设计掌握学习者的学习过程以帮助其获取知识。这种理论要求学生能够充分认识到自己在学习过程中的主体地位，有意识地主动获取知识，建构知识体系；还要求教师改变过去灌输知识的传统教学模式，帮助引导学生主动构建知识系统体系，不断拓展学生的认知能力和加深学生对已学知识的掌握程度。建构主义认为，无论是教师还是学生都应该处于比较和谐的学习环境当中，这种学习环境和传统的教学环境有比较大的差异，能够比较全面地展现学生和教师在教学中的地位，教师不再是单纯的知识传递者，而是帮助学生进行知识体系建构的引导者，学生也不再只是被动地接受知识，而成为主动进行知识构建的主导者。建构主义学习理论要求教师利用新的教学方法进行教学，利用新思想、新理念帮助学生进行有意义的知识建构。

从 20 世纪 60 年代皮亚杰提出建构主义理论起，经过维果茨基等人的发展，该理论不断丰富和完善，形成了独特的学习观、知识观和教学观。建构主义学习观认为，学习不是传统的课堂教学，而是学生在教师的指引下利用自身具备的知识汲取掌握知识的过程。在知识观上，建构主义学习理论认为，知识并不是一成不变的，而是具有动态性，要根据具体问题所处的具体环境对已有的知识进行处理，对未知知识的理解和掌握应建立在学生已有知识体系的基础之上。建构主义教学观认为，学习活动依托于学生自身已有的知识和经验，教师在教学中主要是引导学生和组织学生进行知识的建构，学生的创造性和主动性是学习知识的关键因素。建构主义学习理论注重在教学中创设情境，以便于学生在适当教学情境中通过与老师、同学之间的交流合作实现对知识的掌握和知识体系的建构。

20 世纪 90 年代以来，随着计算机和网络结合的技术日益成熟，建构主义学习理论在教学领域的应用有了更好的应用条件。混合教学突出学生主体性的教学模式，正是在现代信息技术的支持下，对建构主义学习理论的有益尝试和实践。本书中，混合教学模式以建构主义为理论基础，课堂教学中学生不再处于被动的状态，而成为主动进行建构知识的课堂主体者。课前教师利用线上教学平台、工具上传丰富的学习资料，引导学生对多类型的学习资料进行选择，主动进行知识的建构；教师能够利用教学工具获得学生的数据资料，了解学生对知识的掌握程度。这样就使教师在课中进行教学时能够从容安排教学活动，组织学生进行深度学习，对知识进行更进一步的探索，从而强化学生知识体系的建构，并在教学活动中使学生的协作交流能力得到加强。

二、掌握学习理论

掌握学习理论是指在集体学习的基础之上，教师经常性地收集学生的学习反馈，针对学生的个别需求提供帮助或者给予一定的额外学习时间，从而使大多数学生达到掌握课堂教学目标的任务。本杰明·布鲁姆认为，只有要足够的时间和接受适合的教学，几乎所有的学习者都能够比较好地完成学习目标。掌握学习的核心在于学生要有充足的自我训练时间和机会，同时，教师还要适时地对学生的整个学习给予一定的评价和指导，以帮助学生解决一些难题，提升学生在学习上兴趣。掌握学习理论强调，教师应该把学生的整个学习过程作为教学工作的一个重点内容，针对学生在学习过程中的表现和遇到的问题分析学生的个性需求、对知识的掌握水平及学生的学习能力。此外，掌握学习理论非常重视反馈和矫正在教学环节中的作用，特别重视在教学中应用诊断式测验方式来获得学生的学习效果反馈，以帮助教师了解学生对知识的掌握程度，进而在教学中针对学生的问题进行专题讲解，使学生能够对所学的知识实现全面的掌握。

本书所讲的混合教学模式中，师生之间形成的良性互动以及教学设计的环节都展现了掌握学习理论的内涵和原则。教师利用混合教学模式，在线上、线下比较全面地实现了和学生的互动交流，在交流探讨中解决学习过程中遇到的难题，

积极创设适合学生学习的环境，注重在教学环节中强化学生深度学习的能力，帮助学生更加积极主动地构建知识体系，实现自我学习能力和独立解决问题能力的提升。在混合教学模式下，课前线上测验和课后的检测试题都是根据掌握学习理论设计的，教师据此可了解学生的情况，分析学生的学习状况和对知识的掌握程度，及时地获得反馈，进而在进行教学设计中重点进行安排，在具体的课堂教学中重点突破学生不足之处和多数学生疑惑的问题，使大多数学生掌握学习的知识。

三、人本主义学习理论

人本主义学习理论把学生作为独立的、完整的、有丰富情感的人来开展教学活动。人本主义学家重视学习者的个人知觉、信念、情感及意图，他们认为这些内容才是人与人在学习方面有所差距的主要因素，因此人本主义者注重以学生为中心进行学习环境的构建。人本主义学家吉姆·罗杰斯认为，人类从出生就具备了学习的愿望和能力，只要有适合的环境和条件，人类的这些能力就能够得到激发，并得到充分的展现；只有当学习者认为学习的内容符合自己的需求时，学习者的学习兴趣和积极性才能够得到激发，并取得比较好的学习效果；学习者在比较符合他们心理安全的环境中才能进行更好的学习；教师存在的价值不只是把知识传递给学生，也不只是帮助学生去学习知识，而是为学生提供一个合适的环境和适合学生自身需求的学习方式，让学生根据自身的理解去决定自己如何学习。

人本主义学习理论重视人的自我实现，认为人的发展方向是自己自由选择的结果，每个人都具备实现自己理想和激发自身潜能的能力。人本主义“注重对学生内在心理世界的了解，以顺应学生的兴趣、需要、经验以及个性差异，达到开发学生潜能、激发其认知与情感的相互作用，重视创造能力、认知、动机、情感等心理方面对行为的制约作用”，对传统的机械式学习持反对态度。此外，人本主义学习理论还比较重视创设和谐的师生教学关系和教学环境，在教学活动中把情感价值的作用凸显出来，更加全面地实现学习者的发展。

在混合教学中，网络教学平台和工具对教学起着重要的作用，学生积极主动的参与是开展网络学习的关键因素，这和人本主义“以学生为中心”的教学观相符。同时，在课堂教学中，教师课前的准备活动要充分，要对学生的需求和兴趣进行调查、了解，据此进行教学情境的创设、开展教学活动、拓展学习的时间和空间维度，营造促进学习的课堂气氛，鼓励学生主动思考，使学生能够在轻松的学习环境中开展探究学习，加强学生之间的合作和交流，把教与学结合起来，更好地实现教学目标。通过网络交流平台和传统课堂的双向交流，能够比较好地增进师生之间和学生之间的情感。

四、联通主义学习理论

联通主义学习理论强调学习不只是个人内化知识的活动，而是学习者之间通过网络进行知识的联通。联通主义认为，人的知识就像是一个网络，这个网络由多个点形成，并通过连接线进行连接，网络之间的连接点就是人获取知识的途径。丹尼尔·西蒙斯把个人作为这个网络的起点，而连接网络的点可以是人、书籍、网络等形式，通过这些“点”，个人获取知识并逐渐掌握知识。

联通主义认为，掌握知识最重要的是，学习者要明确知识从哪里获取，如何得到对自身发展有用的知识。在信息技术发展迅速的现今，知识呈现的方式、知识的数量和质量、获取知识的方式发生了重大的变化，人们在遇到未知的问题时更偏向于在网络上寻求解答。可以说，知识已经进入网络化的时代。当今社会的学生都是网络时代的受益者，面对日益发展的网络社会，学生不仅要具备学习的能力，还必须具备从海量且复杂的网络学习资源中获取自己所需求知识的能力，以及和其他资源进行连接的能力。

在本书中，师生之间、生生之间经过课上课下的交流形成了相互连接的网络，这种互动式的交流网络为混合教学模式在教学中进行实践打好了基础。教师通过网络教学平台和工具提供的学习数据就能够比较全面地了解学生对所学知识的掌握程度，并根据具体的教学内容和教学环境组建成灵活多变的小组，根据教学任务的特点进行同质或异质分组，形成网络化的学习小组。在小组中，学生能够比较自由地进行交流，分工协作处理知识，并进行知识的相互传递。通过小组学习等一系列活动，学生之间形成比较和谐的伙伴关系，学生的社交能力以及团队协作处理问题的能力得到提升，同时，学生也在团队学习中实现自己知识网络的创新和建构，对于知识的理解进入一个新的阶段，自己的学习技能也有比较大的进步。在小组学习中，教师为不同兴趣的小组设置不同的有针对性的任务，使学习资源发挥最大的价值，实现和学生的对接，形成一个知识互联的网络化结构。

五、新制度经济学的制度理论

以科斯、诺思、德姆塞茨和威廉姆森为代表的新制度经济学，认为制度从产生到发展可以分为两种形态，即内在制度和外在制度。内在制度是人类在长年累月的发展中不断形成的、具有一定的社会规范性质且被人们认可的、不具备强制性的，而且在实践中得到比较广泛应用的解决事情的多种办法，例如道德伦理、村民乡约等。外在制度主要指的是人类在发展过程中所形成的具有政府强制性且

以成文的形式表现出来的对社会成员具有普遍约束力的制度。内在制度得益于人们的自发遵守，外在制度则多依靠政府的权威，两种制度相互作用，共同推动人类社会的发展进步。

本书中的混合教学模式，其外在制度主要指的是国家相关机构或者其他专业机构针对混合教学制定的一些相关制度，例如国家在教育教学方面的相关规定、政策法规等；内部制度则主要是各学校根据自己实际办学条件和专业设置的情况所制定的一些比较具体的制度。外在制度也被称为正式制度，内在制度则为非正式制度，在具体执行中，正式制度存在执行不到位、选择性执行等一些问题，不足的地方就需要非正式制度进行补充。正式制度是由国家综合多方因素进行考量制定出来具有一定指导意义的制度，但是只是一个大的方向指引，如何去执行则需要各学校对正式制度进行细化，形成适合各学校发展的非正式制度。在本书中，关于建构混合教学模式的制度保障，就需要以高校的实际情况为出发点，综合多方面的条件，通过对混合教学的研究，明确在开展混合教学中的具体情况和存在的问题，有针对性地进行保障混合教学开展的制度构建，形成切实有效、符合高校发展的切实可行的各种制度。

六、最近发展区理论

最近发展区理论是维果茨基理论体系中最具影响力的理论之一，其主要有两层含义：实际发展水平和潜在发展水平。实际发展水平指的是学生能够依据自己获取的知识和获得的学习能力独立解决问题。而潜在发展水平并不是依靠学生自身就能获取，需要在教师或其他人员的帮助、引导下，面对较为有难度的问题，通过同学之间的小团体共同进行，并在互动合作学习过程中逐渐获得解决问题的能力。最近发展区是介于两种发展水平之间的。最近发展区理论认为，教师在课堂教学环节中通过设置各种问题，在学生之间或者是教师与学生之间，经过相互探讨、辩论，获得对方的观点，并根据自己的理解去发表意见，对对方产生影响，实现知识的交互，并激发学生进行自我学习与发展。最近发展区理论的形成和提出，要求教师在教学前了解学生的发展水平，并据此展开相应的教学，以促进学生在最近发展区各种学习能力的提升。

在本书混合教学模式的研究中，课堂教学前，教师根据自己了解到的学生实际能力，通过网络教学平台，推送高于学生当前认知水平但学生能根据当前认知水平解决的问题。学生在能力范围内面对有难度的问题时，能够激发起内心的求知欲和对未知问题的探求欲，保持思维活跃。课前测试为课堂教学提供了一定的参考数据，教师根据网络教学平台的反馈数据，能及时调整教学方法和教学进度，确保每一位学生的发展水平接近于最近发展区。教师根据学生不同的发展水平进行分组时，要使小组内成员基本处于比较接近的发展水平，这样才能保证小组成员之间进行合作学习。由于学生之间的发展水平不一，组别之间也有一定差距，所以在设置小组活动时就要进行分层设计，根据小组之间的不同情况给予不同难度的任务。在设计任务时，教师还要充分考虑学生思维成长的阶段性特征，设置学生最近发展区中有一定挑战性的学习任务，以提高学生的学习能力。

七、教学目标分类理论

教学目标分类理论中比较重要的是，认知领域的教育目标主要是为教师提供学生学习结果的评价标准，以便更好地开展教学活动。认知领域的教育目标共有六个层次，分别是知道、领会、应用、分析、综合、评价。在具体的教学应用中存在一定的问题和缺陷。随着科学技术的不断进步和对教学的深入研究，安德森等人对此理论进行了修订，改变了原有的单维的分类方法，对教学目标分类提出了二维（知识和认识过程）框架。认知过程是人类思维由低级到高级的一个过程，分为识记、理解、运用、分析、评价和创新。修订后的理论比原有的理论在实践中更具科学性和操作性，一方面，新理论的教学目标分类更符合学生的心理认识发展层次，科学性更强；另一方面，新理论向不同学科教师提出了具有共性的目标分类体系，提高了教师进行课堂教学的能力，能比较准确地实现教学目标，对学生的学习过程进行准确评价，使教学活动更加具有操作性。此外，在原有理论基础之上，新的理论强调了学生学习和教师教学以及教学评价的一致性，使教师能够利用教学目标在更为广阔的教学空间中指导教学实践。

在本书混合教学模式的应用下，结合张浩等学者研究，把上述理论的六个层次分为浅层学习和深度学习两个方面，识记和理解处于浅层学习阶段，运用、分析、评价和创新属于深度学习阶段，而理解处于两个阶段之间。在本书研究的混合教学模式中，教师根据该理论的内容和要求、根据教学目标，设置逐一完成的且难度逐渐提高的学习任务。课前教师通过网络教学平台，把学习任务推送给学生，能帮助学生自主进行知识的构建，这时学生处于浅层学习阶段，对知识处于记忆和自主理解的状态；课中教师根据网络教学平台收集到的学生学习情况，讲解学生的疑难问题，设置新的任务并组织学生开展小组活动，共同对学习任务进行探究，这一阶段学生进行深度学习，对所学知识进行进一步的理解、应用、分析和评价；课后教师再根据课堂教学情况开展相应的学习活动，组织学生进行线上学习探讨，不仅对所学知识进行了巩固，还锻炼了学生利用所学知识进行探究的能力，增强了学生的发散思维能力，培养了学生的创新能力。

八、教育传播学理论

教育传播学理论的基本含义是：教育活动是由一种特殊的传播体系构成，这

个体系具备四个基本要素，分别是教育者、受教育者、教育媒介和教育内容。教育内容指的是在教育活动中传授的基本知识、学习能力、思想观点和行为准则等一系列内容的总和，是教育活动传播体系中的重要组成部分。教育媒介是教育传播体系中的传播渠道，在一个完整的教育活动中，教育者通过教育媒介将教学内容以及相关的教学知识传递给受教育者。由此可见，教育活动的效果和教学媒介的选择有比较大的关联，所以选择合适的教学媒介是开展教学活动首先要解决的问题。

在教学中采用混合教学模式，就是在进行教学时选择合适的教学媒介，帮助教师较好地完成教学任务，促使学生对教师所讲授的知识加深理解，较好地掌握知识并具备一定的利用所学知识进行实践活动的能力。教师利用混合教学模式进行教学，主要是借助于网络信息资源广泛、快捷等优势。利用网络这个现代化的教学媒介，教师在课前、课后都能够与学生进行沟通，学生之间也能够相互探究和学习，共同提高。在课堂教学中，教师也能借助网络资源进行教学，把比较生硬、难以理解的知识通过生动的语言进行解释，使所要传递的学习内容更容易被学生接受和理解。

九、教育心理学理论

教育心理学是介于教育学和心理学之间的一种科学，主要是针对在教学活动中发生的或可能发生的与教育相关的心理问题进行的研究，而教育活动和教学行为是人类独有的活动，心理也只是人类才会具备的思维活动。因此，在教学活动中无论采取何种教学模式都离不开教育心理学理论的支持。教育心理学理论认为，人在智力、学习能力、思维能力、运用知识的能力以及学习动机等诸多方面存在个体之间差异，因此在教学活动中就要充分考虑学生的实际水平，确保不同层次的学生接受不同的教育，都能够在学习中有所收获和提升。

采用混合教学模式进行教学活动，教师在课前经过网络教育工具或者平台，能够将所学的知识提前推送给学生，并辅以一定量的测试供学生自我检测，教师通过网络教学平台反馈的数据，可以大致了解学生的一系列心理活动，针对学生在课前测验中所反映的心理状态，在课堂教学环节中有针对性地进行调节，充分考虑学生的个体差异，因材施教，以调动学生参与教学活动的积极性，提升学习主动性，实现学生个性化学习。

第二章 我国高校新工科专业建设发展研究

第一节　我国高校新工科专业建设现状

作为人才培养的重要基地，时代发展对高校教育提出了更高的要求，这就包括了新工科建设。教育部通过创新策略积极推动我国新工科专业建设与发展，其中包括“复旦共识”“天大行动”等一系列行动指南。本节内容主要对我国高校新工科专业建设现状进行阐述。

一、地方高校新工科专业设置情况

随着我国社会生产力的不断提升，在新时代背景下，许多传统工科专业不断延伸、拓展与变革，衍生出许多与新时代社会需要相适应的新工科专业。新工科专业与社会新兴产业紧密相连，是新兴产业发展的重要基础。我国对新兴产业发展十分重视，并通过《国务院关于加快培育和发展战略性新兴产业的决定》（国发〔2010〕32 号）明确多领域新兴产业的重点发展方向。面对国家号召，我国高等院校积极响应，根据国家指明的方向在多个领域建设新工科专业，为我国新兴产业发展提供了人才基础。我国高校建设的新工科专业及布点数量如表 2-1 所示。

表 2-1　我国高校建设的新工科专业及布点数量

专业名称	布点数量	专业名称	布点数量
物联网工程	468	光电信息科学与工程	241
建筑环境与能源应用工程	200	微电子科学与工程	95
新能源科学与工程	87	新能源材料与器件	55
生物制药	70	能源化工	51

续表

专业名称	布点数量	专业名称	布点数量
功能材料	35	资源循环与工程	33
智能电网信息工程	20	环保设备工程	10
纳米材料与技术	10	海洋资源开发技术	10
辐射防护与核安全	8	海洋工程与技术	5
水声工程	3	飞行器控制与信息工程	2
地理空间信息工程	1	材料设计科学与工程	1

尽管我国高校早已在国家引导下开展了新工科专业建设，但是各新兴产业的飞速发展使得人才需求同样飞速增加。近几年的相关数据显示，我国人才培养速度依然无法满足新兴产业的人才需求，而且新兴产业不断涌现，新工科专业也在不断增加，人才培养始终处于供不应求的状况。虽然我国各地高校早已对新工科专业开始了建设，但“新工科”的概念在2017年才正式被确定下来。近年来，我国各大高校在国家政策引导以及自身发展需求下，对新工科专业的建设不断深化发展，例如高校在原先优势工科专业基础上建设优势新工科专业等。各大高校充分结合国家政策以及社会经济发展现状，积极采取多种策略促进自身工科专业的转型与升级，我国高校新工科专业布点不断拓展、专业建设不断深化。自2010年到2021年，我国高校又新增机器人工程、数据科学与大数据、智能科学与技术、大数据管理与应用等新工科专业，布点数量也迅速增加，且还有很多新工科专业正在申请中。我国高校新工科专业建设与发展正在如火如荼地进行着。

新工科专业建设需要紧密结合我国社会经济建设要求，不断调整培养人才的目标、方式、机制等。2017年“新工科”概念出现后，2018年我国高校新工科专业开始招生，受到大众广泛认可与追捧，招生展现出良性发展的态势。但是面对我国乃至世界社会经济的飞速发展，高校培养新兴产业人才的速度并不能够完全跟上，出现了人才缺口。不同地区高校根据本地区主要人才缺口以及自身原先专业优势等内容，为新工科专业建设进行充分的准备，并向国家申请新工科专业布点。在上下一心的情况下，高校新工科专业建设进展迅速，且与我国各地区社会、经济发展优势以及需求相契合，能够有效促进当地企业实现转型与发展。高校培养出的新兴产业人才为新兴产业的发展奠定基础，也对传统企业造成一定压力。传统企业需要积极吸收新兴产业人才，紧跟时代发展进行转型升级，才能在竞争中长久地生存下去。

我国目前新工科专业建设情况存在专业涉及范围过于集中、不够全面的问题，例如计算机、互联网领域的相关新工科专业建设发展较好，但新能源、新材料等领域的相关新工科专业建设发展则较差。我国新工科体系尚待完善，需要全国各大高校积极探索新工科专业建设，扩大新工科专业建设涉及范围，促进不同领域的新兴产业蓬勃发展。

二、地方高校新工科专业人才培养模式

在科技快速发展的推动下，众多传统产业发生变革，新兴产业不断涌现。社会经济的高质量发展对我国工程人才培养模式提出更高要求，我国高等教育面临新的挑战。我国当前地方高校新工科专业人才培养模式的构建与发展存在同质性较高、不适应产业发展等问题，究其原因，是地方高校不能准确把握新兴产业发展的种种需求。高校建设新工科专业，其目的之一便是为我国社会经济发展服务，为新兴产业提供人才。而这一目的实现的同时，高校新工科专业学生也能够紧紧跟随时代发展而获得更好的发展机遇，从而更好实现自我价值。这两种目的存在共生关系，两者能够同时实现，且具有相互促进的关系，人才能够通过好的平台获得好的发展机遇，而平台也能够在人才的推动下获得更好的发展。因此，高校要紧扣社会经济发展的主要方向，综合考虑产业发展现状、本地产业发展优势、自身原先专业优势等多种影响因素，对新工科专业人才培养模式进行探索与创新，充分发挥自身优势与本地优势，构建多样化、与产业发展相适应的人才培养模式。

地方高校探索新工科专业人才培养模式主要通过对以下四个层面进行创新来实现。第一个层面是通识教育，通识教育是我国高等教育实施素质教育的重要渠道，高校新工科人才培养模式要注重对学生综合素质的提升，这是我国高质量人才培养的基本要求。结合新工科专业的特点，高等教育需要对通识教育内容进行创新，例如在其中加入爱国情怀、大工程意识及国际视野等教育内容，为学生综合素质提升以及更好地学习、应用新工科知识和技能奠定良好基础。第二个层面为新工科专业群和专业教育，这个层面的创新是培养学生专业技能、传授学生专业知识以及培养学生其他相关能力，部分高校以新兴产业职业需求或市场需求为导向设计专业培养目标，使学生能够更好地融入社会经济发展浪潮，并且为学生提供多样化的专业培养选择，使学生能够通过自主选择专业培养方向获得个性化发展。部分高校则通过根据社会经济发展需求设置专业集群的方式来培养学生，对人才培养模式进行了创新。第三个层面为培养方式创新，部分高校利用科教协同培养方式开展学生新工科专业人才培养，地方高校能够与专业相关研究院所以及设计单位等进行合作，为学生提供实践的机会与环境；通过应用型课程设计来培养学生各项专业能力，为新兴产业培养应用型人才。部分高校则采取研究生专业学位贯通的创新培养方式，对学生硕士学位前的专业培养进行强化，提升学生专业能力。第四个层面为专业实训与毕业论文设计创新，使学生在实际行动中切

实提升专业能力，促进学生全方面发展。

三、地方高校与企业间的合作情况

时代发展促进新工科专业发展，新工科专业发展同样能够促进时代发展，两者相互促进。新工科专业建设与发展离不开地方高校与企业间的共同协作。高校是重要的人才培养基地，从高校走出的学子需要通过企业来参与社会经济建设。因此，地方高校需要与企业共同为人才培养提供良好环境，高校应根据企业发展需求设立相应专业培养目标，促进学生与企业更好对接。人才要服务于区域经济发展，当高校人才培养目标与地方企业发展需求一致时，高校学生能够更好地服务于区域经济发展。当地方高校与地方新兴产业发展相关性较高的企业进行合作时，企业能够为学生提供一个良好的实践环境，学生能够更好地在实际生产、工作环境中掌握专业知识与技能。学生实践学习环境越好，学生对专业知识与技能的掌握则越牢固；学生在实践过程中能够将理论知识与实际操作更好地加以融合，在相互印证中提升专业能力。地方高校与企业间的合作越深入，学生越能够得到良好的实践环境。除此之外，企业实际用人要求与地方高校教学内容的融合，对新工科专业建设来说十分重要，不同地方高校与不同地方企业之间的深度合作能够为学生提供更加专业化和多样化的选择，学生在高校学习后，能够更好、更快地发挥自身专业能力，为区域经济更好地服务，从而促进学生自我价值的实现。

高校与企业合作构建新工科专业人才培养模式是新工科专业建设与发展的有效途径。其中比较普遍的合作方式是学生首先在高校学习新工科专业相关课程，然后在修完学业课程之后到高校合作企业进行实习，促进学生完成从课程学习到实践能力的转化。当高校与企业合作程度较为深入时，企业能够在学生实习期间提供专业的实训老师，在实训老师的带领下，学生能够掌握企业用人要求以及自身知识与技能的应用方法，达到事半功倍的学习效果。在新工科专业建设中，这种实训课程与高校人才培养课程紧密结合的方式需要高校与企业建立深入、全面的合作关系，且能够使学生在修习专业课程的同时掌握较强的实践能力。学生通过这种方式进行学习，在实训课程中获取学分，能够达到企业工科教育专业认证要求。学生在实训课程中身处真实岗位环境，能够感受到切实的工作压力，真正胜任工作岗位，成为合格的应用型人才。这类实训课程称为应用型课程，在高校课程总学时当中占有一定比重。高校与企业的合作能够有效推动产教协同发展，使教学活动与生产活动充分融合，为高校教师与学生提供良好的实践教学平台与学习平台。

四、地方高校新工科专业师资队伍建设

高校新工科专业建设离不开师资队伍建设，因为良好的师资队伍建设是提高新工科专业人才培养质量的关键，决定着高校新工科专业建设能否持续、高质量发展。当前，地方高校新工科专业师资队伍存在人才不足、实训能力较差等问题，但是现有师资力量能够基本胜任新工科专业课程讲授工作，教师一般专业基础知识丰富、全面，具有较强的教育教学能力与科研能力，在理论教学方面具有一定优势。

教师在专业发展过程中会受到地方高校影响，不同高校对新工科专业建设的重视程度与资源投入等各不相同，如地方高校重视新工科专业建设，则师资队伍建设能够得到更多的资源，教师能够在学校支持下得到更多教学实践的锻炼，自由选择更加多样化的专业进行教学工作，在人才培养模式的探索与创新过程中与学校共同进步。

地方高校加大新工科专业建设的资源投入，为教师在新工科专业发展提供良好的环境，能够有效加强高校新工科专业师资队伍建设。高校在新工科专业建设方面布局越全面，教师在专业选择的方面越多元化，就越可以避免出现教师趋同性过高的问题，为新兴产业发展提供更加多元化的人才。

地方高校在师资队伍建设方面投入不足，不利于教师国际视野的培养。海外留学归来的人才会首先选择综合性大学，选择地方高校就职的人才比例较少，加之地方高校自身难以支持本地教师到国外系统学习，致使地方高校教师国际视野缺乏。我国高校新工科专业建设一直在发展，通过学术研讨会等活动与各国高校互相交流经验，对新工科专业师资队伍建设具有重要意义。现在各国高校新工科专业建设尚处于起步阶段，部分地方高校聘请国外专家到学校传授学术知识或教学经验等，我国专家也会受邀参与国外学校的学术交流活动和教学经验研讨活动。

第二节　我国高校新工科专业建设存在的问题和原因

“新工科”概念自提出以来便受到极大关注，各大高校积极响应国家相关政策，新工科专业建设工作稳步有序开展。虽然我国新工科专业建设开展时间较短，但是却取得了明显成效。高校新工科专业建设的目的在于培养新工科专业人才，在立德树人的基础上，新工科专业人才将更好地服务于当今时代发展，为我国社会经济发展提供动力。高校新工科专业建设在经历一个从无到有的创造过程，其中存在一定问题有待解决。本节内容将针对我国高校新工科专业建设过程

中的问题进行深入分析。

一、地方高校新工科专业建设当中的问题

（一）不同专业学科之间存在壁垒，难以实现知识体系的全面建设

交叉学科是新工科专业建设的核心内容，不同学科、不同专业之间相互交叉形成新工科。交叉学科具体是指不同专业、不同学科之间研究方法、研究原理等进行深度交叉、融合、借鉴，从而找到的与经济发展相适应的新学科，它不是将任意两种学科进行简单组合。交叉学科简单来说便是跨学科、跨专业进行研究而产生的新学科，新工科教育即是通过交叉学科来开展研究和教育活动。不同学科的教学内容具有较大差异，学生在学习某一专业学科时，对自身感兴趣的其他专业学科知识或与本专业学科相关的其他学科知识不能做到充分了解。然而在当下社会环境中，许多问题十分复杂，仅凭单一专业学科知识难以满足解决问题的需要。学生在解决问题时思维受自身专业知识局限，难以形成发散性思维，实现进一步创新。传统学科之间存在难以打破的壁垒，而想要突破这一壁垒需要教育工作者及学生等多方共同努力，例如高等教育需要在人才培养模式、教学制度、教学资源等多个方面不断进行整合、创新，才能真正突破不同专业学科之间的壁垒；学校还要引导学生对交叉学科产生兴趣，鼓励学生开展交叉学科研究活动，促进学生从思想上发生转变，培养学生创新思维。

高校中存在多种不同的专业，不同专业学科之间具有明确的边界，在相互融合方面存在不足。而对于新工科来说，不同专业学科通过相互融合形成交叉学科是新工科产生和发展的基础。传统专业学科和新工科在知识体系方面存在差异，传统专业学科主要涵盖本学科内容，知识体系较为单一；而新工科涵盖内容更加多样化，知识体系更为全面和完善。因此，新工科建设依然需要借鉴传统专业学科教学制度、人才培养模式等，通过合理创新突破传统专业学科之间的壁垒。当前新工科建设在人才培养模式等多个方面仍处于探索过程中，新工科知识体系在向更全面、更完善方向发展的过程中仍面临诸多困难。

我国当前经济发展正在转型，各个行业对人才的需求进一步增加，高校要培养更多能应对社会经济发展变化的人才，开展新工科建设成为国家社会经济发展的重要一环。我国高校新工科专业建设能够促进学生专业水平进一步发展，职业素养进一步提升。对学生团队意识和大工程意识的培养与锻炼，成为教学工作中的重要组成部分。人才质量在新工科专业建设活动中得到进一步提升，我国经济转型和发展将获得更多动力。我国当前工科教育总量已经较为可观，但是平均到庞大的人口基数上则相对少，我国人才综合竞争力与国际水平相比依然处于整体落后局面。我国教育体系在专业设置和课程结构等多个方面十分标准化和细致化，导致专业目录较为固定，缺乏灵活性。学生在学习过程中能够接触到的知识内容相对单一，对于其他学科知识的了解十分有限。同时，我国高校在专业建设方面也存在缺乏灵活性的问题，不能充分与时代发展、市场发展的要求接轨。高校新工科专业建设能够有效解决我国教育体系中存在的问题，通过交叉学科拓展学生知识体系，促进高校新工科专业建设。

（二）新工科专业建设存在局限性，布点数量不足

当前我国部分高校已经建设完成新工科专业，且开始招生和相关教育活动，但是新工科专业数量以及专业布点数量尚处于发展过程中，总体布点数量明显不足。首先，新工科专业数量较少，可供高校学生选择的空间较小，存在计算机技术相关新工科专业较多、其他类型新工科专业较少的情况。其次，新工科专业建设在不同高校分布不均，地方高校布点远低于一流高校。从新工科专业布点的领域以及分布中可以看到，我国新工科专业建设尚处于起步阶段，发展并不完善，建设完成新工科专业的高校较少。造成这一局面的原因包括师资力量缺乏、建设投入较高、能够胜任新工科专业教学的教师数量较少等。

新工科专业建设布点不均的现象不利于我国社会经济活动发展，新工科专业建设需要有更多高校共同参与，在多样化的新工科领域进行研究和探索，才能够更加全面与完善，在国家社会经济活动中发挥更大的作用。相关调查数据显示，我国新工科专业建设布点数量最多的领域为数据科学、大数据技术以及机器人工程，其他领域新工科专业建设仍处于起步状态；我国开展新工科专业建设的高校在全国高校中占据的比例较小，约 20%，尚有大量的高校能够为新工科专业建设提供支持。在当今时代，人工智能、网络安全等正在逐渐融入人们生活的各个方面，为国家社会、经济、文化等多个方面的发展提供着动力。新工科专业建设对新兴技术、新兴产业发展来说具有重要意义，因此，新工科专业建设布点范围需要不断拓展，与时代发展要求相适应。

（三）新工科专业建设过程中企业参与较少

科研成果要能够提升生产力，促进社会、经济发展，而将科研成果转化为生产力需要企业积极主动参与。新工科专业建设不仅需要提升学生专业水平，还要使学生能够合理地将专业知识与技能实际运用到相应行业中，为企业发展提供适当支持。因此，学生在学习新工科专业时，不仅需要掌握更加全面的技能，建立良好的法律意识、大工程意识等，还要拥有良好的实践能力。当学生在学习新工科专业过程中没有受到全方位的培养与教育，没有对相关企业进行深入了解时，学生在将自身掌握的专业知识、技能转化为生产力的过程中会面临困难，不能更好地承担相关企业岗位职责。高校建设新工科专业时需要与相关企业建立密切联系，相关企业要积极主动参与高校新工科专业建设，使高校新工科专业知识体系

与行业发展体系始终保持高度一致，这样，高校在人才培养方面将具有更加明确的目标及更多的支持，企业则能够通过高校找到更加适宜自身企业发展的高质量人才，两者相互协作，产生双赢的结果。

我国目前新工科专业建设存在企业参与度不高等问题，致使高校新工科专业知识体系落后于行业发展体系。在资金投入方面，我国新工科专业建设主要依赖于政府资金，企业为新工科专业建设投入资金较少。新工科专业建设的重要内容之一便是改变传统工科教育教学模式，建立政府、行业以及高校多方协作的新型教学模式，促进教学模式的升级，使新工科专业建设能够与行业发展需求相匹配。企业作为行业代表以及新工科专业建设获利方，理应与政府共同进行投资活动，帮助高校在教学模式方面不断改进与发展。企业想要更好地发展自身，必须吸收人才、利用人才、依靠人才，而参与人才培养过程是企业吸收人才、利用人才的极佳途径。除资金投入外，企业需要参与到高校人才培养的实际工作中，将自身发展经验与人才标准应用于高校创新人才培养模式、教学模式的活动中。

（四）本硕博分离培养降低了教学效率

高校本科课程、教学计划等由教务处全权负责，而高校研究生课程、教学计划等由研究生院统一管理，致使高校本科与研究生教育活动分离。教育活动分离现象体现在教学目标不统一、教学内容不连贯等多个方面，学生受到分离现象影响，造成教育资源浪费等问题。例如，学生在本科阶段已经修习过的知识或技能在本硕博分离培养的背景下，在研究生阶段需要重新修习一遍；本硕博教学目标不统一会对学生学习造成一定困扰等。不同高校在本科培养模式、教学目标等方面存在一定差异，学生学习成果以及学习习惯等随之产生不同。虽然不同高校本科学生经过统一的研究生考试，但是学生在研究生阶段会因为不同学习习惯等多种因素的影响而产生不同的学习结果。简单来说，研究生阶段的教学模式并不能完全满足不同高校培养模式下学生的学习需要，学生在研究生以及博士阶段的科研、学习过程中将遇到不同阶段培养模式变化的问题。

本硕博分离培养产生的弊端需要在新工科专业建设过程中加以消除，促进学生更好地学习新工科专业。我国新工科专业建设仍处于起步阶段，本硕博分离培养现象会对新工科专业建设造成更大的影响。由于我国高校总体上参与新工科专业建设的比例较少、专业布点数量较少，学生在新工科专业本科修习完成后，想要继续修习研究生和博士等可以选择的高校少，从而导致学生在新工科专业本科修习完后可能需要面临跨专业继续学习的困境。部分学生可能会因为跨专业学习而无法有效利用在原先专业学习过程中掌握的知识与技能，最终造成教学资源、人才资源的流失和浪费。

（五）新工科专业建设受师资力量不足限制

师资力量充足是教育活动开展的基本保障，而新工科专业建设同样需要以充足的师资力量为支撑。但是新工科专业建设处于起步阶段，加上其主要为新兴行业服务，使得适宜新工科专业建设的师资力量比较薄弱。新工科专业建设对教师的要求更加严格，教师在具备足够的专业能力基础上，需要建立“以生为本”的教学理念，在教学过程中做到因材施教，培养学生的各方面能力。其中，解决工程问题的思维创造能力尤为重要，培养过程更加困难。我国高校目前新工科专业师资力量主要来自高校原有相关专业教师队伍，教师需要适应新工科专业教学活动中新的教学内容、教学理念等。新工科专业教师与学生的比例处于失衡状态，教师少、学生多的情况增加了教师的教学难度，每个教师的教学任务更加繁重，教师与学生之间的联系也随之减少，教师缺少时间与精力践行“以生为本”的教学理念。培养学生解决工程问题的能力需要教师本身具有丰富的实践经验与较强的实践能力等，但我国高校教师普遍注重于科研能力与专业建设能力的提升，实践经验与能力比较缺乏。

我国高校招收教师时，存在“重科研、轻实践”的情况，即注重对教师科研情况的考察，忽视对教师实践能力的考察。理论与实践需要相互结合才能更好地发挥作用，将理论与实践相结合的教师能够在教学活动中让学生更好地感受和理解专业知识、技能等，激发学生学习兴趣，帮助学生更好地将专业知识、技能等应用于实践。高校注重理论、轻视实践的人才培养模式不利于学生发展，在新工科专业建设过程中更加不可取。新工科专业需要政府、企业与高校三方协作，其中，企业参与能够为新工科专业建设提供一定师资力量，企业人才是将理论与实践结合的榜样，从企业人才中培养师资力量是解决新工科专业建设师资力量不足问题的重要途径。

二、地方高校新工科专业建设产生问题的原因及举措

（一）传统教学的弊端阻碍了交叉学科专业融合

我国教育体制中存在分科过早的问题，在高中阶段文理分科便已经普遍实行；在大学阶段学生则需要选择某一专业进行学习。高中阶段便开始分科，学生思维模式会随着分科产生更多局限，在面对问题时采用较为固定的某一套思维模式来思考，用多种角度、多种思维模式对问题进行剖析的过程将逐渐减少。部分地区采取学生自选学科的教学模式，以学生兴趣为引导构建多样化的学科组合，帮助学生建立更加全面的思维模式。尽管如此，高中阶段学科捆绑的问题依然存在，并延续到了高等教育当中。高等教育阶段文理分科现象依然明显，学生所学知识往往只涉及自身所选专业，不同专业学科之间界限分明。这一现象与新工科

专业建设核心交叉学科正好相反，对新工科专业建设造成一定阻碍。

在我国教育体系中，传统学科依然为主体，教育资源主要分配在传统学科当中。新工科专业建设作为交叉学科及新兴学科，则处于起步阶段，且在飞速发展过程中。新工科作为交叉学科需要融合不同专业学科逐渐形成，其与传统学科存在明显边界的状态完全相反，所以，新工科专业建设不能完全借鉴传统学科建设，需要进行大量创新活动。教师作为新工科专业建设的重要组成部分，教师思维领域的融合与拓展能够为学生提供良好的榜样，使学生打破固定思维模式，勇于探索与创新。新工科专业建设需要尊重学科客观发展规律，既要与科学专业评价指标保持一致，又不能完全以达成指标为根本目的。科学专业评价指标是新工科专业建设的重要依据，满足社会经济发展需求才是新工科专业建设的根本目的。新工科专业建设成效完全由学生在社会经济发展中发挥的作用为最终判断标准，学生越能够适应社会经济发展变化，在社会经济发展过程中发挥的作用越大，则新工科专业建设越成功。我国传统工科经过长时间发展已经形成较为固定的专业课程与教学环节，新工科专业建设则需要打破其中固定的部分，对多种学科进行融合、创新，找到适应社会经济发展的新学科。在新工科当中，不同专业学科间形成开放互通的新状态。

在高校传统工科教学活动中，学生主要学习某一种专业课程，辅以少部分选修课程，接触其他专业课程的机会非常少。教学环节较少，学生实践能力无法得到有效锻炼，理论与实践无法充分结合，这与新工科专业建设的根本目的相悖。学生在传统工科教学活动中逐渐形成较为固定的思维模式，实际解决问题的能力无法得到有效提升，学生在适应社会经济发展变化时会比较吃力。由于传统工科教学拥有固定的专业目录，专业课程内容与教学环节比较固定，根据社会经济发展变化进行适应的能力较弱，落后于行业发展的现象十分常见。我国处于经济转型升级关键时期，经济发展趋势多变、产业结构升级快速，导致人才需求快速变化，而传统工科教学活动的种种弊端导致学生在适应社会经济发展过程中遇到更多困难，学生参与工作后无法达到企业相关岗位要求。

（二）新工科专业总体起步较晚，无法满足社会需求

新工科专业建设发展时间较短，专业布点总体较少，建设完成的专业数量无法满足社会经济发展需要。部分地方高校参与新工科专业建设时准备不足，没有意识到新工科专业建设与传统工科专业建设之间的巨大差异，将借鉴其他高校建设方法当作一种捷径，对自身办学优势没有进行深入的了解，认为新工科专业建设便是聘请相关专业教师对学生进行教学，对交叉学科、学生综合素质培养等不够重视。地方高校建设新工科专业时首先要明确自身办学优势，结合当地经济发展趋势，与企业建立良好合作关系等，建立全面、符合自身实际情况的准确定位。其次，地方高校应根据自身定位与当地社会经济发展建设要求制定适宜的人才培养方案，通过与当地企业的合作促进学生实践能力、创新思维等多种能力的培养，帮助学生更好地适应社会经济发展变化。高校自身定位不同，相应人才培养方案也各不相同，应用型人才培养与科研型人才培养同样需要采取不同的教学方法。

由于新工科专业建设的独特性，地方高校需要在专业建设前期有更多的准备。以国家政策为核心，以自身实际情况与当地社会经济发展状况为具体参照，根据深入调研的数据制定适宜自身新工科专业建设的方案。在具体建设过程中，地方高校需要从整体出发进行专业建设顶层设计，使专业建设工作持续稳定运行。拥有良好的顶层设计后，还要具体落实每一环节才能使专业建设真正完成，而每一个环节的不断完善与改进将推动专业建设工作整体发展。在专业建设过程中，地方高校要吸取传统工科建设与其他高校新工科专业建设的经验，认真、深入开展调研与评估工作，结合自身优势与特点合理利用这些经验，促进自身新工科专业建设的完善。

（三）新工科专业建设中校企产教融合深度不够

地方高校建设新工科专业需要为社会经济发展而服务，地方企业则是当地经济发展的重要支柱，两者都为国家社会经济发展而服务，具有极为密切的联系。地方高校培养出的新工科专业人才能够进入企业发展，企业也能够在人才推动下获得进一步发展，因此，高校与企业应该共同参与新工科专业建设工作。而我国校企之间联系较少，高校与企业各自独立发展。

企业参与地方高校新工科专业建设的方式很多，如投入资金、为学生提供实践学习场所等。企业中的技术人员或工作人员能够为高校新工科专业建设补充师资力量，让学生对理论与实践结合更加了解，帮助学生尽快适应行业发展变化。企业能够参与到高校新工科专业课程改进当中，利用自身处于行业发展的优势及时更新高校专业课程内容，不断淘汰过时内容，将行业发展最先进的技术等内容引入高校专业课程。企业参与到高校新工科专业建设当中，能够更加全面、精确地提升学生适应社会经济发展所需的各项能力，提升学生综合素质；专业课程知识体系能够与行业发展知识体系更加契合；教育与行业之间能够进一步协同合作，形成统一步调，从而让高校与企业之间对接更加便捷。学生就业与企业招聘等问题都能够得到进一步解决，校企之间能够形成教育共同体。

企业进行的生产活动能够将知识转化为经济效益，知识需要通过实践来产生更大的效益，利益驱动能够使知识发展获得更大进步。知识发展需要经济利益提供支持，经济利益需要通过知识发展进行保障，两者相互促进、相互制约。因此，企业有责任、有义务参与到高校新工科专业建设当中，通过产学研一体化的

方式促进企业、高校共同发展。产学研一体化是工科教育实现创新发展的必然选择，对于新工科专业建设目标达成具有重要意义。学生能够在企业帮助下更好地了解、参与生产科研活动，提升实践能力与创新能力。目前，国家正在积极推动高校与企业合作，以期双方共同参与到新工科专业建设过程中，形成教育共同体。

（四）传统培养模式阻碍产学研一体化实施

传统培养模式存在多种弊端，如专业建设与行业发展不能建立紧密联系，虽然根据热门行业进行专业布点，但是与当地经济发展实际需求没有直接联系，致使人才培养与企业需求之间对接程度较低，对行业发展的推动作用减弱。新工科专业建设要对传统培养模式进行完善，将传统培养模式当中的优势加以利用，去除对传统培养模式中的弊端。传统培养模式存在本硕博分离教学的弊端，不利于新工科专业建设，需要在专业建设过程中进行改良。

传统培养模式中本硕博分离教学容易使教学资源、人才资源等出现流失和浪费等现象。新工科专业建设需要以产学研一体化为实现途径，本硕博分离教学使产学研一体化发展受到一定阻碍，本硕博不同学习阶段学习不同专业知识，对传统工科专业与新工科专业建设都会造成一定阻碍。产学研一体化需要本硕博不同教学阶段学习统一的专业知识与技能等，才能更好地发挥产学研一体化的优势。

（五）新工科专业师资培养周期长、难度大

高校新工科专业教师主要从传统相关专业教师中进行选择，而教师教学观念、教学方法等依然受传统教学模式的影响，因此，教师需要重新建立起良好的“以生为本”教学观念以及产学研一体化意识等，需要注重教学过程中对于学生实践能力的培养。传统相关专业教师教授新工科专业，需要重新积累经验，完善自身知识体系等，教师需要一定时间来适应新工科教学模式。从产学研一体化的角度来说，年轻教师相较于年长教师拥有更多机会参与企业的实际生产活动，能够更好地参与、了解产学研一体化，在实践过程中更新自身知识体系与教学方法等。然而，年轻教师相较于年长教师教学技能与科研能力明显较弱。这种矛盾对新工科专业教师培养来说是一个难题。

由于新工科专业与传统专业具有较大差异，教师能够借鉴的经验较少，需要在摸索中不断找寻适宜的教学方法、教学内容等。在教学过程中会产生不同于传统教学活动的新问题，需要教师通过思考与实际教学工作找寻适宜的解决方案。新工科专业教学活动对教师来说更加困难，师资培养难度也随之增加。产学研一体化需要教师了解相关科研、生产活动，教师需要进一步提升自身能力，新工科专业教师在教学活动中面临更多挑战。如果教师实践能力缺乏或专业素养不足，那么在教学活动中对学生实践能力等进行培养时会显得力不从心，学生更多时间

只能停留在理论学习阶段，实际解决问题的能力等无法得到提升。因此，想要促进学生更好地学习新工科专业，需要使教师能力与水平进一步提升。新工科专业教师培养需要引导教师更多地参与到科研、生产活动中，使教师拥有跨专业学科进行思考与解决问题的能力及素质。地方高校不能建立健全有效的教师培养体系，那么新工科专业建设将始终面临师资力量不足的困境。

第三节　我国高校新工科专业建设路径

在我国高等教育体系中，工科教育所占比重较大，新工科专业建设对我国社会经济持续高速发展具有重要意义。本节结合我国高校新工科专业建设现状与问题，从学校、社会、政府三个层面来阐述我国高校新工科专业建设的路径。高校新工科专业建设离不开学校、社会与政府三方的共同努力和相互协助，只有三方良好合作才能够促进新工科专业布点更加科学、教学资源分配更加合理。

一、学校层面

高校通过建立新工科专业为社会经济发展提供人才基础，促进新兴产业发展。地方高校建设新工科专业需要从三个方面具体实施，依次为建立新工科专业、建立相应评估制度以及对专业建设机制进行调整。

（一）跟随国家导向建设新工科专业

我国高等教育始终被国家所重视，随着“六卓越一拔尖”人才培养计划以及相关政策的提出，我国高等教育发展跨入新征程。其中，“卓越工程师 2.0 人才培养计划”主要针对我国未来工科发展而提出，建设高水平新工科师资队伍、培养高素质新工科人才，为我国开展第四次工业革命积蓄力量。人才是第一生产力，国家新工科人才数量与质量的提升将直接增强我国未来工业发展核心竞争力，提升我国国际地位。而高校作为人才培养的重要基地，需要紧紧跟随国家导向加入新工科专业建设活动。同时，这也是时代发展对高校提出的新考验。

1. 优化新工科专业结构和布局，构建新工科专业课程体系

我国政府将更大的专业设置与调整审批权力下放到高校，高校能够更加自由地对新工科专业进行创新型建设，在结合自身办学优势与地方经济发展需求后，探索出一条适宜自身发展的新工科专业建设道路。随着时代发展，新旧企业更新换代，落后企业不断淘汰，新兴企业不断涌现。高校服务于社会经济发展，也随之发生专业更新，新工科专业建设与新兴产业密切相连。高校人才培养作为社会经济发展的重要支撑，应明确自身办学优势，积极与当地企业进行合作，挖掘更多教育资源，为新兴产业发展奠定人才基础，形成有自身特色的新工科专业。

课程体系是人才培养的重要渠道，承载着专业知识结构层次，不同的学生应使用不同的课程体系进行教育，从而培养出具有不同特点的专业型人才。在新工科专业建设过程中，探索与构建相应的课程体系十分重要。而课程体系构建需要通过教材等内容体现，其中，适合新工科专业教学使用的教材，要能够满足学生对专业知识的学习需要，反映教师科研情况和行业发展情况等，且应跟随专业知识变化而不断更新，根据教学活动的经验不断改进，从而更加适于学生理解、掌握与学习。新工科专业学习需要学生拥有与传统专业学习不同的跨专业学科创造思维，掌握系统化的知识体系与知识结构等。

新工科专业在对课程体系进行探索与构建时，除需要对教材进行更新与创造外，还需要对课程形式进行探索与创新。为了更好地服务于学生，需要构建以学生学习为中心的课程形式，如微课、慕课等，通过线上教学的方式使优质课程资源得到更好的利用，帮助学生更加轻松、便捷地找到自身所需课程。在教学方式创新方面，使用混合教学、翻转课堂等形式帮助学生更好地学习新工科专业知识，在实际应用时应将教学方案、教学大纲进行相应转变，使之能够与新的教学方式相适应。教学方式创新需要其他教学相关事务产生相应创新，使教学方式能够全面、有效、稳定地发挥作用。教育活动需要的相应配套设施等也需要随课程体系变化进行革新。新工科专业课程体系的不断改进与完善，将直接推动新工科专业从发展走向成熟。

2. 合理进行专业布局，增加布点数量

地方高校建设新工科专业要始终跟随国家政策导向，以自身实际情况、行业发展情况等为具体依据。如果学校不能根据自身办学优势等进行专业建设，容易陷入盲目跟从的状况，导致新工科专业布局偏向集中和同质，同时出现教育资源浪费的情况，布点数量增加所发挥的效用将大打折扣。高校在保证做好充足准备、明确自身定位并开始建设新工科专业后，应充分发挥自身教育资源，尽可能增加自身专业布点数量，促进新工科专业建设快速发展以及实现自身办学价值。

3. 高校、企业之间应积极互动，建立教育共同体

产学研三者深度融合能够促使新工科专业建设更好地适应社会经济的发展变化，更好地满足学生适应社会经济发展的需要。高校与企业之间建立深度联系是产学研一体化的基础。从人才输入与输出的角度来说，高校与企业双方早已建立起十分密切的联系，高校输出人才，而企业吸收人才，两者相辅相成。产学研深度融合则要求高校与企业更加积极主动地建立联系，企业应该与高校建立教育共同体，直接参与到人才培养的过程中，而高校则应该更加深入了解企业，以此进一步改进和完善自身人才培养模式。例如，企业能够为新工科专业建设提供教育资源，高校能够获得良好的教师、学生实训基地等。高校与企业共同参与新工科

人才培养，能够使学生将理论与实践更好地融合，提升学生实践能力、解决问题能力，学生能够学以致用，为国家社会经济发展贡献更多力量。

高校与企业建立教育共同体，双方教育资源、实习资源等实现共享，双方人才培养模式与教育体制等将由此得以进一步发展与创新，最终促进高校与企业共同发展。高校教育资源的优势与企业实习资源的优势可以通过双方教育共同体的建立融合发展，使新工科专业建设的目标更好地实现。双方优势实际融合具有多种方式，如高校学生能够根据自身优势更加主动地选择自身实习岗位，学生在具体岗位上实习时能够得到专业教师的正确指引和一系列帮助，能够受到更加专业的培训等；企业能够为学生提供更好的科研环境与资源等。

4. 构建适宜新工科专业建设的教学模式与人才培养模式

新工科专业必须建立相对应的、相对完善的教学模式，因此，教学模式的革新是建设新工科专业的必要途径。想要实现新工科专业建设服务社会经济发展、满足学生发展需要等的目标，就要在人才培养方案、教学内容等多个方面进行革新，以紧随时代发展变化。例如，传统教学模式存在本硕博分离的弊端，在新工科专业建设过程中应该将其统一化。

传统人才培养模式缺乏对学生实践能力的锻炼，理论与实践处于分离状态，学生实践能力无法提高，对于专业理论无法做到深入理解等。学生在实践能力缺乏的状态下进入社会、参与实际工作时将会产生不适应感，与实践能力较高的学生相比会在工作中遇到更多困难与挑战。产学研一体化人才培养模式构建能够帮助学生在学习过程中将理论与实践融合，更好地将自身知识应用于实际生产、生活当中。高校与企业合作，能够使学生毕业后更好地投入科研与工作中。高校与企业应建立长期合作关系，切实推动人才培养对接行业发展、科研成果转化为经济效益，从而促进社会经济整体发展。

传统教学方式主要是面对面的知识传授，新工科专业建设应利用互联网、新媒体等技术，让知识传授更加多样化，更能够激发学生兴趣，将教学内容更好地传授给学生。同时，教学方式在知识实现良好传授的基础上应注重学生实践能力的培养，引导学生参与相应实践活动，使学生在实践过程中逐渐提升解决问题的能力、创新能力，并对相关专业知识有更加深刻的理解。

5. 提升新工科专业师资队伍数量与质量

教师队伍建设是新工科专业建设的重要一环，教师队伍的数量与质量都会对新工科专业教学质量产生重大影响。教师提升实践能力、创新思维等，能够为学生树立良好的榜样，在潜移默化中对学生起到教育作用，从而提升学生实践能力、创新思维等。因此，新工科教师应把握时代发展要求，在教导学生的同时不断提升自身综合素质，积极调整自身知识结构、转变自身教学理念等。高校在与企业合作的过程中应为教师发展提供良好的机会与场所等，帮助教师实现自我提升，使新工科教师队伍质量不断提升。高校对于教师的激励考核制度应与时俱进，在专业建设过程中不断完善。

高校与高校之间进行经验交流和相互学习，能够促进教师队伍质量不断提升。高校可以为教师提供外出学习的机会与平台，如派教师到新工科专业建设成效较好的高校进行学习，邀请优秀新工科教师到学校举办讲座，为教师提供参与企业培训的机会等。成熟的新工科教师要发挥先学优势，帮助新入门的新工科教师快速提升能力，使新工科教师数量与质量快速提升。

（二）根据相关要求完善专业评价

国际工科教育认证采取持续改进的理念，在具体认证工作中具有持续性，学生在实际工作期间的反馈和评价能够持续影响教育认证工作，高校接收学生、社会评价和反馈后则持续不断开展改进，以此不断增加专业建设相关内容，持续完善新工科专业建设工作。学生与社会都会对新工科专业产生评价，学生参加工作后对新工科产生的评价同样具有重要参考价值，甚至比学生在校期间的专业评价重要。学生参加工作后能够更加清楚地意识到自身不足，对学校教育活动进行更加全面而深刻的反思，做出更加准确而重要的评价。参考学生评价与社会评价能够得到更加真实、全面的新工科专业评价，社会评价从企业等用人单位的角度对新工科专业进行评价，更加客观，可更加准确地找到学生的不足以及教育活动的缺失。在获取评价方面，高校可以主动与学生、企业深入沟通，通过内部探讨寻找自身可改进之处。高校获得评价后，应与第三方评价进行比对，从更多方面对评价进行整合、分析，使高校专业建设不足更加清晰地显露出来。高校取得最终评价后，应积极解决评价当中的问题，继续发挥自身专业建设当中的优势，使新工科人才培养模式不断完善。在对新工科专业进行评价时以国际工科教育专业认证持续改进理念为标准，采用分级、分类的评估方式，根据不同种类新工科专业特点采取与之相对应的新工科专业评价方式。随着现代信息技术的不断发展，新工科专业评价拥有更加多样化的方式与渠道，在专业评价过程中应充分利用信息技术的优势。总体而言，新工科专业评价应遵循自主、多样、发展的原则。

（三）建立相应专业调整机制

我国新工科专业建设采用三级管理方式，首先是省教学厅负责总体规划，其次是高校制定具体建设规划、逐步推进项目建设学科相关工作，最后由专业点具体开展相关教学活动。高校在省教学厅领导下成立新工科学科/专业建设小组，从宏观角度出发建设与自身办学优势、当地经济发展需要契合的新工科学科/专业。建设小组将统一领导学校专业建设工作，进行顶层规划。建设小组拥有较大自主权，能够充分协调各方面工作，制定相关管理细则。我国高校新工科专业建设采用首席学科负责人制，建设主体作用能够得到更好的发挥。高校新工科专业建设利用财政资金分配建立相应的激励和约束机制，以此更好地引导专业建设活动，促进专业结构不断调整优化，提升高校新工科专业水平。高校新工科专业建设需要匹配完善的信息填报系统，具体包含建设目标、建设内容、经费保障等。

二、政府层面

（一）制定新工科专业建设相关方针政策

根据以往专业建设经验可知，专业建设会经历开始、发展、成熟及衰落四个阶段，专业建设始终与国家政策密切相关，国家政策引导专业建设进入不同阶段。在我国，国家始终在宏观层面对教育改革进行指导，引导着我国教育不断向前发展。宏观层面上的正确指导能够使工科教育改革保持良性发展，使改革过程更加顺利，改革成效更加显著。国家从宏观方面为新工科专业建设提供顶层设计，为我国高校新工科专业建设指引方向。在推进经济转型发展的今天，国家紧跟时代发展趋势提出新工科专业建设相关方针政策，地方高校需要时刻关注国家相关政策导向变化，将自身办学实际情况以及当地经济发展情况等与国家政策导向相融合，制定因地制宜、因时而异的新工科专业建设方案。不同高校具有不同特点，当地经济发展状况同样千差万别，面对这一复杂情况，国家相关部门必须为高校提供良好的顶层设计，为高校指引正确方向。高校在具体落实新工科专业建设各项工作时，应重视每一个环节，确保专业建设符合国家政策导向、社会经济发展要求。

新工科专业建设进入不同阶段后，面临的困难与问题并不相同，相关部门制定总体规划、高校制定具体发展规划时，需要根据专业建设所处阶段的实际情况，使新工科专业布局更加完善、能够持续发展。在专业建设过程中，对教师、学生伦理价值观等道德观念的培养十分重要，正确的思想道德能够使师生正确使用自身能力、实现自身价值。在此基础上，专业集群逐渐形成，本硕博教学贯通可有效提升新工科专业建设质量，为学生提供更加全面的教学资源。国家相关部门对新工科专业进行布点时已经综合考虑到多个方面的因素，专业布点与实际情况结合能够使教育资源得到更加全面、充分的利用。教育部门要监督高校专业建设的具体实施过程，确保专业建设高质量完成。教育部门应提升自身专业评估手段，结合第三方专业评估，更加准确地掌握高校专业建设过程中存在的问题以及需要改进的部分，从而推动高校专业建设持续改进。

（二）搭建平台促进多方互动，加快新工科教育改革进度

新工科建设单独依靠高校或政府都无法取得最佳成效，只有结合一切能结合的力量才能够使新工科建设不断向前进，不断取得更好的建设成效。政府、行

业、高校及第三方机构等都需要参与到新工科专业建设进程中，其涉及各类、各级部门以及机构，需要多方充分协调配合才能够将力量汇聚到一点，国家部门则需要搭建一个可供多方交流互动的平台，引导、促进多方在平台中实现良好交流，达成共识。其中，引导行业参与是促进专业建设良好发展的关键，行业发展与人才培养具有深远联系，法律上虽然没有明确规定企业等应对高校人才培养提供支持，但是企业确实具有参与高校人才培养的责任与义务。政府搭建的平台应能够使行业、第三方机构等充分参与高校人才培养的全过程，从而实现多方的深入交流与合作，企业与第三方机构还能够对高校专业建设起到监督作用。企业与高校充分合作，能够使高校实践教育真正与行业发展无缝对接，使高校新工科专业培养出的人才符合企业用人标准。多方通力合作组成教育责任共同体，对高质量人才培养、行业快速发展、社会整体进步、国家战略实现等多个方面等能够起到推动作用。

当多方力量凝聚到高校人才培养中时，学生能够拥有更加良好的学习环境。其中，高校与社会之间的良好合作，能够使高校得到更加全面、真实的专业评价。合理的评价有利于高校结合自身校内专业评价找到人才培养过程中的不足，有利于高校接受社会的监督。政府还能够为高校之间的交流搭建平台，推动高校之间相互交流以及我国高校与国际高校之间的相互交流。高校之间专业建设经验的相互交流能够推动新工科专业建设向前发展，部分高校行之有效的教学方法、改革方法、改革经验等对存在相同问题的高校专业建设来说具有参考价值。

我国高校新工科专业建设目前仍存在专业建设滞后于行业发展、理论学习无法与实践学习良好融合的情况，学生学习新工科专业后存在实践能力、创新能力较弱以及较难适应实际工作岗位等问题。新工科专业比传统专业更加注重实践能力的培养，实践教育平台的需求也随之增加，搭建良好的实践教育平台成为新工科专业建设的重要组成部分。政府以及各方应为高校搭建实践平台提供资金等支持，促进高校实践教育快速、高效开展。跨学科实验室是新工科专业实践平台建设的重点之一，能够促进不同专业学科之间的融合、拓展等，是推动交叉学科发展的重要平台。高校跨学科实验室建设需要在最大范围内容纳更多专业学科，促进交叉学科更好地发展并取得良好科研成果。学生创新思维、实践能力等能够在跨学科实验室当中得到更好的锻炼与开发，不同专业学科的资源能够通过实验室更好地实现共享。

高校新工科专业建设需要构建起良好的产学研一体化平台，这一平台搭建需要产业、高校以及学生等多个方面紧密、深入的联合才能实现。政府能够为多方交流合作提供平台，在多方交流合作过程中起到引导和带头作用。产学研一体化平台构建是高校专业建设实践平台搭建的重要组成部分，能够弥补新工科专业建设理论与实践教学缺乏深度融合、实践教育较少、人才培养与行业发展对接不紧密等诸多不足。产学研一体化平台建设工作的不断推进，使得行业发展需要与人才培养目标、科研目标等逐渐趋于一致，即行业发展需要什么样的人才，高校便培养什么样的人才；社会经济发展需要哪方面的专业学科支持，高校便建设哪方面的专业学科，学者便钻研哪个领域，企业便发展哪个产业。产学研一体化情况下，三方能够产生相互促进、共同发展的效果。同时，高校科研实用性进一步提高，科研经费使用更加合理化，科研对经济发展的促进作用更加明显，使科研成果与社会生产生活之间的联系更加紧密，新工科专业建设速度得到明显提升。

（三）引领专业建设方向，建设公共信息平台

不同高校对新工科专业建设的理解程度受到其办学水平影响，不同地区高校在不同地方政策下能够获得的财政支持存在差异，政府给予高校良好的财政支持对高校新工科专业建设具有重要意义。在国家政策引导下，地方政府与地方高校之间能够建立良好的合作，加快地方高校专业转型与升级。国家政策与我国国情相适应，与国家战略相互呼应，对地方高校开展新工科专业建设活动具有重要指导意义。地方高校紧随国家政策引导，能够使人才培养更好地契合我国行业发展的需求。教育部门等相关国家部门会跟随高校专业建设实际情况调整、制定相对应的法律法规等，使高校专业建设活动得到法律保障，专业建设活动更加规范化、合理化，且能够保持稳定、有序开展。我国目前高校专业建设依然面临评估体系不完善、人才培养模式不健全等问题，国家引导依然能够为高校专业建设活动指引明确的发展方向，为高校专业建设问题的解决提供有力支持。在国家引领下，新工科专业建设工作将保持高质量、高速度发展，使我国高等教育改革稳步前进，使学生能够得到更加良好的教育，使国家经济发展获得源源不断的动力。

如今，随着信息技术、大数据技术等技术的快速发展，校园数字化程度不断提升。数字化校园覆盖的内容十分广泛，其中的各项分类能够做到界限分明，但是其规划设计没有实现统一化，使用方面依然存在一定问题，如准则不明确、数据更新速度较慢、稳定性不高等。不同高校信息系统相互独立，人们在进行数据信息搜索时需要通过较为烦琐的步骤来实现，信息数据搜索效率、时效性等随之下降。高校信息系统对大数据技术、云计算等技术的应用不足，高校信息数据共享困难，对大数据进行分析的能力弱，资源整合效率较低。高校之间信息系统实现联通，有利于高校之间相互建立联系，使高校信息数据得到更充分的利用。除高校能够利用这一公共信息平台外，政府、企业等同样能够通过这一信息平台与高校建立更加良好的联系。政府、企业等能够通过这一信息平台了解高校专业建设当中的困难等，高校能够通过这一信息平台简便、快速地掌握国家政策信息以及行业发展变化信息等，从而促进产学研一体化开展，教育资源能够得到更加充

分的利用。公共信息平台能够使各个方面的信息数据得到更好的传输与利用，各方通过公共信息平台对大量信息数据进行整理分析能够得到更加准确、真实的统计结果，对行业未来发展方向、企业人才需求发展方向、各个高校专业建设过程中解决问题的经验有更多体现。信息资源的高效利用将使新工科专业建设活动获得更大的助力，因此，公共信息平台的构建十分重要，需要国家、企业以及高校共同参与建设。公共信息平台构建需要投入大量人力、物力，除资金投入外，相关人才、技术的合理利用是公共信息平台发挥作用的关键。在先进技术以及专业人才的驱动下，公共信息系统中的数据能够反映出行业发展与专业建设的实际情况，发现行业发展人才需要以及专业建设当中的问题。及时对信息数据进行分析与处理，能够较快地调整和改进相应问题，保障行业发展与专业建设始终在正轨上前进。信息数据是一种具有极高利用价值的资源与财富，它能够帮助人们更准确地预测事物的发展，促进事物发展更加科学合理。当今社会发展与信息数据发展具有更加紧密的联系，公共信息平台建设是我国高校新工科专业建设进一步高效利用信息数据的重要途径。

三、社会层面

在我国相关政策影响下，高校得到更大的自主权利，能够根据自身实际情况开展个性化的人才培养，使高等教育与经济发展之间的联系更加紧密。高校通过二级管理的方式在原有学院基础上进一步实现自主办学，而高校自主办学权利的增加也产生了相应问题，如行政执行力降低、发展动力不足以及缺少资金来源等。高校自主办学意味着政府监管力度减弱，导致高校在更加灵活发展自身的同时容易出现教学质量下滑的现象。

（一）社会评估促进高校新工科专业建设更加合理化

社会评估能够对高校专业建设起到监督与促进作用，高校积极接受社会评估后能够有更加准确、清晰的自我认知，有利于高校明确自身定位，制定与调整自身专业建设方向、不断提升自身教学质量。社会层面第三方评价组织能够给予高校更加客观的评价，在衡量高校新工科专业建设成效方面具有重要意义。

新工科专业建设与传统专业建设存在巨大差异，在办学理念、人才培养模式等多个方面相较于传统专业建设都发生巨大变化。新工科专业建设采用以学生为中心的办学理念，在人才培养方面加入更多锻炼实践能力的课程。面对新工科专业建设的多种变化，社会评价需要进行相应调整，如根据高校以学生为中心的理念开展相关工作等。高校、企业与政府都在专业建设过程中发挥着巨大作用，也导致高校、企业等在进行内部评价时容易受到主观因素的干扰，使评价结果出现一定偏差。第三方评价机构参与专业建设的程度较低，所产生的评价更能够从客观上说明问题，对专业建设来说拥有较高参考价值。

高校新工科专业建设与经济发展联系密切，第三方评价机构充分挖掘对高校专业建设当中与经济发展不符的内容以及高校管理体制方面不恰当的地方并及时反映给高校、企业。高校建立评价制度时要积极引入与参考社会评价，充分发挥社会评价的独立性与中立性优势，通过自身、企业以及社会等多方评价对专业建设过程进行分析，整合出更加全面、真实、深入的评价，以此促进自身进步与发展。不同评价主体的作用各不相同，拥有各自特点与优势，如企业评价能够反映出行业发展、人才需求方面的变化等。社会评价应从更加全面的角度出发对新工科专业建设进行评价，从培养目标、毕业生能力、办学条件等方面进行评价，以全面反映新工科专业建设当中存在的问题及改进的方向。仅仅只是对教学方法、教学模式等进行评价无法发挥出社会评价的全部作用。社会评价需要采用合适的评价方法、手段，从各个方面对专业建设活动进行评价，才能够更加真实、可用，从而对新工科专业建设产生监督与促进作用。

（二）强化社会评估的内在建设

社会评估对教育质量提升具有不可或缺的促进作用，高校新工科专业建设需要引入第三方评价机制以促进自身更好的发展、提升自身竞争力。社会评估与政府、高校评估相互独立，相互之间不存在直接的利益链条，不存在直属关系，拥有各自不同的评估资源。结合多方评估机制，能够集中不同组织的评估资源，获得更加全面和丰富的评估数据与资料，得到的评估结果也更加真实、可靠。评估结果通过研究报告等形式呈现、共享，使社会各界都能够对该结果进行利用和分析。结合高校专业建设过去的评价结果进行对比分析，能够得出适合当下高校实际及社会经济发展等情况的更加客观的评价。通过强化社会评估的作用，高校专业建设将得到更好的监督，从而促进高校专业建设工作改善自身问题与不足，以利于高校持续改进专业建设工作，提升教学质量，促进社会经济发展。

高校需要与第三方评价机构进行全面、深入沟通交流，第三方评价机构需要掌握高校实际情况、市场需求导向等各个方面的内容，在评价方案与评价流程方面也需要与高校进行商讨，保证最终评价结果的科学性与实用性。

第三章 新工科视域下我国高校工科人才培养改革现状与策略

第一节 我国高校工科教育人才培养情况

一、我国工科教育发展的基本历程

晚清时期，有学之士思考救亡图存之道，“师夷长技以制夷”等观念逐渐兴起。晚清政府想要通过采取一定改革措施来改变自身，实现富国强兵，教育改革便是其改革措施中的一部分，我国工科教育发展正式拉开序幕。中华人民共和国成立后，我国教育改革活动如火如荼，工科教育作为我国教育改革当中的重要组成部分，获得极大进展。

（一）起步探索期

中华人民共和国成立初期面临着经济落后、工业化程度低等一系列问题，国家在经济建设方面实施重工业优先发展策略，我国工业化进程逐渐加快。石油、核工业、航天工业等重工业在国外重重封锁下稳步前进。我国工科教育与国家发展战略相适配，随着我国工业化水平不断向前，我国工科教育也在探索中不断成长。我国工科教育发展推动着国家工业化进程不断向前，国家优先发展重工业的战略以及工业化发展历程能够在我国工科教育发展中体现出来。在国家对工科类高等院校以及相关专业建设方面的高度重视下，中华人民共和国成立以来工科类高等院校在全国高校中的占比不断提升，工科生人数在全国高校学生人数中的占比不断增长，工科师资队伍不断扩充，工科专业不断增加。1949 年，我国高校总数为 205 所，其中高等工科类院校仅有 28 所，占全部高校的 13.7%，全国工科生人数约为 3.03 万人；到 1976 年，我国高校总数已经增长到 392 所，高等工科类院校则增长到 126 所，高等工科类院校占全国高校总数的比例增加到 32.2%，全国工科生人数达到约 20.2 万人。我国工科教育在起步阶段主要学习苏联高等工科教育模式，并不完全适用于我国国情，出现了一些弊端，但在我国当时教育工作者的努力探索与实践下，这些问题逐步解决、回归理性，形成了具有我国特色的工科教育发展模式，我国高等工科类院校在教学大纲、教学计划以及教材内容等多个方面逐渐完善。

（二）快速发展期

1978 年，全国教育工作会议顺利召开，我国高等工科教育发展更加理性、健康。我国高等工科教育与我国经济发展要求更加契合，教学质量不断提升。国家相继发布了《中华人民共和国学位条例暂行实施办法》《关于高等工科教育层次、规格和学习年限调整改革问题的几点意见》《关于开展高等工科教育评估研究和试点工作的通知》等文件，为我国高等工科教育指明了发展方向。在这一阶段，我国学位制度正式建成，高等工科教育培养目标加入德、智、体全面发展以及必须进行工程师基本训练等要求，使工科教育人才培养体系逐步完善。教学大纲、教材在全国教育工作者的努力探索与实践下进一步完善，人才培养过程中的基本规格、学习年限等更加具体，高等工科教育质量评估制度也逐渐形成。在这一阶段，我国高等工科教育人才培养规格显著提升，培养体系迅速完善。我国工科教育在这一阶段迅速规范化。

（三）调整优化期

1987 年到 2005 年，我国高等工科教育在初步完善后进入调整优化期。在这一阶段，我国高等工科教育整体处于上升趋势，尤其是在进入 21 世纪后，我国工科类高校数量与工科学生人数显著上升。在国家引导下，我国高等工科教育逐步加大对应用型工科人才的培养，应用型工科人才培养体系更加完善，应用型工科人才数量快速增加。工科专业经过调整优化，培养口径更宽，工科专业数量经过浓缩后更加规范合理，教育资源得到更加充分的利用。高等工科教育质量进一步提升，教学基地、重点实验室、研究中心等不断增加，课程建设不断强化，精品课程不断增多。不断完善的高等工科教育评估制度对高校起到监督作用，工科类高校能够从评估结果中得到准确而真实的反馈，对高校持续发现、改进自身问题起到推动作用。

（四）创新发展期

2006 年到 2016 年，我国高等工科教育在创新中取得更大进展。在专业评估制度方面，工科类高校积极响应国家政策导向，在方案设计、措施执行等多个方面进行创新，教育行政部门更好地参与到高校认证工作当中。国家创立了多个工科教育专业认证试点，工程技术与医学领域的专业认证是国家这一阶段的重点工作方向。我国工科教育认证体系与社会经济发展状况以及职业需求情况进一步深度融合，而专业认证体系创新发展反过来推动了工科教育进一步发展，专业认证

体系创新工作在这一阶段持续、稳定开展。

我国工科教育模式在这一阶段引入 CDIO 工科教育模式，此模式以生产活动为核心，学生在此模式下进行学习能够提升主动解决问题的能力与实践能力。我国工科类高校积极借鉴国际构建 CDIO 工科教育模式的成功经验，根据自身实际情况等进行灵活创新，最终建设出具有高校自身特色的 CDIO 工科教育模式。2010 年，我国开始正式实施“卓越工程师教育培养计划”，卓越工程师即是指具有良好创新能力、实践能力等全方面能力的高质量工程技术人才，该培养计划包含了各种类型工程技术人才的培养目标，充分结合了我国经济发展需要，为我国工科类高校创新发展工科教育模式指引了方向、提供了具体的培养方案。其中，校企合作人才培养模式的提出对我国此阶段工科类高校人才培养具有重要指导意义。我国《普通高校本科专业目录》在这一阶段进行了第四次修订，学科门类、工科专业、工学门类等进一步得到扩充，与我国这一阶段内的经济发展情况相适应。我国工科类高校数量、工科学生数量不断上升。

（五）新工科建设期

从 2017 年至今，我国重点开展新工科建设活动。2017 年 2 月，我国教育部在复旦大学举行高等工科教育发展战略研讨会，达成“复旦共识”；同年 4 月，教育部在天津大学召开优势高校新工科建设研讨会，“天大行动”确立，《新工科建设行动路线》随之发布。随后，一系列关于新工科建设的会议相继召开，大量相关文件连续发布，我国新工科建设活动轰轰烈烈开始。新工科代表新时代将要出现的新工程学科，与传统工科相比，新工科具有跨行业、跨学科边界的特征，多种传统学科、专业内容融为一体，具有较高的创新性和可发展性。它与新兴行业相适应，引领着新兴行业发展。新工科建设具有为社会经济发展培养所需人才的重大使命，直接关系多种行业产业升级与优化的进程，是社会经济发展的重要推动力。新时代的教育理念、新时代的行业发展人才需求等与新工科建设紧密结合，促进人才质量不断提升。

二、地方高校工科教育发展成就

2017 年我国高校开始步入新工科教育发展建设阶段。据我国教育部相关数据显示，我国工科学生人数占全国高校学生人数比重最大，我国工科教育在校生人数长期保持世界第一；我国地方高校是工科教育发展的主体部分，在招收学生人数、在校生人数等多个方面占全国工科教育高校人数的 80% 以上，是我国工科教育快速发展的重要基础；我国工科教育结构逐步完善，研究生人数持续健康增长。

2017 年全国高校学生人数与工科类高校学生人数对比如表 3-1 所示。

表 3-1　2017 年全国高校学生人数与工科类高校学生人数对比

项目	毕业生人数	招生人数	在校生人数	预计毕业人数
全国高校学生总数	3 841 839	4 107 534	16 486 320	4 031 331
工科类高校学生总数	1 247 808	1 402 970	5 511 445	1 347 359
工科类学生占全国高校学生人数比例	32.5%	34.2%	33.4%	33.4%

从表 3-1 数据可知，2017 年我国工科类高校在毕业生人数、招生人数、在校生人数等多个方面占全国高校学生人数比例均超过 30%，发展较为均衡，能够持续健康发展。

2017 年全国普通本科生人数与地方普通本科生人数及比例如表 3-2 所示。

表 3-2　2017 年全国普通本科生人数与地方普通本科生人数及比例

项目	毕业生人数	招生人数	在校生人数	预计毕业生人数
全国高校普通本科生人数	3 841 839	4 107 534	16 486 320	4 031 331
地方高校普通本科生人数	3 417 137	3 656 677	14 686 898	3 583 135
地方高校占比	88.9%	89.0%	89.0%	88.8%

从表 3-2 数据可知，2017 年地方高校本科在毕业生人数、招生人数、在校生人数等多个方面占全国高校学生总数的 80% 以上，接近 90%，地方高校已经成为我国人才培养的主要基地。

2017 年全国研究生人数与工科类研究生人数及比例如表 3-3 所示。

表 3-3　2017 年全国研究生人数与工科类研究生人数及比例

项目	毕业生人数	招生人数	在校生人数	预计毕业生人数
全国研究生人数	570 296	795 938	2 608 029	762 410
工科类研究生人数	195 922	279 167	1 047 357	266 380
工科类占比	34.2%	35.0%	40.0%	34.9%

从表 3-3 数据可知，2017 年我国工科类研究生人数占全国研究生人数的三分之一左右，规模可观，与我国工科类高校学生总数占全国高校学生总数的比例相近。由此可见，我国工科教育结构在国家引导以及众多教育工作者的不懈努力下得到较为成功的优化，处于健康均衡的状态。由于地方高校是我国人才培养的主体，全国高校与工科类高校对比的结果基本能够反映地方高校的发展情况，全国工科类高校取得的众多成就能够基本反映地方工科类高校取得的种种成就。

在我国高度重视教育改革的大背景下，我国教育投入不断加大，2017 年我国教育投入接近全国生产总值的 5%，为我国教育改革与发展提供了坚实的物质基础。工科教育作为我国教育改革发展的重点，能够在发展过程中获得充足的支

持。良好支撑使得工科教育在教学设备、科研实验设备等教育资源的获取过程中更加顺利，从而有效提升了工科教育教学质量。工科类高校能够借助教育资源支持，在教学模式探索与创新中不断发展。比如，借鉴与学习国际上具有良好成效的教学模式，对我国形成具有本土化、特色化工科教育模式起到推动作用，CDIO 等国际工科教育模式在我国的成功应用是我国地方高校工科教育发展的重要成就。2017 年以后，随着时代的发展，对工科类人才的要求进一步提高，对我国工科教育提出了新的挑战。地方高校作为我国人才培养的主要载体，积极主动地参与新工科建设活动，我国工科教育发展正在步入新阶段。

三、我国高校工科教育发展存在的主要问题

（一）工科人才存在供需矛盾

目前，我国工科类人才培养数量与质量不足，低于社会经济发展所需工科人才的数量与质量。我国众多相关部门，如教育部、工业和信息化部等，通过共同研究、协商与探讨，发布了《制造业人才发展规划指南》。其中，国家多个部门相互交流信息，根据我国具体国情做出 2025 年相关产业人才缺口预测，具体包括新一代信息技术产业将会产生大约 950 万人才缺口、电力装备领域将会产生大约 909 万人才缺口、高档数控机床和机器人领域将会产生大约 450 万人才缺口、新材料领域将会产生大约 400 万人才缺口等。此文件内容为国家多个部门共同研究分析得出，具有重要参考价值，能够大致体现我国 2025 年相关产业人才缺口状况，能够代表国家对高校工科教育未来发展的具体导向。新兴行业对人才思维创造能力、实践与理论结合的能力、思想道德等多个方面提出更高要求，而我国高校目前仍在实践教育等多种教育方法的探索之路上，取得的成效并不足以满足新时代对大量高质量人才的需求。高校人才供给不足、人才数量与质量的需求巨大，两者之间的矛盾成为我国高校攻克教育发展的一个主要问题。

（二）工科教育发展缺乏个性化

我国高校工科教育发展与其他多个领域一样存在马太效应，教育资源集中在发展更加良好的双一流高校与研究型高校，发展相对落后的高校能够获得的教育资源则相对较少，发展更加缓慢。教育资源的缺乏使得部分高校在发展自身特色工科教育的道路上比较艰难，加上高校照搬某些工科教育取得阶段性成果的高校的经验，使得部分高校工科教育出现同质化现象，其人才培养目标、模式等大同小异，地方高校特色与优势不能得到充分发挥和利用。

（三）工科课程教学过程存在“重理论、轻实践”的问题

我国传统工科建设与社会经济发展联系存在一定滞后，社会经济发展往往要快于工科建设一个阶段，高校理论教学与实践教学衔接不紧密是造成这一现象的

重要原因。高校实践教学较少，不能使学生直接感受到社会经济的具体变化；高校与用人单位之间处于分离状态，行业发展等变化不能及时反馈到高校，造成高校教育与行业发展相比相对滞后；高校与用人单位不能共同参与人才培养，导致高校教学存在“重理论，轻实践”问题。用人单位是高校进行实践教学的良好场所，用人单位主动参与高校人才培养能够使学生更加了解实际工作情境、岗位要求等，提升实践能力。

（四）工科课程体系与教学体系缺乏融合性

新工科教育具有跨专业、跨学科、多种专业学科相互融合的特征，而我国高校不同专业学科课程体系、教学体系之间具有十分明显的边界，相互融合能力较差，学生难以通过学习多个不同专业领域知识来更加全面地思考问题、解决问题，阻碍学生创新思维与创新能力的形成。

（五）工科学生综合素质培养不足

学生综合素质包括学生专业能力之外的诸多能力，如职业道德、社交能力、团队合作能力等。学生的综合素质直接影响其自身发展以及其适应行业发展变化的速度。立德树人是高校人才培养的根本任务，综合素质培养对高校人才培养至关重要。而我国高校在培养学生综合素质方面尚有较大发展空间。

（六）工科学生创新创业教育不足

当今时代，技术创新引发行业变革，新兴行业的发展速度与更新迭代的速度十分快，对学生创新创业能力的要求进一步提高。创新创业能力对学生越来越重要，直接关系学生能否适应社会经济发展变化，高校工科教育需要更加重视对学生创新创业能力的培养。我国高校虽然已经开始对学生创新创业能力教育进行摸索，但取得的成效不大，不能完全满足社会经济发展变化产生的用人需要。

（七）工科学生考核与评价体系待完善

我国高校工科教育主要对学生专业知识掌握程度进行考核与评价，对学生综合素质的考核与评价并没有形成较为完善的体系。缺乏对学生综合素质良好的考核与评价使得学生在及时发现与改进自身不足方面缺乏动力，教师在教学过程中缺乏对学生综合素质成长变化的掌握，不能有针对性地制订相应教学策略，对教学活动的开展造成不利影响。

高校应完善对工科学生的考核与评价机制，在加强校企协同、产学研结合的同时，促进工科学生的全面发展，为社会培养德智体美劳全面发展的新工科专业人才。

第二节　我国高校新工科教育改革与发展现状

科技进步推动产业转型升级，新兴产业大量涌现，工科教育则与产业转型升级之间存在相互支撑的紧密关系。2017 年，我国为适应当下社会经济发展要求提出“新工科”这一工科教育改革理念。“新工科”是国家针对本国国情提出的改革方向，对高校具有重要指引作用。我国高校工科教育改革正在国家的引导下稳步前进，我国众多高校已经在探索本土化、特色化新工科教育的道路上取得一定阶段性成果，这些高校的探索、改革、建设经验对我国高校工科教育实现全面改革发展具有重要借鉴作用，具体表现在人才培养目标、课程体系、教学模式、师资队伍建设等多个层面。

一、人才培养目标的改革

我国工科教育建立起与传统工科教育不同的人才培养目标，新工科教育人才培养目标依然建立在适应社会经济发展变化的基础上，但是却在传统工科教育人才培养目标基础上进行了创新，使之与社会经济发展要求更加匹配，更能够使学生通过学习掌握适应社会经济发展变化的能力，促进学生自我价值的实现。

清晰、先进、合理的人才培养目标对新工科教育建设具有极大价值，高校新工科人才培养模式改革需要以科学合理的人才培养目标为基础。而清晰、合理的人才培养目标的制订与调整，需要高校切实掌握与深入分析自身办学优势、社会发展情况等，根据自身发展过程中的多种客观因素结合人才培养规律不断加以完善。清晰、合理的人才培养目标使高校新工科教育改革与发展始终拥有指引的方向，为高校人才培养模式改革与发展奠定了坚实基础。新工科教育人才培养目标制订与调整还要充分体现对学生知识结构和能力素质等多个方面的要求。

（一）注重社会相关产业的发展变化

高校工科教育具有服务社会经济发展的职能，为满足这一职能的有效发挥，高校在制订与调整自身新人才培养目标时应注重社会相关产业发展变化情况。除此之外，高校必须结合自身办学水平、办学优势及教育发展规律等来制订出适宜的人才培养目标。高校注重社会相关产业发展变化的具体内容涵盖多个方面，包括行业发展变化、相关企业用人要求变化、用人需求变化等。

以东莞理工学院能源与动力专业为例，其面对专业相关行业、企业对人才的要求，将自身人才培养目标从知识与能力等方面进行相应创新升级，制订了以学科知识为支撑、能力培养为核心、素质提升为目的的新人才培养目标。高校新工科教育改革与发展在人才培养目标制订与调整方面具有共性，东莞理工学院能源与动力专业人才培养目标制订与调整的经验能够对全国高校人才培养目标制订与调整起到借鉴作用。

（二）积极与相关企业等利益参与者建立联系

高校新工科教育能够培养出更加高质量的人才，而人才质量的提升能够进一步推动相关企业等利益参与者获得更大的利益增长。因此，相关企业等作为高校新工科教育改革的受益者，有责任、有义务参与到高校新工科教育改革中来。对高校而言，了解相关企业岗位用人要求变化有利于高校完善与调整自身教学活动中的不足，相关企业则能够给予高校改革发展以更多的支持。

以黄河交通学院计算机科学与技术专业改革发展为例，该校采用“走出去，请进来”的策略来主动与相关企业等利益参与者进行深入交流，其具体措施包括安排学校教师进入企业深入学习，参与企业实际生产活动，对企业人才需要、用人要求等进行充分调查与掌握。同时，该校邀请企业当中的专家、管理人员等参与高校人才培养模式建设、人才培养目标制订等工作。相关企业与高校共同确定人才考核与评价体系，能够使高校考核与评价指标更加契合企业用人标准，对学生今后更好地适应相关岗位、解决实际工作中的问题起到促进作用。

（三）重视学生实践能力与创新能力的培养

我国高校正处于建设新工科教育的阶段，与传统工科教育建设阶段相比，新阶段工科教育对学生创新能力、实践能力培养的重视程度进一步提升。我国“新工科”概念中明确指出，对学生实践能力、创新意识培养要能够满足新兴产业对人才的更高要求。高校在教学过程中引导学生对新兴产业和自身感兴趣的学科专业进行了解，以此来提升学生创新意识、创新能力等。

以绍兴文理学院为例，该校以培养新技术研发人才、新技术应用人才及新产业、新模式、新业态开发人才为目标，充分与我国社会经济发展要求相适应，与国家政策导向保持统一，从科研、应用等多个方面培养创新型人才，充分满足社会经济发展的需求。

二、课程体系的重构

我国新工科教育改革与发展处于新工科建设阶段，在多个方面进行了创新性建设，课程体系重构便是其中的重要内容。简而言之，新工科教育建设通过创设实践性课程并将之加入课程体系当中来促进学生实践能力的提高，解决传统工科教育“重理论，轻实践”的问题。我国高校普遍通过创造与增加应用型课程来促进自身新工科教育发展，因此更加积极主动地与相关企业等用人单位进行合作，从而创造出能够提升学生实践能力的应用型课程。

（一）注重实践课程构建

实践课程以培养学生实际解决问题的能力、创新意识与能力为目标，通过改变教学内容、方法等手段来构建实践课程。实践课程是新工科专业建设的重要改革手段与发展方向，要能够达到优化学生知识结构、提升学生实践能力及综合素质等目的。

工科教育以培养学生工程知识、能力与素质等为主，工科教育实践课程构建同样以实现此目标为主，因此，实践课程构建应结合社会经济发展人才需求与高校自身实际情况，切实完善学生知识结构、提升综合素质等。工科教育包含的知识结构十分庞大，不同行业对人才能力的需求更是千差万别。高校构建相关实践课程时，应考虑到当地经济发展需要等因素，积极主动与本地相关企业等用人单位建立联系，多方共同构建实践课程，使实践课程真正契合相关企业用人要求，促进学生将来更好、更快地适应相关行业或岗位等，最终更好地推动我国社会经济发展。

（二）重视新兴产业对课程的影响

新兴产业发展催生相关专业学科出现，新兴产业发展的方向成为高校专业学科发展的方向。新兴产业发展需要以大量专业人才为支撑，高校作为人才培养的重要基地，成为新兴产业发展依靠的大树。没有高校培养出适应新兴产业发展的高质量人才，新兴产业发展必然缺乏前进动力；而新兴产业作为未来经济发展的前沿阵地，高校想要更好地促进学生实现自我价值及提升自身核心竞争力，同样需要准确预测未来趋势，实现快人一步，两者相辅相成，共同发展。新兴产业对工科教育课程的影响主要体现在人才培养规格发生变化、学生需要掌握的知识结构发生变化、对学生能力与素质的要求进一步提高等方面。新兴产业人才需求发生变化，促使工科教育课程进行改革创新。

以绍兴文理学院为例，该校为应对新兴产业变革改变自身课程，为学生设置了主修专业与微专业等课程。其中，主修专业依然为传统工科专业知识、能力传授与培养等相关课程，占 138 学分；微专业则是该校为应对新兴产业人才需求变化而创造的相关课程，占 20 学分。高校改革发展紧紧跟随经济发展变化，与市场产生的人才需求相适应，这种影响与变化持续不断发生，校企合作、产学研一体化等方式应运而生，使课程革新的目标与方式等更加清晰、适用。

新工科教育课程体系变化大致具有三大特征，即个性化、及时响应、交叉学科。不同高校的办学优势、当地新兴产业发展情况等各不相同，导致高校课程革新各具特色，具有个性化发展的特征；课程变化紧随新兴产业人才需求变化，具有及时响应的特征；而新兴产业往往具有多专业学科融合的特征，使得课程出现交叉学科的特征。

（三）重视社会、企业及利益相关者对课程体系构建的参与

企业与利益相关者在高校与社会经济发展两者之间充当桥梁，使两者之间产生紧密联系，因此，高校课程构建想要更好地适应社会经济发展，需要企业与利益相关者参与进来，使课程体系与社会经济发展接轨。

以黄河交通学院计算机科学与技术专业课程构建方案为例，高校与相关企业紧密联系、共同参与课程构建，具体包括教材编写、教学环节设计等方面。高校安排专业教师与企业专家、资深工作人员等进行深入交流，共同研究探讨，使理论与实践更好融合，并通过教材、教学环节等展现给学生。其中，实践课程的设计主要由企业专家、工作人员等进行把关，以保证实践课程能切实提升学生实践能力。实践课程根据专业知识综合程度分为低、中、高三个层次，课程实验与课程设计分别代表实践课程的低、中两个层次，高层次则包含综合项目设计、毕业实习与毕业设计等多个方面，遵循教育发展规律逐步提升学生实践能力。学生在高层次实践课程中进行学习的时候，能够得到专业教师与企业相关人员的共同指导，在企业提供的真实工作环境中锻炼实践能力。

三、教学模式的革新举措

教学模式在人才培养当中具有重要作用，没有良好、适宜的教学模式，那么新工科教育改革不能实现。因此，高校工科教育革新一定程度上反映在教学模式革新方面。我国高校工科教育教学模式革新举措具有以下三个特征，即学生主体地位提升、实践性教学升级以及教学方法革新。

（一）学生主体地位提升

传统工科教育主要采用知识传授型教学方法，教师在教学活动中占据主体地位，学生在教学活动中相对被动，只需要接收教师传授的知识即可。新工科教育改革与发展使学生地位获得提升，学生进一步发挥其在教学活动中的主体作用，在教学活动中表现得更加积极主动。CDIO 工程教学模式的本土化应用即是有效革新举措之一。CDIO 工程教学理念为“以学生为主体”，以学生学习体验为核心开展教学活动，帮助、引导学生拓展学习体验，建立实践学习、主动学习等体验，从而增强学生实践能力、创新能力。学生为主体有利于实践教育、素质教育的开展，对新工科教育教学模式革新具有重要推动作用。CDIO 工程教学模式主要是项目化教学模式，学生学习方式变得更加多样化，线上教学与线下教学能够相互融合，教师则从传统教学模式中的主体地位转变为引导者的身份，它与《论语》中“不愤不启，不悱不发”的教学模式相似。同时，教师身为引导者同样需要对学生进行仔细观察、耐心教导，充分理解学生学习中的困难，制定与学生特征相适应的引导方法，教学内容同样依靠教师的经验、想法来决定，教师需要

适应以学生为主体的教学理念，找寻相适应的教学方法。教师在设计教学内容时应遵循教育发展循序渐进的规律，逐步培养学生专业能力，帮助学生积累专业知识。教师应对学生开展学习型项目、提高型项目以及创新型项目教学，学习型项目主要促进学生对专业理论知识的掌握与理解，为学生进行实践活动奠定基础；提高型项目则在学习型项目基础上为学生提供能力方面的锻炼，促进学生将理论与实践相结合；创新型项目则着重提升学生的创新意识与创新能力，是学生将理论与实践充分融合的进一步训练。项目化教学对学生能力的培养及学生能力的增长无法从卷面考试中完全体现出来，因此，需要教师在实际教学活动中从旁观者的角度给予学生相对准确、真实的评价，在教学活动中对学生加以引导。教师应多采用过程性评价，少用结果性评价。高校应结合教师对学生的了解给予学生阶段性评价，具体从教师项目完成情况、学生日常表现等方面对学生进行评价。至期末阶段，高校可通过项目答辩来考核学生学习情况，并结合学生以往阶段性评价来判定学生学期内综合成绩。

（二）实践性教学升级

实践课程由实践性教学实现，实践性教学需要依靠实践课程来更好地达到提升学生实践能力的教学目的。工科教育对学生工程实践能力的要求较高，传统工科教育实践能力培养不足，新工科教育改革需要大力开展实践性教学，促进实践课程落实。以东华理工大学为例，该校排水科学与工程专业在课程中大力开展实践性教学，增加教学活动中的实践教学环节以及实践教学时间，学生岗前生产实习时间、毕业设计时间等进一步延长，且学生能够在实习期间或学习期间寻找教师解答自身疑惑，学校规定教师每日为学生提供 8 小时的教学服务，学生拥有更多时间、更多教育资源通过实践课程提升自身实践能力。高校实践性教学也在探索过程中不断完善，如，高校为学生毕业设计进行选题时，往往从相关企业实际工程项目中寻找，使得实践性教学能够进一步适应社会经济发展，使学生更早地参与实际生产活动，学生科研成果能够更好地转换为经济效益。

实践性教学提升离不开实践教学平台的建设，良好的实践教学平台是实践性教学顺利、高效开展的有力保障。高校在构建、升级自身实践教学平台时，可以与相关企业等用人单位合作，充分利用企业等用人单位在实际生产方面的优势，建造更加实用的实践教学平台。相关企业等用人单位还能够为学生提供更好的教育资源，企业工作人员能够将其丰富的实践经验传授给学生。校企合作成为实践教学平台建设以及实践性教学发展的有效途径，高校与企业深入合作，为学生提供实践教学平台等，能够使学生毕业后更好地参与就业，同时为企业提供更加高质量的人才，从而使学生从实习到就业的过程更加顺畅。

（三）教学方法革新

教学方法直接关系教学成效，高校新工科教育改革与发展需要对自身教学方法进行反思、创新，去除自身教学方法中的弊端与不足，保留自身教学方法的优势。比如，常见传统教学方法——知识传授法在理论知识传授方面具有一定优势，但是在学生实践能力、综合素质提升方面存在明显弊端。新工科教育对学生实践能力、综合素质的要求不断提高，高校在教学方法方面需要进行革新。我国部分高校在实践课程当中依然采用知识传授法，学生在学习过程中通过观看教师实操、听教师讲解来掌握实际操作，学生不能通过亲自实践来积累实践经验，增强实践能力，从而使得实践课程的作用大打折扣。教学方法的革新重点在于对学生实践能力的培养，以弥补传统工科教育“重理论，轻实践”的不足。我国高校对教学方法的革新主要以理论实践一体化为方向，部分高校建立“讲、演、练、创”的方法来循序渐进地促进学生实践能力的有效提升；部分高校则直接采用理论教学兼顾实践、实践教学兼顾理论的教学方法，教师在教学活动中通过理论与实践相互印证的方式为学生讲解知识，促进学生理论知识与实践能力的融合与提升。

四、师资队伍建设的现状

教师与学生是教学活动的主体，教师在教学活动中的作用不言而喻，我国新工科教育改革与发展势必需要相应师资队伍作为重要支撑，师资队伍建设是我国新工科教育改革与发展过程中必不可少的重要环节，师资队伍建设不足将直接影响我国新工科教育改革与发展进度。我国高校目前师资队伍建设主要通过两种途径来实现，一为引进高水平教师，二为培养本校在职教师。高校工科教育所需要的“双师型”师资队伍建设，可以同时利用这两种途径，集合两种途径各自的优势，快速建设自身师资队伍。其中，引进的方式能够快速提升高校自身师资队伍水平，而培养的方式则能够为高校师资队伍建设提供长期动力，两者结合能够实现高校师资队伍快速持续稳定建设。

（一）邀请相关企业中的专家为高校教师传授实践经验

“双师型”师资队伍建设是指高校在职教师要能够同时拥有良好的理论知识教学能力和实践教学指导能力，能够在理论与实践方面同时为学生提供良好的教学服务。新工科教育改革与发展对学生实践能力等具有较高要求，单纯进行理论知识教学的教师队伍无法满足新工科教育改革与发展的要求，高校师资队伍需要向“双师型”教师队伍转变。高校与相关企业进行深度合作，不仅能够为学生提供更多的教育资源及良好的实践平台等，还能够有效推动高校“双师型”师资队伍建设。高校与相关企业进行合作，能够邀请相关企业中的专业以及技术熟

练的工作人员到学校传授经验，在向学生传授相关经验的同时，教师同样需要学习与掌握相关实践经验，提升自身实践教学指导的能力。同时，教师直接从相关企业当中学习教学经验，能够充分掌握相关企业用人标准以及行业发展情况等。教师经过学习后在教学活动中能够拥有更加明确的教学目标，使学生掌握的能力与提升的素质更适合于行业发展需求，最终提升教学成效，促进学生学习与就业无缝对接。

（二）安排教师直接进入相关企业进修

教师想要提升自身实践教学能力，自身必须拥有足够的实践经验；教师实践指导能力想要与行业发展人才需求更加契合，自身必须深入了解与掌握行业发展最新情况。高校与企业深入合作可以通过教师进入相关企业进修进一步实现，教师实践指导能力也能够随之提升，从而推进高校“双师型”师资队伍建设。比如，黄河交通学院通过安排教师进入企业进行脱产训练的方式，使教师亲身参与企业实际生产，接受企业相关培训，学习企业最新技术，了解行业发展的最新状况与趋势，以此来构建高质量“双师型”师资队伍，促进我国高校新工科教育改革与发展。

第三节　我国高校工科教育人才培养改革策略

一、加强组织领导，建立专门机构

（一）加强组织领导的必要性

工科教育人才培养改革不仅是高校的责任与义务，更是行业发展等多个层面的迫切需求。因此，我国工科教育人才培养改革需要多方共同参与，建立全国上下良好的新工科教育改革与发展氛围，团结一切能够团结的力量。我国新工科教育改革与发展实际推进过程中必然会面临一些问题，只有加强组织领导，才能团结多方力量，促进从领导到教师的相关人员形成统一的目标和信念。加强组织领导能够在多方合作过程中起到更加良好的协调、监督等作用，使多方合作过程更加顺利、改革过程更加完善、改革成果更加具有持续性与稳定性等。在改革过程中，应由专门的管理者来主导整个进程。应根据不同方面的改革过程选择适宜的管理者，如高校工科教育改革整体进程需要由相关领导来主导，而课程设计等具体改革方面则应由经验更加丰富的教师来主导，充分发挥不同领域人才的优势，推动改革过程持续稳定快速开展。

（二）建立专门领导改革的机构

在我国新工科教育快速改革发展的大背景下，我国高校积极响应国家政策，专门组建用来领导与管理新工科建设、“双一流”建设的机构，以便于更好地统一多方力量，从宏观层面上对改革进程进行指导和监督。例如，广西师范大学为应对工科教育改革成立发展规划办公室，为高校改革发展提供规划、综合统计等职能，在宏观层面上对学校改革进行指导，促使学校改革举措更加完善。桂林理工大学则为应对工科教育发展趋势组建了发展规划与教学质量监控中心，其中专门设立了学科建设相关部门，分工十分明确，且具有统一的规划。从以上例子中能够看出，专门机构的建立会进一步促进高校工科教育相关工作统一运作，使改革工作在明确指导和规划下有序进行。

拥有良好领导队伍与专门机构的高校往往在改革发展过程中更加迅速、改革成效更好。例如，成都信息工程大学成立“CDIO 创新团队”，用来改革自身教学模式，推动新工科教育发展，以借鉴和学习国际 CDIO 工程教学模式探索本土化、特色化工科教育教学模式，并取得良好成效。在汕头大学，高校新工科教育改革与发展工作由校长统一指导与筹划，高校领导与教师自上而下形成明确而统一的改革观念，在具体改革实践过程中，教师之间交流渠道更加通畅，改革方向也更加明确，领导与教师在校长统一协调下实现更好的合作，使学校工科教育改革取得良好成效。

二、推广混合教学一体化课程应用，构建创新创业课程

（一）混合教学一体化课程的应用

混合教学一体化课程是指理论与实践混合教学的一体化的课程，学生能够在理论教学中掌握基础知识与操作技能，在实践教学中能够真正获得解决实际问题等能力，学生接受这两种教学的内容，能够真正做到“学以致用”，对我国新工科教育改革与发展具有重要意义。我国工科教育革新离不开相关教学模式、教学课程的改革与创新，一体化课程的应用则能够有效促进我国工科教育改革完善、创新自身核心课程体系，促进混合教学一体化教学模式的建设，有利于培养出适应我国社会经济发展的高质量人才。

混合教学一体化课程建设与推广需要高校与相关企业构建教育共同体，即高校侧重的理论教学与相关企业侧重的实践能力培养深度融合，双方的融合能够使学生在理论学习中更好地结合实际情况，在实践学习过程中得到更加贴近实际工作环境的指导，使高校混合教学一体化课程不断完善。学生在相关企业中进行实践学习，并得到企业的培养，能够掌握实际解决工程问题的经验，形成创新意识与能力等，并进一步了解该行业发展现状与趋势等，对学生将来创业、就业具有极大帮助。因此，高校与企业在人才培养方面的深入合作是混合教学一体化课程实现应用并得以推广的必要途径。混合教学一体化课程应用与设计等需要专家教

师与企业专业技术人员等共同参与，集合双方各自优势。在进行不同行业、不同专业学科的混合教学一体化课程建设时，应综合考虑高校自身实际情况、当地经济发展具体情况等多种因素，然后按照专业特性制定相应混合教学一体化课程。在具体建设过程中，学生、教师、企业从业人员等作为混合教学一体化课程参与者，应各自承担自身应尽责任，齐心协力构建、落实混合教学一体化课程应用。课程应建立明确的培养方向，着重培养学生某一种能力或几种能力，使之能够适应某种环境。学生在学习课程时应了解自身能力提升的重点，充分发挥课程作用，提升学习效率。同时，混合教学一体化课程设计与应用需要在实践过程中不断完善，才能够不断保持活力，发挥其应有之作用。因此，混合教学一体化课程设计与建设是一个复杂的持续的过程，具体建设与推广过程中需要充分融合多方力量。

（二）构建创新创业课程

学生创新能力、创新意识的培养需要建立在学校相应创新创业课程上，没有相应课程作为依托，培养过程将难以实现。新工科教育与新兴行业相互对应，创新意识与能力对新兴行业发展至关重要，新兴行业人才标准在创新意识与能力方面相对侧重，新工科教育改革与发展则需要注重于学生创新创业意识与能力的培养，高校创新创业课程构建的重要性随之增加。目前高校往往将创新创业教育与通识教育联系起来，还有部分高校则选择设置专门的创新创业教育学院来开展相关教育活动。

创新创业课程构建与混合教学一体化课程构建境况相似，需要结合相关企业、高校等多方力量才能够使课程构建不断完善并发挥作用。高校需要与社会、相关企业等深入交流，确定社会需要与人才需求，将行业发展最新知识与信息等传递给学生，并据此为学生创建适宜的创新创业课程。创新创业课程需要随行业发展、社会发展等变化及时更新内容与组织方式等。创新创业教育可以通过多样化的组织形式来实现，可以将实践教育融合进来，让学生走出课堂，进入相关企业亲身实践，使学生在创新能力得到实际锻炼的同时，实践能力也得到相应增长。除课堂外课程组织形式创新与发展外，创新创业课程在课堂内同样能够采用多种组织形式开展，充分激发学生创新兴趣，培养学生创新意识。

三、推动混合教学一体化教学快速发展，健全一体化教学体系

（一）健全混合教学一体化体系

混合教学一体化课程需要相应一体化教学来具体落实，一体化教学在新工科教育改革与发展浪潮中得到广泛认可，成为相对普及的改革举措。不同高校具有不同办学优势、不同专业学科具有不同形态，使一体化教学在不同场景下产生巨

大差异，在组织形式等多个方面呈现出不同。“产学研赛创一体化”教学模式充分结合企业实现协同育人，“理实一体化”教学模式则将理论教学与实践教学融合，使工科教育能够培养出更加高质量、适应社会经济法发展要求的人才。混合教学一体化教学体系的建立则是新工科教育重要革新举措之一，能够有效提升高校培养高质量人才的能力。一体化教学体系包括教学计划与大纲的制订、培养目标体系的构建、教学方法的探索与创新、一体化课程的设计与完善等。

（二）推动一体化教学快速发展

一体化教学在许多高校已经逐步发展，但发展进展缓慢。部分高校受到各种条件限制，只是试验性地开展一体化教学，没有在全校范围内应用与推广。推动一体化教学快速发展需要集中更多的力量，高校与企业的合作则是必不可少的。企业与高校共同发展一体化教学能够为高校提供多方面的支持，有效推动一体化教学快速发展。除与企业进行合作外，高校在教学过程中充分应用一体化教学方式同样必不可少，一体化教学需要大量实践经验，不能单纯依靠企业等提供外力支持。高校充分调动全校师生的力量开展一体化教学是关键。比如，黄河交通学院计算机科学与技术专业在实践探索过程中创造出“讲、演、练、创”一体化教学模式，它能够以基础课程为载体，发挥一体化教学优势，使原先基础课程焕发出新的活力，并降低一体化教学成本。

（三）促进多方协同育人

新工科教育改革与发展要能够进一步适应社会经济发展的特点，反映国家或区域经济发展规律，这使多方协同育人的重要性进一步提高。校企合作是多方协同育人的一个重要举措，社会等多个方面同样需要参与到高校人才培养过程中。我国许多高校目前已经与相关企业展开合作，但双方协同的力度明显不足。如，桂林航空工业学院汽车服务工程专业与桂林福达集团、桂林天成车业等企业签订了人才联合培养协议，建立了校企合作人才培养模式。校外协同育人基地同样进展迅速。高校应邀请企业深入、全面地参与高校人才培养的各个方面，企业则需要邀请高校进一步了解自身实际工作环境与用人要求等，最终实现双方的深度融合。以黄河交通学院为例，该校与企业共同协商校内人才培养课程设置、考核评价等多方面的建设工作，高校与企业间的联系随之不断深入，使协同育人发挥出更大的作用。

校企合作育人在新工科教育改革与发展中属于重点内容，校企合作的深度融合对于高校实践教学提升、混合教学一体化教学体系建设、及时反映经济发展规律等多个方面都具有重要作用，是新工科教育改革与发展的基础。高校邀请企业参与自身人才培养模式建设则是校企实现深度合作的有效途径。企业直接参与高校人才培养模式建设，对高校及时改善自身不足，革新课程内容等具有明显提升作用。

（四）加强实践平台建设

新工科教育改革要求高校进一步升级自身人才培养模式，而实践平台建设是我国当下高校人才培养模式升级的核心内容。新兴产业对学生综合素质与实践能力的要求提高，促进高校人才培养模式升级，实践平台建设则是为提升学生综合素质与实践能力而产生的。实践平台建设需要新型教学模式进行配套，需要多方合作共同参与建设过程，才能使学生得到更好的实践教学，从而更好地提升其综合素质与实践能力。以桂林航天工业学院为例，高校与企业共同搭建了校外实践平台，使一体化教学更加顺利地展开，促进学生在夯实理论知识基础的同时具备相应的实践能力与综合素质。实践平台建设对一体化教学发展具有重要推动作用，是学生锻炼实践能力、提升综合素质的重要场所。实践平台建设需要企业全面参与，才能更好地发挥作用，提升学生实践能力。

实践平台在提升学生实践能力、综合素质的同时还能够促进学生灵活运用理论知识，帮助学生在实践过程中真正掌握理论知识。然而，良好实践平台建设面临资金投入较大的问题，对许多高校造成一定限制。为此，实践平台建设较早的高校应积极分享建设经验，减少其他高校试错成本，帮助其他高校解决建设实践平台过程中的困难。高校应结合自身实际情况合理应用其他高校实践平台建设经验，避免同质化、不适宜等现象出现。实践平台建设具有多种方式，高校在借鉴其他高校实践平台建设经验时应积极创新，采用多种方式实现校企合作，创造更加多样化的实践平台。除此之外，各高校通过共享资源的方式促进实践平台得到进一步利用，降低独立建设实践平台的成本与难度，更好地利用教育资源。

（五）完善教师培养体系

新工科教育改革与发展对人才培养的高要求，使高校教师队伍面临新的挑战。教师团体与学生作为教学活动的主体，是新工科教育改革与发展绕不开的重要因素。新工科教育对学生能力的高要求需要通过教师队伍教育能力的相应提升来实现，人才培养升级的目标也必须以教师队伍实力提升为基础。教师队伍在教育观念、教学方法等多个方面需要进行革新，教师培养体系的完善在改革过程中极为重要，建立完善的教师培养体系势在必行。对于学生创新创业、实践、理论与实践结合等诸多能力的培养，都需要相应教师的支持，需要教师来完成各种教学活动。提升学生实践能力，需要教师提升自身实践经验与实践教导能力等；提升学生创新能力则需要教师敏锐感知行业发展等多个方面的最新、具体情况，还需要教师具有激发、引导学生形成创新意识、创新能力的教学方法、教学能力等。教师要在不同教学环境、面对不同教学目标时，快速适应环境，探索新的教学方法、教学手段等。良好的教师培养体系能够帮助教师完成转变，对实现新工科教育改革具有重要意义。

“双师型”教师是新工科教育的主体，教师培养体系应以培养“双师型”教师为主要目的。在新工科教育改革过程中，充分吸取教师建议是极为重要的，比如高校在构建课程体系时需要结合教师实际状况、学生具体情况来进行。教师培养体系应优先选择具有相关专业教学经验的教师，优先培养出一批能够胜任新工科教学工作的教师，然后由这些教师带动更多教师更快、更好地转变为新工科专业的教师，扩大教师队伍，提升师资力量。完善的教师培养体系能够为新工科教育改革与发展提供源源不断的动力，在师资力量方面给予改革充足保障，充实新工科教育教学活动主体力量，落实新工科教育其他多个方面的改革举措。

在国家引导下，全国各地教育工作者开始研究与探索新工科教育改革与发展的方法与手段等，并进行了一系列讨论，确立了新工科教育改革的“复旦共识”“天大行动”等，为新工科教育改革与发展指明了方向。但是在这些指导意见中，对于教师队伍培养的要求与策略等比较少，高校制定教师培养体系应与国家政策导向相适应。教学活动离不开教师，新工科教育改革离不开师资队伍建设方面的改革。高校应建立良好的教师培养体系来有效锻炼教师，培养出适应新工科教学的“双师型”教师。以东华理工大学为例，该校为教师提供了良好的实践学习平台，建立教师研究班，邀请相关企业专家等到校内为教师传授经验。教师除能够吸收企业专家等提供的相关理论经验外，还能够到企业中进行实践学习，切实提升了教师理论与实践相结合的意识与能力以及实践教导能力。学校的良好培养体系为教师成长为“双师型”教师提供了一个高效通道。该校在为具有相关专业教学经验的教师提供培养后，还给予青年教师不断成长的机会。该校会定期为青年教师提供到企业实践的机会，以此培养年轻一代教师队伍，不断优化新工科教育教师队伍。

校外研修、脱产训练等是新工科教育教师培养的重要途径，但是从相关调查结果来看，部分途径对教师实践能力的提升不能够完全满足教师专业发展的需要，教师想要在实践过程中快速提升实践教导能力的想法不能够完全实现。实践能力、理论与实践结合能力、创新意识与能力等需要教师经过较长时间的锻炼才能逐步提升，高校应尊重教育发展客观规律，不断探索良好的适宜教师提升实践教导能力的培养方式，才能够不断完善新工科教育教师培养体系。

第四章 创新人才培养与 TRIZ 理论在混合教学中的应用

第一节 创新人才培养

一、创新人才培养的方式

当今世界各个领域内的竞争越来越激烈，不同国家在经济、人才、军事、科技、航空等领域的竞争同样如此，这些竞争内容同时也是国与国之间综合国力的体现。但是随着现代科技的不断发展，综合国力的提升越来越体现在创新驱动力方面，因此现代社会的竞争归根到底是人才的争夺，尤其是具备创新能力的人才。我国也要通过创新人才培养的方式，培养出更多高素质的创新型人才。

创新人才的培养关键在于逐步提升人才的创新思维和创新素质，主要包括智力创新素质和非智力创新素质。其中，智力创新素质主要指创新人才本身所具有的观察能力、学习能力、记忆能力、思考能力以及实践能力等，而非智力创新素质主要有一个人所具有的好奇心、辩证思维能力、学习兴趣以及与人交往时的热情、自信、勇敢等因素。创新人才培养体系的构建往往会涉及诸多方面的内容，是一个系统而全方位的工作。需要注意的是，要始终以智力创新素质的培养为核心，辅以非智力创新素质的培养。

（一）吸收能力的培养

吸收能力主要包括相关信息的搜集能力和相关内容的学习能力，创新型人才在实践过程中必须具备不断学习的能力，这样才不至于因为知识体系的落后和学习方法过于单一而被淘汰。想要具备足够的创新能力，首先应该具备一定的自主学习能力，这需要从人才培养的每个环节进行干预，例如在学习的初始阶段养成勤学好问、辩证思考、保持怀疑的思维习惯，在生活中保持学习的热情，在读书时采用更有目的性、更有效的方法，将泛读和精读充分结合起来。至于信息搜集的能力则主要依靠自身所培养起来的对学科知识的敏感度，运用身边可利用的途径对信息和情报进行搜集并整理，从而为自身的创新性研究提供参考和借鉴。

（二）记忆能力的培养

记忆能力的培养归根到底是对一个人大脑相关信息的反应能力和存储能力的培养，它能够帮助人们长时间保存过去的经验或知识并在未来需要的时候快速调用。记忆能力的培养依赖于科学记忆法的练习，这些记忆法能够提高最终的记忆效果，同时优化一个人大脑的思维结构，发挥出大脑的潜能。因此，创新型人才培养应使其首先了解各种常用的记忆方法，并在实践中反复练习和使用。较为常用的记忆法有：①故事记忆法，该方法依靠记忆者本身的逻辑思维能力，将所需要记忆的若干内容通过某些简便的逻辑关系进行连接。②联想记忆法，人脑在大量的实践过程中已经建立起某些事物之间的内在联系，当人们获取其中一个元素时会同时想起另一个要素，这个过程就被称为联想。在进行记忆的过程中也可以将未知的事物联想于已知事物之上。事物间的联系除了相似性的联系外，还包括对比联系、因果联系、近似联系、创造联系等。除此之外还有回忆记忆法、归类法、形象记忆法、系统记忆法、口诀记忆法等。

（三）想象力的培养

想象力是一种基于记忆能力和思维能力而形成的能力，它指的是一个人所具备的在大脑中描绘场景的能力。想象力强的人能够通过一系列思维活动还原客观世界中的某些形象，甚至还可以创造出某些并不存在的事物。想象力是创新思维产生的起源，体现人右脑的形象思维力。想象力的作用能够体现在学习生活的方方面面，在培养过程中，最基本的要做到“多看、多记、多思考”，这就需要不断丰富相关人员的实践经验，为其营造出更有利于激发其创造力和想象力的氛围环境，保护其好奇心和创造的激情。

（四）分析能力的培养

分析能力主要指一个人能够通过充分捕捉外界事物的各种特征，然后利用思维能力认识该事物本质。在创新性活动中，成功与否的关键在于能否快速找到问题的根源，此时就依赖分析能力，并影响到最终能否创造或发明出新的理论或事物。针对创新活动的各个阶段，分析能力的培养也应该包含观察问题、找出关键、寻找解决方案、实现创造等多个环节。而提高分析能力则需要在实践过程中积极参与各种问题的处理过程，通过实践进行提升。

（五）观察力的培养

观察活动是全面、正确了解一件事或一个事物的开始，它是一种主观控制的有计划、有目的的知觉活动。想提高观察力，要首先了解各种观察方法，并在实

践过程中养成随时观察的习惯，同时对观察方法进行充分的练习。需要强调的是，培养观察力并不是一个孤立的练习项目，而是要与其他能力如记忆力、想象力等的培养结合起来。其次，经验的积累也是非常重要的，观察者需要有意识地积累经验和知识。

总之，创新能力的培养过程是一个系统性的过程，创新人才的培养同样需要综合性培养。在进行创新方式的选取时要注意实用性和有效性，同时还应强调人才培养的高效性。当今社会发展的速度越来越快，各领域对人才的需求也越来越紧迫，人才队伍的素养水平代表着整个团队的知识吸收和运用能力，因此，只有具备更高的效率，才有可能在激烈的竞争环境中抢占先机。人才培养也应该逐步创新管理方法，利用计算机网络技术创新培养技术和培养体系，最大限度地激发出人才的潜能，为之后的创新生产打下基础。

二、创新思维的培养

创新思维是一种利用比较新颖的思维方式发现问题并解决问题的思维过程，它具有突破常规界限的特点，往往能够提供一个与众不同的解决方案。创新思维一般可以分为逻辑思维和非逻辑思维，此外还有一种较为特殊的“两面神思维”。逻辑思维在实施的过程中主要包括比较归纳、推理演绎等环节；而非逻辑思维是创新型人才价值体现的关键内容，包括联想、构造、类比等内容，它同时也是创新思维的核心；“两面神思维”主要是辩证思维的应用。另外，由于创新实践的复杂环境，使用创新思维最终获得的结果并不都是符合新颖性标准的，创新思维的过程也很难通过固定的生产方式和思维形式进行标准化培养。

想要形成创新思维并养成创新思考的习惯需要不断对思维进行激励和干预，此外还要进行有效的练习。创新思维的形成要突破三个障碍，首先是定向思维，人们在实践过程中往往会因为情绪、规则、习惯等因素陷入定向思维的“死胡同”之中，这样即使具备创新思维和能力也无法充分展示和发挥，许多人盲目依赖于权威或是习惯于顺应群体意志的发展，也同样无法实现创新思维。其次是思维惯性的影响，人们在大量实践活动中会形成某些习惯性的、传统性的思维。最后是思维封闭，由于自身所存在的位置、岗位等因素，人们的眼界和层次往往是有限的，如果只是困在有限的思维区域内，就无法实现多向思维。

创新思维的案例非常多，有一个非常著名的创新思维实践案例：荷兰某城市的垃圾问题较为严重，人们使用垃圾桶的素养和意识总是无法提高，有关部门使用了罚款、人员监管、颁布相关法令等方式，都无法取得较为良好的效果，于是有人提出建议采用奖励式的垃圾管理方式，例如采用感应式垃圾桶，当人们正确使用垃圾桶时自动播放一段笑话。事实证明，该方式的确实现了良好的管理效果。

该案例主要使用了创新思维中的“提出假如”的激励模式。除此之外，以下几个比较有效的激励模式也可以促进创新思维的形成。

1. 有效激发创新设想

人们在进行创新设想时往往会缺乏信心，对实现自己的创新设想不抱希望，最终导致无法提升自我的创新能力。因此，每个人都应该具备积极的创新态度，努力寻找正确的方式证明设想的可行性，时时刻刻保持创新的欲望，只有这样，才能在实践活动中自然而然产生基于现实因素的创新思路。

2. 提出“假如”思考

对于那些不符合一般性逻辑的思维或理念要尽可能捕捉，并且要经常提出假设或如果性的问题，充分发挥想象力。

3. 保持大脑的放松状态

大脑长期处于紧张状态不仅会影响个体的情绪，还会影响正常的工作效率，无法实现创新性的发展。因此，在实践活动中要尽可能保持精神的舒畅，当压力过大时有目的地进行一些放松性运动。只有这样，才能够更好地激发创新灵感，产生新的设想。

三、创新能力的培养

创新能力又被称为创新力，是指一个人在参加各种实践活动时能够为整个活动提供某些具有经济、社会价值的理论或思想的能力，它不仅包括进行新发现、新发明的能力，还包括怀疑、批判性思维能力。在科技飞速发展的新时期，创新能力不仅是一个人实现更好发展的前提，也是一个企业甚至一个国家实现发展的源动力。尽管自改革开放以来我国科研技术和创新技术不断提升，但在世界范围内还处于劣势，需要更多创新型人才。

一个人的创新能力是无法通过特定教学模式教授的，而是要通过系统性的体系进行培养。首先，创新能力每个人都或多或少拥有，关键在于是否处于一个有利于创新实现的思维氛围和教学环境，因此每一位创新人才的培养者首先要构建良好的创新氛围和教学情景，从而最大限度地调动起学生创新的主动性。要在特定的教学环境中培养学生主动发现问题、探索问题、动手操作及归纳总结的能力，要通过一系列的教学活动激发并锻炼学生的创新思维与能力。创新能力属于一种综合性的能力，是各种单方面能力的总和，其中创新思维是核心能力。其次，创新能力还能够在创新实践的过程中发挥乘数效应，也就是说，当一个人具备创新能力时，往往能够在实践活动中创造出远超传统经济环境下的效益。

要注意，一个人所具备的潜在的创新能力并不属于创新能力的范畴，潜在的创新能力无法对各类实践活动起到实际性的作用。潜在的创新能力每个人都拥有，但是实际创新能力则要依靠后天的练习和培养，没有人一生下来就具有创新能力，因此相应的学习、实践和练习是非常必要的。在个人的发展过程中，影响其创新能力形成的因素多种多样，例如身体条件、求学经历、思维能力、创新方法、品德修养等，基于这些影响因素可以概括出以下几条创新能力的培养途径。

1. 广泛学习有关专业创新的基础性知识，并尽可能拓展自己的知识面，提高自身的创新责任感和创新动机

要知道，历史上具有伟大成就的科学家、发明家之所以能够做出超出常人的贡献，很重要的一个原因就是他们具有异于常人的思维方式，他们善于从创新性的角度来思考一些常规性的问题。所以，我们要在平常的学习生活中开展思维训练，更多地用创新性的眼光看待问题，逐渐将创新性思维转变为自己最擅长的思维方式。要充分掌握当前学科内部最新的创新思维和创新成果，因为创新方法是否科学有效将直接决定创新者的最终成果。

2. 做到学思结合、学练结合

在养成基本的创新思维习惯后还要在日常生活中进行充分练习。人的大脑只有通过不断的练习才会更加灵活和充满想象力，因此需要在日常生活中针对思维的变通能力、想象能力、联想能力等进行练习。许多有价值的创新思维和灵感并不是无缘无故产生的，而是创新者在经过千百次的尝试后最终产生的。因此，在思维训练的过程中还要注意在量变中寻求质变，首先实现“量”的积累，其次才有可能产生“质”的成果。

3. 注重实践的作用

创新思维的最终目的在于实践，在于通过创新活动解决某些实际性的问题。当人们在实践中遇到某些难题并始终无法找到解决办法时，采用创新性的思维模式就有可能获得解决问题的灵感。曾经有一家日本的柴油机生产公司，为了最大限度发挥员工们的创新思维举行了“一日一构想”的活动，每一位员工都可以在任何时间向特定部门提交其创新性的想法，无论是关于商品生产的还是关于企业发展与管理的，最终员工们平均每人每年可为公司提供超过一百条有效意见，企业的整体经营效益也有了显著提升。

四、创新方法的运用

人们在实践中所采用的方法是否正确很大程度上关系到最终能否成功，做任何事情如果采用了科学的方法，往往能够起到事半功倍的效果；如果贸然实践，采用了错误的方式方法，往往无法实现预期的结果，还有可能造成各种资源的大

量浪费。黑格尔曾经表示，使用正确的方法是一种任何人都无法抗拒的强大力量。因此在创新人才的培养过程中应该注意创新方法的运用。

国内外众多学者曾展开过非常多的关于创新方法研究和实践，总结了上百种创新方法，而且有关创新方法研究的名称在不同国家有所不同，在美国称为“创新力工程”，在日本称作“创新工程学”等。我国开始进行创新工程的研究起步较晚，最开始是从台湾引进了有关创新工程的方法，并结合实际情况进行了调整和发展。随后，胡伦贵将创新方法归纳为发散、聚合、想象三个大类，刘仲林将创新方法划分为联想、类比、组合、臻美等四大类。后来我国又逐步引入了许多现代化的科学论证方式，进一步促进了科学技术研究的发展。

创新平台的构建一般可以分为教育体系的创新、资源管理的创新以及技术创新三个部分。基于 TRIZ 的人才培养就属于教育体系创新的范畴，它主要指充分利用计算机等辅助教育系统逐步实现教育创新的过程。整体来说，学生的整个学习、练习、训练等事务以及教师的教学、学生管理事务全部都通过计算机网络来完成，学生与教师沟通完成日常教学和训练任务的环节全部变成了学生与计算机之间的人机互动。

资源管理的创新主要体现在学生首先要在创新学习平台完成对应的创新理论学习，其次需要进一步完成计算机给出的习题或操作练习，随后计算机会将学生的练习情况实时传输给教师或专家学者，教师会从专业发展的角度对学生进行全面的评价，并给出之后的学习培养规划。教师方面，计算机可以辅助教师快速进行学生资料的搜集分析与保存，对学生进行评测，根据评测结果对学生进行分析或等级划分。

技术创新主要指与生产过程有关的所有技术的创新，既包括将原有技术结合学科发展进行优化和升级，又包含根据现有研究成果开发新技术。科学发展是技术发展的源头，而技术发展直接关系整个产业的发展。因此所有技术创新都必须以科学理论向前发展为基础，产业的创新归根到底就是技术的创新。实际上，各种领域的创新过程都不是明确规划好的，大多数情况下需要进行反复的试错、检验、循环，每个创新环节既相互独立又有机结合。

第二节　TRIZ 理论及其发展

一、TRIZ 理论概述

（一）TRIZ 的主要内容

TRIZ 理论也就是发明问题解决理论，在英语中又被称为 TSIP。该理论认为，

所有创新都是一个创造性地发现某个问题并进行创造性解决的过程，TRIZ 主要解决的是如何科学有效地使用理论或实际操作的工具进行问题的发现和解决。因此，“问题”二字是该理论的逻辑起点。这个问题往往不是技术领域和工程领域所遇到的具体性问题，需要使用工程参数或相关分析法转化为 TRIZ 所定义的“问题”，然后使用 TRIZ 体系中的理论和工具进行解决，获得 TRIZ 的解，最后将得出的结果与实际问题的各项参数进行对照，并将其还原为实际问题中的解，以实现技术的优化。

在前人的许多研究中，许多研究文献将 TRIZ 体系所涉及的理论和工具归纳为九个方面：①用于预测并加强创造性问题产生和解决的八大法则；②表示系统进化正确方向的理想解，又被称为 IFR，它的存在表示创造性解决问题的过程总是向着正确的方向发展，是最终成功解决问题的重要基石；③汇集了之前几百万次研究发明的 40 个原理；④直接提供问题解决策略的问题矛盾参数以及 39 个工程指标；⑤针对物理矛盾的解决而提出的矛盾分离原理；⑥用于联系现有系统或技术的物—场分析模型；⑦促使标准问题在短期内得到快速解决的 76 种标准解法；⑧针对非标准问题解决的发明问题解决方法，即 ARIZ；⑨用于将物理现象和效应应用到世界问题的解决中的科学知识库。具体来说，TRIZ 主要有以下几方面的内容。

1. 技术进化和创新思维等理论与方法

按照技术系统理论的观点来看，技术就是一种不同功能结构所组成的综合性系统，它有着自身所遵循的特定进化模式和规律，并且不以环境的变化为转移。技术系统本身具有过程性、自控性、方向性、集成性等特点，技术系统在不断进化的过程中会以一个理想化的状态为目标。最后，技术系统本身的进化模式对其他工程领域来说还具有传递性的特点，也就是说，该系统在运行中所形成的某些经验也可用于预测其他专业领域的发展趋势和发展状态，从而有助于开发出某些更具竞争力的新产品。

TRIZ 创新思维包括时间、空间、层次三个维度，是一种基于技术系统的理念。在时间维度上，它包含了现在、过去以及未来等形态；在空间的维度上，它存在着某些子系统或超系统，这样时间和空间的组合就形成了“九屏算法”，即由技术系统、超系统以及子系统分别对应过去、现在和未来所形成的九种屏幕。由此还形成了尺寸、时间、成本分析的方法，以及从某些较为异想天开的想法中提取可利用成分的“金鱼法”等。

2. 科学效应和科学知识库

在 TRIZ 的应用过程中，数学、物理学、几何学等众多科学领域的研究成果和理论内容都可以为其构建科学知识库提供依据。因此，TRIZ 的优势除了帮助人们提炼出相关问题的原理、参数外，还能够充分利用人类在各科学领域所形成的生物学、化学、物理学等科学知识，最大限度地实现发明问题的最优解。TRIZ 对人类科学知识库的利用主要体现在两个方面，一是及时与当今世界前沿的专利发展同步，发挥专业创新软件的实时性优势；二是从以往浩如烟海的专利知识库中提取出现实所需要的现象清单或科学效应，最终组成内容丰富的科学知识库。这一内容实际上是通过集结人类历史上的知识体系和智慧攻克技术难题。

3. 技术矛盾的分析和解决

技术方面的矛盾和冲突是产生 TRIZ 问题的原因，对技术冲突或物理冲突进行分析也是 TRIZ 的主要内容之一。在这个方面，TRIZ 呈现出了与其他研究理论差异性的主张，其他理论强调的是调和不同技术的矛盾和冲突，而 TRIZ 则主张寻找合理的方式解决相关矛盾。功能分析的概念是价值方法学的内容，它的主要流程是首先进行需求分析，其次根据产品流程设计的要求形成图标式的模型，移除其中不必要的成本内容，实现价值的最优化。该分析方式在美洲、亚洲等众多地区得到了广泛应用。

4. ARIZ 及发明问题解决算法

ARIZ 及发明问题解决算法主要针对某些初始问题进行一系列的变形或转换，属于非计算性的逻辑处理过程，主要面向一些比较复杂的、各部件不够明确的系统，目的是实现最终问题的逐步分析和解决。在 TRIZ 中，各种发明问题被分为标准与非标准两类，标准问题解决起来较为容易，主要依靠物—场分析法解决，而非标准问题就要发挥发明问题解决算法的作用。从发展的过程来看，ARIZ 实际上是多种工具的集成性发展，最终形成的 ARIZ 版本可以分为以下步骤：①通过情景分析发现技术冲突与矛盾，并初步建立起解决问题的模型；②进行问题模型分析，进一步创建有关时间、空间、场景等多维度的资料或列表；③确定最终理想解和物理冲突等内容；④充分利用时间、空间、物质等一切资源；⑤实现信息资源的利用；⑥分析所得方案的可行性和质量；⑦分析解决方案的各个程序。

5. 物—场分析法及其他标准解法

物—场分析法中，物主要指物质，场主要指“场”的概念，它与场所的概念有所区别。所谓物—场之间的关系指的是物质与物质之间广泛存在的一种必然联系，因为世界上的万事万物都不是孤立存在的，并且也不会单独产生某些作用，必然需要“场”的支持。例如，科学领域内的声场、磁场、力场等，都是物场存在的基本形式。要想使用物—场分析法必须满足三个基本的元素内容，即具备两个物一个场，通过物、场之间的不同关系主要可以形成三种类型的物场体系，即完全物场、不完全物场以及非物场体系。完全物场指的是能够完整实现物质之间的相互作用与影响的技术体系。不完全场物体系指的是三种基本元素中只

存在两种物或者只有一物一场，这种技术体系还需要在后期的执行过程中进行进一步的补建。非物场体系则指只有一种物或是只有一个场的情况，此时各要素间并不存在之前所提到的某种相互影响或联系，因此也就不会发生功能性的作用了。物—场分析法会根据具体的问题进行模型分析，以技术系统的功能为基础，使用较为简洁高效的语言符号建立技术系统的模型，并在此基础上利用 76 种标准解法进行解决。由此可以看出，技术系统的进化理论是实现物—场分析法以及发明问题解决算法的基础和前提。

（二）TRIZ 必须遵循的基本原理与核心思想

TRIZ 必须遵循以下几条基本原理。

（1）在系统工程中的每一部分都必须遵循相同的规则和标准，这些规则不仅可以用来明确发明创新的有效解，还可以用来进一步预测新产品或新服务系统的最终解决方法。

（2）在进行对某项创新项目进行评价时必须遵循某些可靠性依据。例如，该创新是否以大量专利性信息为研究的前提；是否只是针对少数事件建立起来的研究成果，有研究表明，一项比较重要的创新项目建立在对上万专利进行研究的基础上；还有该项创新是否经过相当数量的高质量试验。

（3）与社会系统类似，工程系统的不断发展也要依赖于对各种矛盾和冲突的有效处理来实现。

现代 TRIZ 的核心思想主要有以下内容：首先，无论创新技术系统的内部结构复杂与否，核心技术都要遵循基本的科学规律进行发展，并且这一过程具有客观性和进化性特点；其次，各种技术得以不断进化的动力是在演变过程中有效处理冲突与矛盾；最后，技术发展的最佳状态就是使用尽可能少的资源获得成功。

（三）TRIZ 的特点

TRIZ 的特点主要体现在以下三个方面。

1. 兼具抽象性与工具性

TRIZ 具有抽象性兼具工具性的特点，并且 TRIZ 的学习难度相对较大，因为认识范围、理论和方法等方面会随着研究的深入一步步扩大，系统本身也必须进行相应的充实和优化。

2. 运用难度大

TRIZ 可以帮助研究人员有效提升发明创新的效率和质量，从而缩短整个周期跨度，同时增强发明的预见性和价值。由此可得知，TRIZ 的运用难度也是较大的，因为在解决具体技术问题和工程难题的过程中需要实现从“个别现象”到“普遍”的转化，而这一转化过程往往是最难的。

3. 具有启发性

TRIZ 还具有启发性的特点，因为在这一理论体系的运用中会涉及辩证思维、发明创造等的交叉或融合，因此也会对其他一般性思维带来启示。需要注意的是，TRIZ 与其他解决方法类似，都有其固定的适用范围和适用条件。TRIZ 对创新的等级进行了细致的划分，例如，将所有仅仅依据个人知识积累或经验进行的创新活动定为“显然的解”，这一项包括了 30% 的创新；第二级创新是依据企业内的某些知识进行的，称作“少量的改进”，该部分会占到 39% 的创新内容；第三级是以行业内的知识体系为基础进行的创新，被称为“根本性改进”，约占 15% 的创新内容；第四个等级是涉及许多行业外知识的创新项目，被称为“全新的概念”，约占到 15%；第五级仅占 1%，是一种利用全社会知识进行的创新，被称为“发明创造”。本章所介绍的 TRIZ 只适用于第二级到第四级的创新内容，并且 TRIZ 所能解决的发明创新中的问题主要为四种情况，分别是：有一个功能元无法求解；有一个功能元的求解与原设计存在某些冲突；至少两个功能元存在冲突；某个功能元的解与整体存在某种冲突。

二、TRIZ 理论的发展

TRIZ 理论最初由阿奇舒勒在 1946 年创立。这一理论的诞生源于阿奇舒勒思考的一个现实中的问题，即是否存在一种规律性的方法或原则帮助创新者在实践过程中快速高效地解决技术难题或创新难题。后来他发现，这一设想是现实存在的，任何领域内的技术或产品在进行改进和发展时都会基本遵循产生、发展、成熟、衰落等一系列过程，因此如果充分掌握了某些技术发展的规律就能够有效预测其未来的发展趋势。该理论直到 20 世纪 80 年代才为世界各国所认知并应用。TRIZ 理论经过多年的实践，表明其能够有效应用于工业、化学、生物学、医疗、食品等多个领域。例如，三星电子在 2003 年引入 TRIZ 理论后，为整个企业节约了大约 15 亿美元的技术创新、科研相关的费用，并成功申请了五十多项专利。三星之所以能够实现如此瞩目的应用效果，主要是因为采用了符合其发展特点的“专家辅助创新”模式，即每个使用 TRIZ 进行创新的环节都会有许多具备十年以上 TRIZ 应用经验的、不同工程领域内的专家协助。

随着经济全球化的发展，任何国家都无法脱离于世界发展大背景进行自身的发展，因此每个国家都必须主动迎接世界市场所带来的挑战。

TRIZ 理论进入中国的时间较晚，但引入这一理论以来就得到国内许多科研机构、专家学者的重视与认可。例如，亿维讯科技有限公司是一所从事创新技术咨询的高新企业，其创新技术研发机构拥有数百名创新理论专家，曾提出一整套基于计算机辅助技术的创新解决方案，已被许多科研机构或院校使用。

2007 年中央将多个省份作为国际级的创新方法试点省份，这也标志着国家将创新研究作为重大项目进行推进。2008 年，国家发改委等联合发表了关于加强我国创新方法研究的文件，其中明确表示我国创新方法工作在未来将主要面向企业、教育领域、科研领域三个方面。同年 11 月份又成立了创新方法研究会，这也标志着该项事业进入了一个新的发展阶段。

总的来看，技术的继承性发展一般需要经历研发测试、企业推广及在产业内扩散等三个阶段。一项技术如果想要实现最终产品品质的提升、产业链的延长以及产业结构的进一步优化，就必然要经历类似过程。

第三节　TRIZ 理论解决问题的过程与工具

一、TRIZ 理论解决问题的体系结构

TRIZ 理论是一种针对某些问题的分析或解决体系，主要包含三个部分，即基础性理论、问题分析工具、基于知识工具。后两个部分的主要区别在于，问题分析工具专注于对问题的分析与描述，而基于知识工具则主要负责解决问题。Darrell Mann 曾将 TRIZ 的系统结构划分为优秀层、哲学层、方法层及工具层四个层面，各个层面之间存在纵向关系，而在具体某一个层次中的各元素之间又存在横向的结构关系。TRIZ 理论的基本理论体系结构如图 4-1 所示。

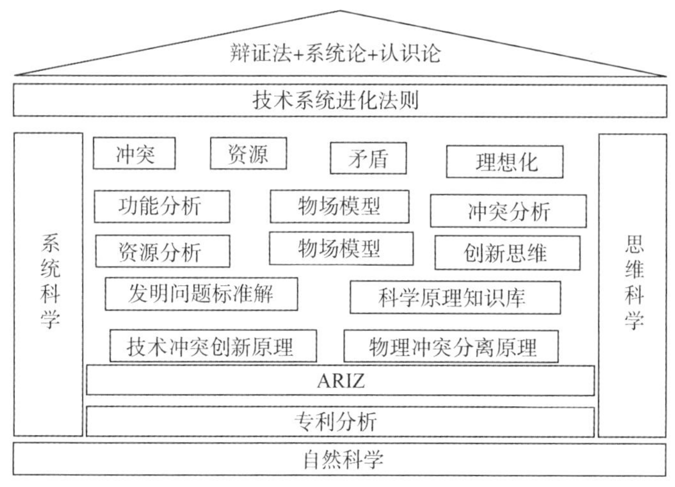

图 4-1　TRIZ 理论的基本理论体系结构

如果将 TRIZ 理论比作一座房子的话，这座房子的房顶就是辩证法、系统论、认识论等理论思想，房子的支柱就是系统科学和思维科学等内容提供的理论支撑；处于以上两部分之间的就是由技术进化理论构成的房梁；那些物理、数学、

化学等自然科学内容就是这座房子的根基；ARIZ 和专利分析内容是房屋的地面；而剩下的分析工具以及各类模型就是房屋中的各种摆设。

TRIZ 解决问题的一般流程如图 4-2 所示。

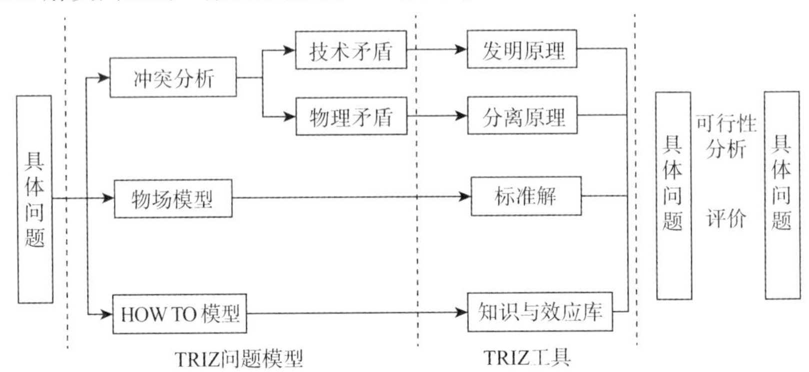

图 4-2　TRIZ 解决问题的一般流程

二、TRIZ 理论解决问题的模型和工具

（一）技术矛盾

发明的核心是解决矛盾，而 TRIZ 理论中一般会将矛盾划分为技术矛盾和物理矛盾两类。技术矛盾指的是一个系统中拥有多个子系统，而当引入某种有用效应时会导致其中某些子系统变坏，最终在一个系统中产生有用和有害两种作用。因此技术矛盾总是会造成两个参数间无法实现同步发展，即一个得到改善另一个必然会变差。这种相互影响的关系一般会有以下三种表现形式，第一个是系统内某一子系统引入有用性能，造成另一子系统有害性能的产生或增强；二是某项有害性能使得子系统的性能发生某些变化；三是有用或有害性能的引入使得系统内的环境变得更加复杂。技术矛盾是一种比较普遍的矛盾形式，例如一味扩大电池的容量虽然有助于电池的使用，却不利于运输和安全性的保障。针对以上状况，TRIZ 理论总结出了 39 种工程参数来对各种矛盾进行鉴定和描述，同时还会利用这些参数将实际中的技术矛盾转换为标准的矛盾形式，随后使用各种分割分离工具、振动原理等实现对技术矛盾的分析和拆解，最终有效解决矛盾。简单来说，技术矛盾的解决过程可以分为特定问题、一般问题、一般解、特定解四个部分。

（二）工程参数

阿奇舒勒为了能够更加全面地描述发明过程中所遇到的各种问题，在研究了大量案例后归纳出 39 个可广泛使用的工程参数。使用这些参数能够更加方便地描述工程领域内的各种问题，并对这些问题进行一般化的处理。他首先将各种工程参数划分为物理、能力、几何、资源、操控、有害因素六个大项，每个大项内又包含许多小项，如物理参数中有速度、力、压强、功率等众多参数。

（三）发明原理

发明原理在 TRIZ 理论中主要用于解决技术矛盾，它是一些前人在创新实践过程中所总结出来的宏观性的、规律性的内容，具有普遍使用的特点。TRIZ 理论的发明原理有 40 条内容，这些也是 TRIZ 理论创新方法中使用频率最多的工具，如分割原理、组合原理、曲面化原理、周期性原理、相变原理等。

（四）矛盾矩阵

阿奇舒勒在他的研究过程中发现，某些发明原理在被用于解决技术矛盾的时候，其有效性明显高于其他原理。因此，为了帮助相关技术人员在之后的创新研究中快速掌握最有效的发明原理，阿奇舒勒将 39 中工程参数与 40 种发明原理相结合，创造出了一个矛盾矩阵。该矛盾矩阵的使用过程为：首先，使用较为通俗的语言对问题进行描述；然后，使用两个特定的工程参数来定义矛盾双方；其次，根据工程参数在矛盾举证中找到最适合的发明原理，最终得出解决问题的有效方案。

（五）物理矛盾

物理矛盾也是一种普遍存在的矛盾形式，相比于技术矛盾，它更加能够体现矛盾双方的本质特征。例如，在创新产品的设计过程中往往存在某个子系统被要求具有两个相互矛盾的特性，此类创新问题就需要用到分离原理和发明原理两种方法进行解决。分离原理的基本思想是实现矛盾双方的分离，主要分为空间、时间、条件以及系统四种分离方式。在不同空间上分离矛盾双方，使每一个要素都满足特定的功能和需求，以达到解决物理矛盾的目的。

（六）物—场分析法

以上内容所提到的矛盾矩阵，在实际应用中并不完全适用。例如，当系统中的某些参数并不十分清晰时，无法按照原有法则进行使用，此时就需要使用物—场分析法。物—场分析法是一种用于与已知系统建立联系的功能模型，它分别从物质和场的角度分析了技术系统的理论，能够反映出系统的基本结构。按照物—场分析法的理论，创新产品所体现出的基本功能都可以分解为物质 1、物质 2 以及场 F 三个元素，正是这三种元素间的相互组合才最终实现了产品的价值或功能。物—场分析能够比较直观地展现产品功能实现中的问题，而功能模型则有助于分辨组成产品的各个功能性元件，因此这两者之间总是存在着某些功能性的联系。

接下来以学生培养为例，展示物—场分析法的具体应用步骤。第一步是要确定具体的问题，并找出问题所涉及的系统功能元素。例如，在学生培养的问题中，系统最终实现的功能就是要培养出满足创新能力要求的人才。那么物质 1 就是大学生，物质 2 就是学校的教学方式，场 F 就是学生所处的学校。这三者构成了一个基本的物—场模型，同时也是一个完整的系统，高校作为场 F 通过物质 2 最终影响物质 1。第二步是要明确该物—场模型属于何种类型，从目前的教育培养状况来说，许多高校的教学方式对学生创新素养的提升并不明显，因此该模型就属于第三类模型，即效应不足的完整型。第三步是要在纸上完整画出包含三种要素的物—场分析模型图。第四步是要确定使用何种解决方法。按照 TRIZ 理论，针对第三种物—场模型有三种基本的解决方法，分别是：①使用另一个场 F2 来替换原有 F1；②使用另一个场来强化原本存在的有用效应；③引入新的物质 3 和新的场 F2 来提高有用性。本书选用方法 3 来对学生创新培养进行探讨。

由于模型中原有场 F1 以及教学方式物质 2 并未发挥出足够的效用，因此可以增加物质 3（创新创业教育）及场 F2（社会）来优化整个人才培养系统。也就是说，通过加强针对学生所进行的创新创业教育内容，并且使学生更多地参与社会实践，发挥场 F2 的实际效用，使学生更加了解创新创业市场的变化与发展。通过增加 F2 和物质 3，大学生也可以更好地提升自身的创新自主性和有效性，产生更多的创新热情和创新动机，从而实现整个培养系统的功能优化。通过分析可知，原有物—场模型之所以无法实现预期效用，主要是因为采用应试教育的方式会对学生的创新创业能力造成某种损失，最终导致大学生普遍存在学习积极性下降、创造力欠缺、创新创业能力薄弱等现象。

（七）冲突分析

对系统中所存在的矛盾或冲突进行分析是实现持续进化的重要因素，在实际发展中，系统总是会受到来自内外界的许多因素的影响而最终无法达到预期状态，因此需要采用 TRIZ 理论中冲突分析的研究方法，首先将实际问题通过 39 个通用参数的描述转化为 TRIZ 形式的问题，其次利用冲突矩阵找到问题的一般解，再利用 40 条发明原理找到问题的特定解。在指出冲突的步骤中，如果系统内其中一个因素发生了改变，那么另一因素必然随之恶化，此时可利用改善或恶化的相互关系找出矛盾的焦点。在矛盾矩阵中会将发明原理和相关工程参数进行编号，横向是有关恶化的参数，纵向是有关改善关系的参数，工程参数和发明原理相互对应，形成一个矩阵型的排列。

下面以创新人才的培养为例，讨论创新教育与通识教育之间的矛盾关系。第一步是要分析各项子系统，在创新教育和通识教育这两个子系统中，所有因素都保持一种动态变化的过程，并且最终的教育培养效果与时间这一因素有很大关系，因为人才培养的周期越长，越能发挥各教学阶段的培养优势，学生也具有更大的空间和更多的时间做好理论学习向社会实践的转变。因此可以将这两个子系

统之间的关系用分析矩阵中的运动物体的时间来描述，当创新教育的参数发生改变时，通识教育的时间参数也会因此而改变，并且会随之恶化，此时就具备了使用TRIZ描述子系统的所有条件。

在指出冲突这一阶段，通过对时间损失和运动物体的时间来进行索引，可以最终找到与此相关的四种发明原理，分别是周期性原理、机械系统替代原理、预先作用原理及局部质量原理。为了进一步探究冲突双方的相互关系，有必要对这四种原理的具体内容进行了解。周期性原理主要指通过改变某些方式能够实现预期效果，例如将原本的连续作用转变为周期性的作用。如果该运动状态原本就是周期性的，那么可以通过改变运动的频率来进行干预，此外还可以在周期运行的间隙来实施其他类型的作用。机械系统替代原理主要指在一个物理的场所中，可以利用其他非机械的形式或作用来代替原本机械化的运动，这些非机械运动主要包含电、光、磁、化学等内容。预先作用原理的优势主要体现在可以以更高的效率实现原本的全部动作或预期效果，在操作时主要是通过在某些位置安排物体，以便在特定时间发挥应有作用，最大限度地减少时间成本的浪费。局部质量原理主要从以下三方面实施，一是要使物体的各个结构发挥出不同的功能，二是要使物体原本均匀的结构改变为不均匀结构，三是要使物体的各个部位都发挥出功能的最佳状态。经过分析可知，在进行创新教育与通识教育的矛盾分析过程中，局部质量原理是最为受用的功能性原理，其余三项原理的内容与本次研究不相符，因此要剔除。

在解决冲突的阶段，要使用局部质量原理对创新教育及通识教育两个子系统的运行进行相应的优化和改造，使各部分都能够发挥出最佳的效用。要知道，在创新人才的培养过程中，创新教育和通识教育缺一不可，通识教育可以帮助学生打好专业知识的基础，创新教育可以帮助学生更好地具备专业发展的能力，更好地把握专业化的发展方向，寻找到创新创业的机会。在创新创业的培养过程中，学生不仅要掌握基本的专业知识，还要学习管理、金融、营销等知识内容，因此学校要对通识教育和创新教育一视同仁，平衡这两种教学系统之间此消彼长的发展状态，使它们都能发挥出对人才的促进作用。由此可以得出结论，通识教育对创新教育有正面的影响，创新教育也对通识教育有正面的影响。

三、创新成果的评价

（一）性价比和价值

性价比在创新成果的评价中主要指性能与价格的比值，在一项创新产品中，产品的功能和质量是最能够体现创新性价比的方面。产品的功能主要指有用程度，也就是能够实现某种预期效果的能力。产品质量主要指特定功能的发挥程度以及在特定时期内功能的保持性。在对一项技术或产品进行创新性评价时，性价比能发挥更大的参考作用，因为顾客最关注的就是一项技术或产品的使用体验和价格等因素。

所谓价值就是用来评价功能和成本这两个参数的关系值，也可以说是一项技术或产品物美价廉的程度。对于价值分析来说，需要解决的最主要问题就是如何有效降低相应成本。

（二）理想度

理想度是功能和成本的比值，当功能在所消耗成本中的占比增大时，理想度也在逐渐上升，反之则下降。一个系统实现技术优化的过程就是系统功能性逐渐增强、成本消耗逐渐降低的过程。本书基于 TRIZ 矛盾矩阵对系统功能这一概念重新进行了定义，并且列举了使用模糊计算进行理想度的计算方式，这也为矛盾矩阵的运用提供了先决条件。

阿奇舒勒所列举的诸多通用性参数可以按照系统改变时发生的变化分为两大类，即正参数和负参数。正参数能够在系统改进过程中发挥出更好的增强作用，也就是当这些参数得到增强时，对应的系统性能也会提升，负参数的效果则与之相反。理想度的大小直接表明了创新成果的大小，如果理想度大于一，表示该项创新的有用性大于有害性和成本之和，并且在随后的生产活动中有必要坚持该项创新；如果理想度的数值等于一，表示相关产品或技术并没有得到有效的改进，因此可以将该项创新认定为无效创新；如果理想度小于一，则表示该项创新对整个系统的有害作用超过了有用性，甚至可能导致成本的进一步增加，此时应尽快终止该项创新。

第四节　TRIZ 理论在创新人才培养中的应用

一、TRIZ 理论可有效推进创新人才的培养

按照人们的一般性认知，创新灵感和动机的产生具有随机性，这就导致创业者在进行创新创业活动时会受到许多先决条件的影响，其中是否具有强有力的创新创业动机是影响创新实践的重要前提。许多人认为创新设计依靠创新者所具有的思维能力、创新天赋，能够实现创新发明的人都是天才，普通人很难实现，因此较长时间以来创新活动都具有某种神秘色彩，这种神秘色彩将许多具有创新意愿的人拒之门外。通过对 TRIZ 理论的学习和讨论可知，以上对创新活动的认知是存在偏差的，创新理念的产生是有迹可循的，创新创业人才也是可以通过科学的培养体系培养出来的。例如，阿奇舒勒在研究中发现，许多创新发明所使用的

原理内核和解决问题的方案类似，实践表明这些内容都可以在其他类型或领域的创新活动中反复使用。他还发现，在上万种发明专利中，只有 1/5 的专利内容是完全具有创新性的，剩下的 4/5 是对以往专利内容的改进和优化，这进一步说明了创新培养的关键性。

因此，在大学生人才的培养过程中，TRIZ 理论可以帮助他们明确未来发展的方向，启发广大师生创新思维培养的模式和思路。在培养的初期，应该使学生们充分了解 TRIZ 理论的原理和基本思想，使学生明白创新思维并不是高不可攀的，而是可以通过学习和努力获得的。在实践训练和创新创业竞赛等活动中，要积极融入 TRIZ 理论的内容，从而全面提升创新人才的培养质量和培养效果。

（一）混合式课堂教学中的应用

受传统应试教学思路的影响，许多院校采用知识灌输式的教学形式，学生在这一过程中往往会感到思维领域被套上了某种枷锁，创新性思维也受到某种压制，长此以往，学生的思维方式和思考习惯逐渐趋同。学生普遍认为创新和发明的要求非常高，普通人想要实现创新发明是异想天开，因此基于 TRIZ 理论的教学培养首先要打消学生们的思想顾虑，激发学生创新动机，克服原有对创新的恐惧和思维领域的惰性。要将 TRIZ 理论作为优化应试教育内容的切入点，并将其上升为在混合教学中系统性培养的指导方针，科学规范地实施创新人才培养计划。在 TRIZ 理论体系中，已经形成了一整套可供创新者使用的知识库，进行创新研究、方法选取，解决一些新问题。对于某些特殊性的问题，无法直接从中找出类似方法，则可以参照 TRIZ 理论中某些原则性的内容来启发学生思维，通过混合教学，最终解决实际性的问题。

在专业教学环节，要注意避免 TRIZ 理论的教学引入形式枯燥、单调，例如在机械、电子、化工类专业的应用中，要运用足够多的案例，使学生明确 TRIZ 理论的学习对创新思维培养的重要价值。在教学方式的转变上，教师可以将之前灌输性的教学模式转变为混合教学中的项目教学，将 TRIZ 理论和实践相结合，一方面巩固学生所学到的理论知识，另一方面增强学生对 TRIZ 的应用能力。学生可以以一种新的方式参与教学，教师带领学生进行相关案例的分析和研究，共同解决一些创新工程的问题，在课下也要留一些技术思考题，要求学生利用 TRIZ 理论进行解决。教师在课堂上要将创新技术与 TRIZ 创新原理穿插在教学过程中，从专业发展的角度启发学生的创新思维。

除了专业课外，通识教育的课程中也应该增加 TRIZ 理论和创新教学的相关内容，尤其是要对学生的个性发展进行全方位的了解，对于具备创新创业意图的学生，要进行针对性的培养，利用 TRIZ 的理论激发学生更多创新创业的灵感和点子。而对于那些并不具备创新创业想法的学生，也可以通过 TRIZ 理论的学习进一步激发其创新兴趣。在教学内容的设置方面，要根据 TRIZ 理论的模型和工具及人才培养规划，将整个教学培养过程划分为不同的等级和阶段，例如可以将其划分为不同的主题。

（二）实践教学

TRIZ 理论能够完善学生们的实践实训内容，最大限度提高学生的动手操作能力、应变能力及处理各突发事件的能力。大学生在实践教学的过程中不仅可以有效检验自身的创新思维或能力是否符合专业领域的发展需求，同时也可以进一步了解社会创业需求和发展形势。因此，高校基于 TRIZ 理论的人才培养主要可以从以下两个方面着手。

首先是要加强校内的创新基础设施建设，要始终按照行业内科技发展和技术进步水平来进行专业设施的建设。学校应该加大投资，以学生创新培养的需求为基础构建用于实践的仿真性环境；还要针对不同专业建造相应的实验室，组成系统性的实训基地。在学校内部可以开展名为“实验超市”的活动，计算机专业的学生主要负责超市系统运行方面的事务；创建工程实训机构，例如为建筑学院的学生提供建筑物建造的机会，为机电专业的学生提供数控机床训练，为生物科技专业的学生提供现代化的实验室。要保证各种实训项目从市场调研到技术训练再到生产应用都由学生全权负责，相关教师进行指导。

其次要通过加强校企合作的方式增加创新创业的支持活动。实践活动对创新创业人才的培养有着非常重大的作用，学校也应该将学校以外的人才培养形式如社会实践、企业实习等纳入整体的培养体系，学校要积极聘请更多具有成功经验的创新创业者、企业家及专家学者，通过专题讲座的方式引导大学生参与创新实践。校企之间也应该达成沟通合作的共识，学校可以使更多的学生近距离接触企业实训，积累企业创办与运营的一手经验。具备 TRIZ 理论知识的学生本身具有创新创业知识和技能，如果帮助这些学生参与公司内部的管理，能够对企业自身的创新型发展起到促进作用。

（三）基于 TRIZ 理论的创新竞赛

在传统创新人才的培养模式中，院校一般会采用创新创业竞赛的方式提高学生创新思维、发挥创新技能、促进创新成果的转换。但是由于许多院校存在着创新竞赛的内容脱离实际、资金缺乏、创新者自身的创新素养偏低、活动形式化等问题，往往无法真正对大学生的创新创业发展提供应有支持。因此，在 TRIZ 理论与人才培养相融合的思想指导下，学校可以从以下方面着手对创新创业竞赛进行调整升级。

在创新竞赛的开展过程中，创新指导教师的作用是非常重要的。相关院校要打造出具有自身院校风格的师资队伍，提高每一位教师的创新教学水平。创新人

才的培养是一个动态化的、与时俱进的过程，教师也应该积极到相关企业中挂职锻炼，并且要积极参与各项行业内部的创新交流活动。参与创新竞赛的教师首先应该具备完善的 TRIZ 理论知识，在此基础上才能够为学生提供足够的创新辅导和实践指导。例如在实践过程中，如果学生们遇到了某些无法解决的创新问题，指导教师可以灵活使用 TRIZ 理论中的各种发明原理、矛盾解决原理、分离原理等为学生提供支持。一旦积累了足够的创新创业经验，学生们就会建立起创新的自信心，产生更强的创业动机和创业意识。

创新竞赛活动是现代教育体系中培养和选拔创新型人才的重要形式之一，它能够以一种实践化的方式对创新者的创新创业能力、品质进行考察，同时也是对高校创新教学成果和实践培养成果的最终检验。因此，要注意在选题阶段将 TRIZ 理论知识和学生的专业创新结合起来，在最后阶段建立起有效的创新成果转化平台，充分发挥学生创新作品和研究成果的优势。总的来说，选题阶段主要参照 TRIZ 和实际科学命题，竞赛过程要在指导教师和 TRIZ 专家的辅助下积累实践经验，在最终阶段要进行竞赛结果的呈现以及创新成果的转换。

二、系统功能分析

想要实现 TRIZ 理论发展与创新人才培养的有机融合，必须首先构建起基于 TRIZ 理论的人才培养途径或平台，然后利用平台优势帮助相关人员提高自身的创新理论水平以及创新能力。要将 TRIZ 理论体系作为创新人才培养的基础理论，逐步引导创新者发掘出新的创新点，进一步激发其创新欲望和创新思维，帮助其充分掌握各种创新规律及方法，从而培养出更多符合创新发展要求的高素质人才。基于 TRIZ 的人才培养系统能够发挥对应用创新理论的学习、应用以及评价三大功能。

（一）对 TRIZ 理论的学习

TRIZ 理论体系本身具有理论知识点复杂、知识点分布较为散乱等特点，这为创新人才的学习增加了难度，学习者在学习和使用时也会感到诸多不便。因此，在建立以 TRIZ 理论为基础的人才培养体系时，要注意将纷繁复杂的知识内容按照 TRIZ 的应用规律划分为基础理论内容、分析工具内容以及应用内容，使创新学习者能够有条理地接收相关创新知识，降低知识内容理解和应用的难度。其次，TRIZ 所涉及的应用工具也比较复杂，对于一些标准解法、创新算法等工具，教学难度及应用难度有所鉴别，必要的时候还要对相关工具进行简化处理，以更好地符合当前创新人才的培养现状。

（二）对 TRIZ 理论的应用

学习创新理论的最终目的是实现创新人才在实践中的有效应用，但当前许多平台在进行创新人才培养时面临无法有效识别创新人才实际应用的核心问题，无法有效使用相关模型或工具分析并解决问题。因此，在育人平台的构建过程中要形成有效的因果模型，提出问题分析的有效办法，从而避免恶性事件的发生。在帮助创新者找到核心问题时，还要进一步促使其选择正确的解决工具，用最短的时间解决问题。

（三）对 TRIZ 理论的评价

创新者在学习基本的创新理论、掌握基本的创新方法后，其创新能力会得到一定提升，此时要做好对创新成果的评价工作。针对创新成果的评价活动是必要的，它既能够帮助创新者更全面地认识自己的创新成果，同时也能够让创新者结合各项评价指标对创新过程进行科学的调整，从而进一步提高自己创新成果的质量，提高自身的创新能力。通常会使用理想度评价的方式，具体用 48 种工程参数分别对创新成果的有用性和有害性进行界定。这种评价方式主要有以下优势：首先，能够有效避免人为因素对评价过程造成的干扰，减少人为差错的产生；其次，从多种工程参数出发进行功能性评价能够保证评价的全面性和科学性；最后，该评价方式有助于人们准确把握消除矛盾与优化提升之间的因果关系，从而更好地通过消除矛盾实现创新技术系统的不断进化。

三、创新理论的学习

（一）梳理创新理论框架

由于在理论学习中，TRIZ 能够辅助实现创新思维培养和创新方法应用等多重功能，因此创新理论的学习及创新理论框架的构建也应该以 TRIZ 为主，以其他创新方法为补充。TRIZ 创新人才培养平台的宗旨就是使相关人员快速掌握相关理论和方法，最终实现创新命题的内容，因此创新理论框架应该从创新的一般性问题着手，尽可能地对 TRIZ 进行简化和重新归纳。

运用 TRIZ 处理问题一般有以下几个步骤：首先，创新设计者明确需要解决的核心问题，并对相关概念进行界定；其次，在 TRIZ 理论的基础上将某些特殊性问题转化为符合 TRIZ 标准的问题；再次，选取并使用 TRIZ 解决问题的工具，规划出标准问题的解决方案；最后，要结合自身所积累的经验及所拥有的 TRIZ 知识，规划出新的解决问题的方法。

1. 基础性理论的学习

该项内容主要可分为技术系统进化论的学习和 TRIZ 创新思维学习两个部分。技术系统进化论的主要应用范围是对技术的发展进行定位和预测。根据该理论研究所达成的共识，技术系统的发展过程基本呈现出 S 形曲线的发展趋势，我们可将技术发展的各个时期分别命名为婴儿期、成长期、发展期及衰退期，一旦进行

技术定位，就可以针对各个时期的发展特点进行分析。例如，对于那些正处于婴儿期的技术或产品，创新者或管理者可以促进其向商品化的方向迈进；对于成熟期的技术或产品，技术人员应该在充分掌握核心技术的前提下寻找某些替代性技术，以促进新产品的产生，实现进一步的创新。通过对以往众多专利的研究，可以概括出不同时期技术发展所拥有的专利数、专利质量、性能、经济效益等方面的状况。从性能参数来看，整个发展周期的性能参数以先上升后下降的曲线发展，并在成熟期达到性能最优。具体来看，婴儿期的性能发展非常缓慢，成长期的性能发展比较快速，经过成熟期的发展顶点后，衰退期的性能发展又会快速下降。从专利数量来看，婴儿期的专利数量最少且比较晚才出现，成长期的专利数量快速增加并在成熟期达到最多，在衰退期又会快速减少。专利的级别整体来看呈现出逐渐下降的发展态势，一般在婴儿期的专利级别最高，然后在成长期有所起伏，最后在成熟期和衰退期快速下降。最后是经济效益，婴儿期的经济效益一般为负数，随后在成长期快速增加并在成熟期达到最高，此时收益的数目也是巨大的。

TRIZ 理论体系内容丰富，创新思维方法较多，常用的有九宫格法、最终理想解、STC 算子法、小矮人法、金鱼法五种。学习这五种方法，可以帮助人们克服惯性思维，进行多层次、多角度、多方位的思考。九宫格法可以引导人们从系统、子系统、超系统及其过去、现在、将来等方向拓展思路。最终理想解主要是指在解决问题之初，首先抛开各种客观的限制条件，通过理想化来定义问题的最终理想状态，以提升创新设计的效率。STC 算子法是将我们思维的对象（系统）从尺寸、时间、成本三个参数进行扩大和缩小。小矮人法是将求解对象或技术系统想象成一群一群的小矮人，通过改变小矮人的位置、形状、功能等获得所需的功能，进而得到问题的解决方案，该方法较适用于将诸多的宏观问题进行微观化思考。金鱼法就是将“假想”“不现实”的问题求解思路变成切实可行的解决方案。

2. 创新算法的学习

为了满足现阶段创新人才的培养需求，许多 TRIZ 专家对 TRIZ 的算法进行了简化，其中应用最为广泛的有 SIT 算法、USIT 算法等。SIT 算法指的是结构性创新思维，SIT 算法主要从微观的角度为技术创新提供解决问题的思路。SIT 算法在多年的发展过程中又对所使用的指导工具进行了一系列的修改，例如一般会使用物体多元法、概念合并法等方法。

（二）创新理论的应用

在创新人才培养平台的构建过程中，将一般问题转变为标准问题是一个相对关键的环节。对问题进行深入分析是为了明确问题的核心内容，它的主要思路是对相关不良事件进行分析，建立并编辑事件的因果模型，并据此挑选出适合问题处理的分析工具。一般所使用的分析工具主要有：①不良事件，用于描述问题事件的具体情形，在分析模型中主要用红色矩形来表示；②事件根因分析，主要指最初不良事件产生的原因，在模型中一般用浅黄色矩形来表示；③因果模型，是一种用来追踪不良事件发展的结构图；④因果链，主要指模型当中存在因果关系的事件，在模型图中一般是由原因事件指向结果事件。

问题分析的一般步骤是：①确定不良事件；②使用单向箭头连接事件，形成多级链；③建立时间上的原因链；④寻找核心问题，检验不良事件是否排除。当核心问题确立后一般会进行矛盾分析，如果分析结果为物理矛盾，则需要利用物场分析方法和分离原理处理问题；如果属于技术矛盾的范畴，则需要通过使用冲突分析和多种发明原理进行问题的解决。如果问题已经解决，则需要得出解决方案；如果问题并未解决，则需按照简化后的标准解法重新解决。

四、创新人才培养平台的实现

为提高创新人才培养的效率和有效性，一般可将培养平台设计为四个模块，分别为学习模块、应用模块、资料获取模块和人员管理模块。在学习模块中，学生可进行理论内容的学习、相关案例的分析以及习题作答；应用模块则有按照TRIZ 理论构建的问题分析、解决、评价等内容；在资料获取模块中，学生可查询以往的专利信息、案例信息以及相关论文内容；人员管理模块一般包括用户信息管理、登录注册管理及信息扩展业务的管理。

在创新人才培养平台，用户输入特定的信息建立特定的账户，进行 TRIZ 理论、研究数据、论文记录的上传和下载活动。课堂学习的内容主要是根据 TRIZ 理论所构建的理论体系，数据库是参照 TRIZ 理论数据库和案例数据库建设的内容。系统会根据用户的情况形成专业性的总结。

第五章 我国高校混合教学发展与保障制度研究

伴随着互联网技术和相关技术的普及，在线教育逐渐成为一种广受欢迎的教育形式，混合教学成为一种潮流，并且逐渐受到很多高校的关注。混合教学在实际的操作过程中，会受到课程资源、技术条件等多个方面的影响，只有保证相互之间的协调运作，混合教学才能充分发挥其应有的作用。此外，混合教学的开展还需要保证教师和学生之间拥有高效的互动和交流。在开展的过程中，任何一个环节的缺失都会影响混合教学的效果，无法充分实现线上教学和线下教学之间的优势互补。从实际情况来看，我国的混合教学起步较晚，不论是混合教学的理论还是实践都缺乏足够的研究，关于如何促进混合教学的开展和相关保障制度的研究更为匮乏，导致教师在教学过程中遇到很多问题无法得到有效解决。制度是保证混合教学发展的重要保障，不论是理论建构还是实践发展，都需要制度来进行一定的约束和保障，因此进行混合教学发展与保障制度研究至关重要。

开展混合教学并不仅仅是为了使用在线平台去进行教学和学习，也不仅仅是为了实现教学资源的数字化发展、发掘多样化的教学活动，其根本意义在于提升教学的深度，让学生更加扎实地掌握知识。混合教学在开展的过程中主要包括三种最为常见的模式，分别是传统混合教学、混合同步教学和混合在线教学。传统混合教学其实就是在线教学和面对面教学的结合，其中最直接的一种方式便是翻转课堂。而混合同步教学则是指在线学生通过信息技术直接同步参与课堂学习活动当中的一种方式，比如通过视频会议的方式进行教学。混合在线教学实现了同步在线教学和异步在线教学的混合，即学生不仅可以通过视频会议或者直播的方式定期进行知识的在线学习，同时还可以通过观看视频的方式进行非同步的学习。

第一节　高校混合教学存在的机遇和挑战

如今，单纯的在线教育和线下教育都无法满足教育的现实需求。只有将线上的开放式教学模式和线下的教学模式进行混合，通过理性的机制介入教学，实现教师和学生的双向交互，才有利于在信息时代充分实现教学目标。因此，混合教学模式已经成为高校进行教育教学改革的一种必然趋势，也是当前信息技术发展的重要基础和实现信息时代教育发展的有效手段。

一、高校实施混合教学存在的机遇

（一）信息技术有利于拓展混合式学习的发展空间

信息技术已经渗透到生活的各个方面，人们的生活和学习方式都发生了极大的变化。尤其是如今的国际竞争越来越激烈，各国都认识到了教育信息化的重要性，也认识到其是提升国家综合国力和国民素质的有效措施。从我国教育发展的实际情况出发，要不断促进教育领域的改革和发展，推进教育信息化发展的进程，实现教育的现代化发展。

高等教育事业的现代化发展可以有效促进高等教育的改革发展，并且不断提升我国高等教育的教学质量。在高等教育领域中，教学模式的转变和发展都是教学过程优化发展的重要表现，如今，高校已经逐渐成为新技术应用、新教学方法应用的重要场所，因此高校要进行教学改革和教学模式改革，尽快适应信息化时代的发展要求。对传统的教学模式进行改革和创新，可以促使全新教育理念和教学环境的产生。传统线下教学和信息化线上教学相互融合的方式成为信息化条件下高校教学发展的必然需求。积极开展混合教学模式，可以帮助教师更好地发挥自身的主导作用，有利于促进学生自我认同感的提升和发展。另外，混合教学的开展可以让学生更加主动地参与学习，进而有效提升实践操作能力，更快地完成教学目标。高校开展混合教学模式不仅仅有利于推进高校立德树人目标的实现，同时还可以促进创新型人才的培养，有利于推动我国信息化改革，实现我国教育的现代化发展。

（二）信息技术与教育的融合有利于促进教学结构发展

在互联网时代，要想真正发挥信息技术的作用，让信息技术促进教育事业的发展，使信息技术成为教育的一部分，就一定要充分发挥信息技术的优势，实现信息技术和教育事业之间的融合。在这一过程中，传统教学课堂的结构变化是检验信息技术与教育融合的一个重要评判尺度。通过传统教学课堂的改革，要最终实现以教师为主导、以学生为主体的一种全新的教学结构。

教学结构的变化和发展并不是抽象的，而是非常具体的，主要体现在教师、学生、教学内容和教学媒体等不同的部分。混合教学模式是将传统的教学模式和在线教学模式进行一定的结合，这是传统教学模式的一种全新尝试。与此同时，信息技术和教学之间的相互融合也为混合教学模式的发展提供了全新的发展机会和发展平台。在混合教学模式下，教师和学生之间并不存在主次的情况，而是一

个主体和另外一个主体之间的关系。开放的网络还为师生的教学活动提供了非常丰富的教学资源，教师和学生可以通过网络进行教学和学习。多样化的传播方式和传播媒介可以发挥更大的作用，教学在这一过程中有了更加多样化的辅助工具，可以在教学的过程中帮助学生对自己有更加全面的认知，从而拥有更好的学习效果。信息技术和教育之间的深度融合，还需要教师在进行教学的过程中充分尊重学生自身的主体性作用，而教师自身则对学生进行一定的指导，最终形成教师和学生之间的双向互动。信息技术的发展也为学生的学习提供了真实、便利的条件和环境。综上可知，混合教学的发展有利于促进信息技术和教育之间的融合，从而实现教育的现代化发展。

二、高校实施混合教学面临的挑战

（一）传统师生关系对混合教学的束缚

传统文化中蕴含着非常浓厚的尊师重教思想。在教育信息化时代，我国的教育行业发生了极大的变化，传统的教育课堂已经无法满足学生的多样化要求，所以传统教育模式下的师生关系不得不进行较大的改革。

传统的课堂教学存在着教学资源有限、教学方式单一、学生自主性不足、师生交流有限等情况，而在线教育也存在自主性过强、缺乏有效的监管、缺乏足够的师生认同感等问题。混合教学则将这两种教学方式进行了结合，有效弥补了这两种教学方式存在的缺陷，实现了优势互补。在混合教学模式下，教师和学生都需要对自己有一个全面的认识，并且在学习过程中认识到自身的重要性，教师和学生都需要对自己和对方负责。首先，在混合教学模式下，教师所承担的角色更加多样化，他们不仅仅是教师，也不仅仅要为学生答疑解惑，还需要积极进行教学课程的开发，掌握信息技术的操作能力，从而协调线上教学和线下教学之间的关系，并及时调整自己的角色。其次，学生也不仅仅是学生，学生还需要学会使用各种不同的工具，调整自己的学习步骤，同时积极与教师进行沟通交流，帮助教师进行课程的开发与协调，并提出自己的意见，积极参与知识传播的过程。在教学过程中，学生还要积极与教师进行交流沟通，交换自己的心得，让教师及时得到反馈。总之，教师和学生要形成一个整体，共同应对各种问题。在混合教学模式下，教师和学生不是对立的两个主体，而是一个共同的整体。因此，在当前的教学模式下，逐渐呈现出教师权威消解的情况，学生的主体意识也逐渐增强，在一定程度上实现师生关系的平等化发展，从而有利于构建一个平等的教育关系，对教育教学理念和教学模式产生了极大的影响。

（二）有利于促进高校教学管理的转变

一方面，随着教育信息化的发展，混合式教育模式在高校教育中得到了广泛的应用，在线教育与整个教育体系之间的关系越来越深入、密切，在此基础上不断催生出全新的教学模式，这有利于高校在开展教育教学的过程中解决各种困难。而且在混合教学模式下，高校可以更加清楚地认识到在线教学和线下教学之间的差异，从而选择更加合适的教学方法。比如，在学分认定方面，当前我国高校学生面临的最主要问题是要在毕业之前完成学校规定的学分，如果没有修完相应的学分，就无法毕业。在高校中，学分是衡量学生的一个重要标准，也是影响学生学业的重要因素。在传统的教学环境下，学生需要在课堂和课后完成相应的课程作业，而教师则只能通过期末成绩来对学生的能力进行评判。但是混合教学模式则有所不同，在混合教学模式下，学分的认定变得更加复杂。在这样的教学模式下，评价学生的方式也需要进行一定的改变，比如在进行网络学习时要对学生进行一定的监管，及时掌握学生的学习情况。在对学生进行学分认定的时候，需要考虑更多因素。另外，混合教学模式十分注重学生自身的感受和兴趣，尽可能在教学的时候做到因材施教，所以设置了更多的选修课程。通过让学生主动参与选修课程，为学生提供更多学习和提升的机会。但是，因为我国对于这一种教学模式的研究和了解比较有限，所以目前为止没有形成一个统一且完善的学分标准，在进行评价的时候很容易出现评价标准不一的情况。总的来说，混合教学的发展还不够成熟，在这一模式下的评价工作还有所欠缺，没有在高校中得到广泛认可，这一情况也为混合教学模式在高校的发展提出了新的挑战。

另一方面，在混合教学模式下，教学管理也面临一定的挑战。在传统的课堂中，教师想对学生加以监管非常容易、方便，不论是实施教学计划、检查学生的作业，都可以随时进行，而且整个过程非常直接。而混合教学模式虽然丰富了教学手段和学习方式，但是教师没办法对学生进行直接的监督和管理，在整个教学过程中很容易出现衔接不流畅的情况。由此可见，混合教学模式为教学过程中的管理工作提出了挑战，也增加了难度。

最后，在教学质量方面也面临着一定的挑战。教学质量其实是反映教育水平和教学效果最为直观的标准，教学质量主要是通过教师的教学来表现的，即教师在教学的过程中可以在多大的程度上完成预期的教学目标。但是总的来说，要想在教学过程中取得良好的教学质量，必然离不开比较全面的教学管理和保障。在混合教学模式下，要提升教学质量，离不开教学过程中的教师、学生、管理人员等的相互配合，而且教学质量的提升，也需要教学环节中各个部分和要素之间的相互协调。从这一角度来看，混合教学模式设计的内容是非常复杂的，开展难度也远远超过传统的教学课堂。

第二节　高校混合教学发展现状审视

随着教育事业的信息化发展，越来越多的高校尝试实行混合教学，取得了很好的成效。为了能够将混合教学发展的情况更加客观、真实、全面地呈现出来，对混合教学在发展过程中存在的问题进行一定的梳理，进而为高校混合教学发展建立保障制度提供足够的依据和支撑。

一、调查设计

（一）问卷调查说明

本书在进行问卷调查设计的时候，参考李逢庆《混合教学质量评价体系的构建与实践》中关于混合教学实施和质量评价体系模型，再结合学校实际情况对具体的调研问题进行一定的调整。调查问卷遵循多主体和多角度的原则，并且依据不同主体的反馈对问题进行全面深入的研究。

总体来说，问卷调查设计从三个方面入手：第一方面是当前高校教学模式的应用现状和效果，涉及当前高校的主要教学模式和教学模式的开展现状等问题。第二方面是混合教学模式的实施现状，主要是对学生和教师对于混合教学的认知情况及态度进行调查分析，从而了解学生对混合教学的认知程度、学习效果等，除此之外还需要调查学生的兴趣、参与程度及支持程度，分析教师对混合教学的态度等。第三方面是混合教学保障制度的实施情况，主要是从混合教学的培训考核、激励、评价管理和资源支持四个方面来对教学保障制度的现状进行分析。

在进行访谈和调查的时候，使用半结构式的访谈形式，即在进行访谈之前，先让访谈者准备好访谈提纲，以保证整个访谈过程都有一个具体的方向。访谈主要围绕高校开展混合教学的情况展开，包括在开展混合教学过程中遇到的困难、存在的问题、可能的原因等。通过对教师、学生以及其他的工作人员的了解，全面呈现混合教学的发展情况，为高校开展混合教学提供更多有意义的建议。

（二）问卷调查的发放和回收

问卷调查主要使用抽样调查的方式进行，但为了保证调查的广泛性、典型性，在全国范围内选择不同的高校，且调查的学科和专业也包括不同的专业，在尽可能大的范围内进行调查。与此同时，还通过网络的方式进行了网络问卷调查。本次问卷调查共发放问卷600份，收回调查问卷560份，有效问卷540份。

（三）问卷调查结果分析

1. 当前高校教学模式应用现状

当前，我国高校的教学模式主要包括讲授式教学、自主学习、互动学习和混合教学等。从问卷调查当中可以发现，60.5%的学生表示当前使用的教学方式仍然是传统的讲授式教学，而表示使用混合教学模式的只有9.9%，另外使用互动学习模式和自主学习模式的分别是8%和21.6%。从这些数据当中可以发现，当前高校仍然以讲授的方式为主，通过师生互动和学生自主学习的方式来进行辅助。混合教学在我国当前高校的教学当中依然不常使用。之所以呈现出这种局面，很大程度上是因为，虽然高校在逐渐向混合教学的方向发展，但是在这一过程中并没有形成专业的混合教学体系，所以并没有在完全意义上形成混合教学模式，也没有实现普及。而且在实际的教学过程中，混合教学模式虽然将传统教学和在线教学两者的优势进行了结合，既可以发挥教师本身的引导作用，还可以充分调动学生的积极性，让学生的创新能力得到一定的提升，但这一结果可能并不能从高校常用的测试方式（即考试成绩）体现出来。

2. 学生对混合教学的认知和情感态度

在收回的540份有效问卷调查中，有170名学生对混合教学比较了解，占所有调查学生的31.5%；但是还有370名学生对混合教学并不了解，占所有调查学生的68.5%。而在对混合教学比较了解的学生中，只有154名学生参与过混合式学习，占所有调查学生的28.5%；而没有参加过混合教学的学生有386名，占所有调查学生的71.5%。从参与度来看，参与过混合教学项目的学生并不多，说明混合教学的普及程度仍然比较低。

在学生对混合教学的兴趣方面，有97名学生对混合教学模式非常感兴趣，约占所有调查学生的18.0%；而对混合教学比较感兴趣的学生有312人，占所有调查学生的57.8%；对混合教学不感兴趣的学生有131人，占所有调查学生的24.2%。由此可见，有大约75.8%的学生对混合教学感兴趣，并且愿意尝试这一种全新的教学模式，进而提升教学效果。虽然当前我国混合教学模式的普及程度并不高，但是潜在受众群体是非常多的。

3. 教师对混合教学的认知和情感态度

在本次调查和访谈当中，只有34名教师认为混合教学并不会成为教学发展的趋势，占所有调查对象的6.3%。对教师的访谈结果进行总结后发现，大多数教师认为混合教学是将在线教育和传统教学融于一体的新型教学模式，尽管目前没有得到比较广泛的推广，但是因为教学成果比较显著，所以混合教学必然会成为一种趋势。由此看来，大多数教师对于混合教学模式的发展是持乐观态度的。

教师对教学的感受最为直观，在教学的时候选择什么样的教学方式，如何改进教学内容，教师大多拥有自己独特的理解。因为混合教学模式自身的复杂性，教师在开展混合教学的时候会基于自己的认知进行教学，这会对混合教学的开展产生直接的影响。比较了解混合教学的教师大多认为混合教学具有灵活多变的特

点，可以充分体现学生的个性化特征。还有一小部分教师认为，虽然混合教学模式在形式上发生了极大的改变，但是在实际的教学过程中依然延续了传统的教学模式，所以在教学过程中教师依然占据着主导地位，无法体现出学生的主体性地位。从这一个角度来看，混合教学在开展的时候，仍然有一定局限性。

混合教学的开展可以在一定程度上减轻教师的监管力度，让学生更加主动地参与到学习当中。而且通过进行混合教学，教师还可以获得更多的培训机会。最重要的是，在混合教学模式下，教师的热情得到一定的提升。但是混合教学也具有一定的不足之处，比如混合教学模式对于教师的技能要求比较高，增加了教师的教学负担和对学生跟进的难度，另外开展混合教学后，教师和学生之间面对面互动的机会减少。

二、高校混合教学开展存在的问题及成因

通过调查研究，以及对教师、管理人员等进行访谈，我们可以对混合教学的开展情况以及存在的问题有更加深入的了解，对混合教学在建设过程中存在的问题进行总结，从而促进混合教学模式的优化。

（一）高校混合教学的发展及相关制度建设

1. 高校推广混合教学模式的态度

通过对教师和相关人员的调查可以发现，大多数教师和相关工作人员对于混合教学持支持的态度。这一教学模式受到了很多人的欢迎，因为不论是从学生发展，还是从教师自身能力的提升方面，混合教学都有非常好的效果。加上混合教学具有灵活性强、自主性强等特征，在开展的过程中可以充分实现学生的个性化，尽管当前没有得到较大力度的推广，但是具有很大的推广价值。

2. 实施混合教学所产生的影响

从调查研究结果可以发现，混合教学目前并没有真正实现学生的自主化发展，所以在课堂上仍然是以教师为中心，学生也是按照教师的要求和规划来学习的，并没有充分展现出学生的主体性和主体地位。由此可以看出，混合教学方式的实施实际上沿用了传统的教学模式，教学依然停留在表面，混合教学没有从根本上摆脱传统教学的影响和束缚。

混合教学所产生的影响主要表现在以下两个方面。第一个方面是混合教学对技术的要求比较高，所以在开展混合教学的时候必然会受到信息化技术发展的影响。混合教学作为一种线上教学和线下教学相结合的教学模式，离不开信息技术的支持。因此一些年纪比较大的教师和习惯使用传统教学方式的教师，对混合教学模式的接受程度并不高，这会在一定程度上制约混合教学的开展。除此之外，学生对于混合教学的认知也并不同，所以在接受混合教学模式的时候，会因为认

知的不同，导致混合教学模式的开展受到影响。开展混合教学时，要充分实现学生的自主性，但是因为线上学习的方式过于自主，缺乏稳定性，因此混合教学的开展也面临着很多的不确定性因素。

3. 混合教学在制度建设当中存在的问题

混合教学的制度建设包括内部制度和外部制度。只有保证不同制度之间的相互协调和统一，才能保证混合教学模式的开展。从当前情况来看，混合教学模式的制度建设并不健全，主要的问题体现在以下两个方面：第一是内部制度的建设，调查发现，虽然很多学校的教师认识到了内部制度建设的重要性，但是因为基础建设存在很大的问题，所以在内部制度建设过程中也存在很大的问题；第二是教育部门缺乏规范统一的制度与协调。混合教学在实施的过程中，因为缺乏制度的保障，最终导致各部门相互之间无法实现彼此之间的协调统一。

混合教学模式已经成为高校教学改革发展的趋势，混合教学的开展已经离不开制度的保障，所以为了解决混合教学存在的问题，非常有必要进行保障制度的建设，进而保证混合教学的开展。

对以上内容进行总结发现，当前我国混合教学模式主要存在以下问题。第一，教学资源缺乏足够的保障，包括软件设施、硬件设施等配套措施，网络课程资源以及专业保障团队建设等。第二，缺乏有效的教师激励机制，无法充分调动积极性。第三，缺乏有效的评价机制，无法将混合教学模式的教学效果客观有效地反映出来。第四，缺乏完善规范的教学管理制度和组织系统，各个部门之间无法进行有效的协调。

（二）高校混合教学存在问题的成因

1. 外在因素

传统文化理念的束缚是影响混合教学开展的一个重要因素。在我国传统文化中，教师是权威的象征，而学生只能在教学过程中被动接受知识，这种传统的教学理念导致教师和学生之间不平等的关系，教师和学生缺乏足够的交流和互动，导致学生丧失学习的积极性和主动性，无法进行独立的思考。

混合教学模式可以在一定程度上打破传统教学模式的束缚，突出学生的主体性地位，让学生更加积极主动地参与学习，与教师进行积极的交流和互动，为教学营造良好的氛围。但是从实际情况来看，受各种因素的影响，我国的教育实践仍然是以大班级授课的方式为主的，强调统一管理，正因如此，混合教学一直难以得到有效的开展。但是随着信息时代的到来，传统教学模式已经无法适应新时期的教学要求，教学模式的多样化发展已经成为一种不可逆转的趋势。因此，突破传统观念的束缚成为混合教学发展的一个重要因素。

另外，在人才培养目标方面也具有一定的局限性。传统的教学模式虽然同样

以学生的全面发展为目标，但是非常注重学生的分数，在评判教学效果时也是以学生的成绩为参考依据。这样的教育现状也成为大的阻碍混合教学开展的重要因素。传统教学模式对于人才培养目标和教育评价的影响比较大，使得教学手段始终难以取得良好的教学效果。

混合式教育转变了以往应试教育中的唯分数论，实现了素质教育，注重学生的能力发展。尤其是在学习型社会之下，学生需要掌握的不仅仅是课堂上的知识，更重要的是提升学习能力。但学习是并不是简单的、短期的事，而是一项长期的工程，需要坚持不懈才能帮助学生养成自主的学习习惯。混合教学强调学生的学习能力要在持续的发展过程中得到提升，这与传统的教学模式形成了强烈的对比。在教学方式方面，混合教学还需要将那些外在的激励因素转变为内在的动力，让学生形成自主学习的意识。综上可知，混合教学模式在开展的过程中，受到了传统教学模式和应试教育的束缚，这是外在因素。

2. 内在因素

在实际的教学过程中，重视教研、轻视教学一直以来都是一个重要问题，这严重制约了混合教学的开展。而造成这一问题的根本原因便是学校的评价体系，使得教师不得不将更多的精力放在教学研究方面。这样的评价体系不仅仅存在于传统的教学模式中，同样存在于混合教学当中，并且对混合教学开展产生了重要影响。

很多学校将科研、课题申报、论文发表等作为评定教师职称的重要标准，但是教师还同时承担着繁重的教学任务，课堂教学质量便会受到严重的影响，教师的教学水平停滞不前。从另一个角度来说，教师的科研活动往往并不依赖于课堂教学，教研活动和教学活动往往是相互分离的，教师在进行科研的时候很难将科研成果转化为课堂教学资源，无法取得较好的教学效果。在开展混合教学模式的时候，往往需要借助信息技术手段，实现线上教学和线下讲学的相互融合，但是这样一来便需要花费更多的精力，导致混合教学无法取得良好的成效。

在研究过程中还发现，当前开展混合教学还缺乏良好的必要条件。在开展混合教学的时候需要专业的网络教学平台、充足的网络课程资源，并且实现教学过程、自主学习、教学评价、教学监督之间的有效统一。在混合教学实施过程中，缺乏了其中任何一个因素，都会导致混合教学的开展受到影响。通过调查研究发现，很多高校尝试开展混合教学，但是始终没有取得较好的效果。因此，各大高校应当对学校当前存在的问题进行综合考量，进而解决问题。首先，混合教学的开展需要国家相关政策的支持，学校也要依据国家的政策、制度制定适合的规章制度。其次，当前高校开展混合教学还存在的一个重要问题便是经费不足，缺乏足够的人力、物力、财力。高校的资金分配比例当中，往往工作人员的支出经费要超过教育费用，这就导致混合教学模式一直缺乏资金的支持，相关的软硬件设施得不到保证，无法保证混合教学模式的有效开展。最后，混合教学模式在高校的应用，还需要依托相适应的教学管理方式。但是在实际情况当中，高校往往无法找出与混合教学模式相对应的教学管理方式，进而无法对教育情况进行有效的规划。缺乏相对应的管理方式，也没有相对应的激励制度和其他配套措施，严重阻碍了混合教学的开展。

第三节　高校混合教学保障制度的构建

为了保证混合教学模式在高校中的有效开展，建立完善的教学保障制度是非常有必要的。混合教学模式的开展和落实，都离不开规范的制度支持，只有完善的制度保障，才能将其中的各个环节和要素进行有效的协调。

一、高校混合教学保障制度的构成

（一）混合教学的保障制度体系

开展混合教学，需要完善的保障体系来进行支持，保障体系包括外部保障体系和内部保障体系两部分。所谓的外部保障体系主要是指政府相关部门要根据相关的政策、规划等来对高校混合教学的开展进行一定的引导，社会的相关组织和团体则需要在这一过程中为学生搭建专业的平台，促进社会群体和高校之间的合作，并且为高校提供足够的实践基地，供学校的教师参与培训、学生参加实习。而内部保障体系的建立则需要依赖高校自身，高校是内部保障体系实施的主体，同样也是开展混合教学的主体，为此，高校要对国家和教育部门颁发的政策进行专业的解读，进而结合学校自身的情况制定相应的规章制度，进而不断完善混合教学的保障制度体系。

（二）混合教学的保障制度内容

混合教学的制度框架构建过程分为三个不同的阶段，分别是探索阶段、早期实施阶段和成熟实施阶段。在具体实施的过程中也包括三个不同的阶段，分别是策略阶段、组织阶段和支持阶段，策略阶段主要是进行混合式学习整体规划的设计和顶层设计，对混合式学习的内涵、开展形式、实施范围、实施目标等进行明确的认识；在组织阶段需要解决的是混合式学习的实施问题，在这一阶段需要建立整体的实施、管理框架；最后是支持阶段，主要是解决在开展混合教学过程中的各种保障性问题，包括技术支持、教学支持和激励机制等。

二、高校混合教学制度的建立

高校在开展混合教学模式的过程中面临很多实际的问题，要解决这些问题，就需要相关的工作者对混合教学有本质上的把握，并且协调学校的管理部门和技术部门，进而促进评价工作、管理工作、组织工作等的完善。在互联网技术的支持下，网络教育在高校得到了极大的推广，这在一定程度上对我国高等教育的发展造成了一定的冲击。但是高校一直都是开展教育的主体，为此，有必要对混合教学的开展情况和发展趋势进行密切关注，并且采取合适的措施来应对各种挑战，为网络教育在高校的开展提供帮助。

（一）推动组织管理系统的健全

1. 为混合教学进行顶层设计

在组织管理系统的健全过程中，首先要进行顶层设计。从我国开展混合教学的情况来看，相对成熟的学校大多建立了专门的机构。比如，清华大学成立了在线教育办公室和混合教学工作坊，专门负责学校内各个部门之间的统筹工作，并且定期举办研讨会，对混合教学的开展情况进行分析。这些专门的机构和部门对混合教学在高校的开展起到了至关重要的作用，所以高校应当在本校建立专业的组织和机构，实现组织管理系统的健全发展，推动混合教学的开展。在这一过程中，学校、学院和班级要发挥应有的作用，即学校负责统筹安排相关教学任务，学院则需要承担具体的混合教学任务，而落实到班级的时候，就要保证混合教学任务的具体开展。

要保证混合教学的有效开展，高校一定要保证学校内部各个部门之间的全力配合。首先，学校的管理部门要对混合教学模式开展的总体战略进行研究，并且对全校开展混合教学的质量进行一定的监管。与此同时，管理部门还要积极制定相关的规章制度。在学校内部，不同学院之间还应当加强合作与交流，实现不同部门之间的协同发展。院系在混合教学开展的过程中处于中间环节，既要对上级部门的精神进行有效的解读，还要在下级部门当中积极贯彻、落实具体的教学任务，并且保证混合教学的实施质量。因为不同院系的情况并不相同，因此，院系的管理层还需要根据自身的实际情况合理地分配、安排教学任务，引导、激励教师进行课程建设，并且给予反馈。最重要的是，院系要定期举办混合教学的相关研讨会和沙龙，促进教学管理的开展。管理层也要充分听取教师和学生的意见，进而及时进行改善。最后，班级是混合教学开展的最终环节，可以直接反映学校的教学质量和教学效果，因此，教师在进行教学的时候一定要严格保证混合教学的质量和进度，并且根据相关安排定期反馈信息，解决学生在学习过程中遇到的问题和困难。

2. 为混合教学确定发展方向

除了顶层设计方面的问题，为混合教学的开展确定一个发展方向也是必要的。我国高校在开展教学时多存在重视科研、轻视教学的问题，所以开展混合教学一直受到经费、师资等因素的影响，一些规模不大的学校可能本身就不具备开展混合教学的实力，这些都是导致高校教学水平有限的重要因素。因此，高校要想进一步推进混合教学的开展，首先就要转变教学观念，让大家认识到混合教学的重要性。只有科学地引进混合教学，实现混合教学在不同科目之间的融合，进行合理的指导，才能为混合教学的开展提供重要保障。

开展混合教学应当从总体布局出发，更要结合不同学科和专业的实际情况，认识到教师和学生的实际需求。不能为了顺应时代的潮流而盲目开展，要做到具体问题具体分析，有一些课程本身也并不适合使用混合教学。

（二）制订规范的教学管理制度

1. 完善的教学评价制度

在整个教学活动中，教学评价是一个非常重要的环节。制定完善的教学评价制度，不仅可以引导教师开展高质量的教学，还可以推动高校教育改革的开展，促进教师自身的专业化发展。从我国现状来看，传统的教学评价体系无法适应信息化基础上的教学理念和教学方式，因此，有必要针对当前混合教学的实际情况制定相对应的混合教学评价制度，推动高校教育改革，推进混合教学在高校的开展。

当前高校所实行的大多是包含学生评价、教师自我评价和教师互评三种评价方式的教学评价体系。学生评价一般可以将学校的教学情况更加真实、全面地展现出来，同时还有利于教师及时查漏补缺，进而不断提升教学水平。而且通过学生的评价，学校管理者可以发现学生对于某一学科教师的看法，所以学生评价是很多学校一直使用的评价方式。而让教师进行自我评价，则是为了让教师对自己的教学进行一定的评估，并且积极进行反思，对于教师教学能力的提升也是具有积极作用的。而教师互评则是教师对其他教师进行评价的一种方式，有利于对整个教师队伍进行规范，从而提升整个教师队伍的素质和能力，并且增强教师相互之间的协作能力。

但这些教学评价方式都存在一定的问题和不足。比如，学生评价存在一定的非自愿性，不喜欢这一评价方式的学生评价不一定真实。教师的评价会影响到教师自身的职称评定，所以大多数教师在进行自评的时候并不客观，无法发现自身存在的问题。教师互评存在两个重要的问题，一是很多教师相互认识，为人情和面子大多是流于表面的好评。二是有矛盾和竞争关系的教师很有可能相互进行恶评。总之，教师互评也存在极大的不真实性。

通过以上内容可知，当前高校的教师评价体系并不一定客观公正。为此，高校可以组建一支专门进行教师评价的队伍，这支队伍由学校内具有丰富教学经验和资历较深的教授组成，可随机听课，进而对教师的教学能力进行评价。将专业评价队伍和以往的评价体系进行结合，将由此综合而来的评价结果作为教师的最终评价结果，这样便可以在一定程度上弥补传统的教学评价体系的不足。

在教学评价制度的基础上，还需要确立以学习成果为导向的教学评价标准，因为教学评价标准会直接影响到教学评价的有效性。混合教学强调学生的主体地位，所以在开展混合教学的时候，必然会导致师生关系的改变，实现教师教学评价向学生学习评价的转变。反观欧美等发达国家，已经将以学习成果为导向的教学评价标准作为主流的教学理念，很多高校在开展教学的时候非常强调内部质量，并且非常关注学生个人能力的提升，学生学习成效是高校评价教学质量的一个重要标准。

教学活动是教和学的相互结合，单纯进行教育和学习，都不能称之为教学。教和学是相辅相成的两面，教师的教学效果会通过学生的学习成果展现出来，学生的学习情况也会直接反映出教师在教学过程中存在的问题。因此在进行教学评价的时候不能仅仅重视教，也应当认识到学生学习的重要性，逐渐增加对学生学习评价的力度。以学习成果为导向的教学评价非常注重学生的个人情感和价值观念，其评价标准还可以对混合教学模式当中的教学评价进行一定补充，既可以促进教师教学观念的转变，还可以提升学生的积极性和主动性，激发学生的学习热情。

2. 积极创新教师培训体系

在高校开展混合教学模式，需要高校的教师对混合教学有一个相对全面的认识和了解。因此，高校要对教师进行专业的培训，提升教师对混合教学的认识水平。此外，因为技术更新换代的速度非常快，在线教育平台也在不断发展，所以为了从容应对在线技术不断更新的情况，高校有必要促进教师发展，最终实现混合教学的不断发展。

首先，高校要建立学校内部和学校外部相结合的培训方式。因为教师在开展混合教学的过程中发挥着非常重要的作用，因此为了提升混合教学的质量，有必要对教师进行专业的培训，实现教师培训体系的发展。首先要在校内对教师进行必要的岗前培训，让教师对混合教学的基本课程安排、设计和在线教学平台有一个基本的了解，在入职以后也进行一定的培训，逐渐让教师对混合教学有一个相对全面的掌握，进而达到授课的目标。在此之后，学校还可以定期安排教师到一些混合教学开展较好的学校参加培训，不断提升教师的能力。学校还可以与其他学校达成协议，派遣教师进行参观学习，等到外派的教师回来之后，在本校进行学习成果交流、开展讲座，进而对全校的教师产生影响，让教师团队的整体素养得到提升。

其次，高校还需要建立和混合教学相适应的综合保障系统。教师的教学活动包括备课、上课、安排作业、反思等环节，这些不同的环节相互衔接、相辅相成，最终才构成了混合教学的整体，所以在对教师进行培训的时候不能仅仅停留在岗前培训方面，还要了解教师在工作的过程中遇到的实际问题。在实际的教学过程中，很容易出现一些不确定的因素，进而导致一些新问题的出现，所以如果没有完善的岗前、岗后培训体系，就很难实现教师的长期素质提升，也就无法帮助教师解决在教学过程中遇到的问题，因此，建立于培训制度相结合的综合保障体系是非常重要的。这一工作的核心在于培训后的教师咨询和服务工作，帮助教师更好地开展教育教学工作。教师咨询和服务工作的开展形式非常多样化，比如可以在教室培训中心设立专门的服务咨询部门，定期开展反馈工作，还可以组织教师开展座谈会和沙龙等，对教师的教学进行全程跟踪，及时发现教师教学中存在的问题，进而保证教师的培训效果。这一保障系统的建立可以满足教师的个性化需求，为教师提供多种帮助，解决教学难题。

（三）建立扎实的技术保障基础

在开展混合教学的过程中，技术也是一个非常关键的因素，其价值在于，推进教学革新，为教育教学活动提供基本保障。尤其是伴随着信息技术的不断发展，技术与教育之间的融合越来越深。信息技术可以有效改善传统教学中存在的优质教育资源不均衡的问题，同时也为教学水平的提升和教学方式的多样化发展提供有力的支撑。其实，混合教学本身就是信息技术发展到一定阶段的产物，所以这一教学模式的开展离不开技术手段的支持。从我国混合教学开展情况来看，包括教学模式、教学活动等多个方面在内的混合教学，受到了新技术、新思想的支持，甚至包括教育技术工作者的推动，由此可见，技术在混合教学过程中的作用至关重要。

1. 完善高校的相关信息技术设备

在进行高校信息技术设备建设的时候，首先要加大财力、物力的投入，完善硬件设施，在高校的教学课堂上配备现代化的教学设备，尤其是要进行多媒体教室和电子阅览室的建设。混合教学的开展需要依托网络教育平台，所以和传统的教学模式相比，混合教学还需要教学设备和教学环境的支持，因此需要更多的成本支出，这就要求高校的财务部门在进行资源分配和拨款的时候在这一方面有所倾斜。当前我国很多普通本科院校存在网络设施落后的问题，学校无法实现网络的覆盖。高校应当积极进行校园无线网络的建设，让学生可以随时随地上网，为学生在线学习提供网络支持。

另外，高校还需要加强在线教学平台的建设和使用。网络教学平台是高校开展混合教学的重要载体，也为混合教学提供了呈现媒介，所以具有一个成熟稳定的教学平台对于开展网络教学具有非常重要的意义。目前已经有很多专业的在线教学平台，学堂在线便是其中之一，还有很多供高校内部使用的平台，这些在线教学平台为混合教学的开展提供了很好的平台。但是也有很多学校的教学平台并不适应当前学校和学生的教学需求，因此，高校在开展混合教学的过程中，应当根据自身的特点打造专业的、符合学校特色的网络在线平台，并且积极参与相关的平台交流活动，实现高校在线教学资源的共享。

2. 组建一支专业的技术团队

在线教育平台是保证混合教学稳定开展的重要保障，在线教育平台的稳定开展将会直接影响混合教学的开展。推进混合教学模式的开展，不仅仅是任课教师的任务，同样也需要学校和学生的努力。混合教学模式作为一项复杂的教学模式，在开展过程中需要相关机构、管理人员和技术人员的积极配合。具体来说，混合教学的开展需要教师和学生的帮助，同样也需要专业技术团队来进行后期的维护，从而保证网络平台的正常运行。教师的任务主要是通过线上教学和线下教学的方式为学生进行知识讲解和答疑解惑，虽然教师可以进行简单的课程安排，但是对于网络课程的教学以及网络课程的设计和运行，以及网络平台的管理等工作，缺乏专业的理论，也缺少足够的时间进行操作。所以一旦网络教学平台出现问题，若没有专业的技术团队来进行维护，便会直接影响网络课程的开展，甚至扰乱教学秩序。因此，高校有必要聘请专业的技术团队来为高校网络教学的开展提供保障，进而保障混合教学的顺利开展。

（四）建设完善的、动态化的激励机制

建立完善的激励机制，可以保证混合教学模式的有效开展，并且实现混合教学的价值和意义。混合教学作为一种全新的教学模式，要得到真正的推广仍然需要很长的时间。在这其中的一个重要环节便是加深教师对这一教学模式的认知，进而将其贯穿教学的每一个环节。另外，教师是混合教学这一模式开展的引导者，对于混合教学模式的开展具有非常重要的作用，教师要主动认可并接受这一种新的教学模式。高校需要建立完善的激励和保障制度，对教师的教学行为和教学理念进行一定的引导和干预，可以在一定程度上促进混合教学模式的开展。但当前很多高校在职称评定和绩效考核方面过分看重教师的科研成果，并不重视基本的教学情况，所以教师自然不会花较多的时间和精力来进行混合教学。而因为缺少混合教学相关的宣传工作，所以教师对于混合教学也没有一个科学全面的认识。从另一个角度来看，学校对教师缺乏鼓励和引导，所以教师大多愿意选择更加熟悉和全面的课程来进行教学，不需要花费更多的时间和精力去准备课件。再加上进行混合教学也没办法给教师带来直接的利益，所以教师对于混合教学的接受程度往往比较低。

因此，高校应当认识到教师激励机制的重要性，并且从多个方面为教师开展混合教学提供优惠和便利，积极鼓励教师进行混合教学。首先，高校要利用物质奖励和精神奖励相结合的方式来对教师进行激励，对那些主动进行混合教学课程探究的教师进行奖励，并且为教师提供一定的经费补助，用于进行后期的课堂探究和改进。比如，清华大学为了鼓励教师进行混合教学课程的研究，对教师首次开课的工作量进行三倍的认定。要进行混合教学，教师往往需要投入更多的精力和时间，往往面临着更大的挑战，如果没有足够的物质奖励，就很难充分调动教师的热情。其次，除了物质激励之外，还可以鼓励教师积极申报课题立项，将其作为教师职称评定和评优的重要条件。这样还有利于改善高校以往过度重视科研而忽略教学的情况。高校在建立激励制度的时候，还要把握激励制度的开展尺度，防止激励效果不足和过度而得不偿失。为了保证激励制度正常有效地开展，并且把握好尺寸，还需要建立良好的教学评价规范，只有这样，才能保证教师在开展混合教学时积极进行反思，提升教学质量。

第六章 混合教学模式设计

混合教学是多种教学方式有机结合的结果，是传统教学的升级，是在传统教学基础上加入其他教学方式形成的新教学范式。在今天，数字化教学拓展了教育的边界，使教育能够通过更加多样化的形式进行，且数字化教学较之传统课堂教学具有时空限制小、资源更加丰富等优势。本章主要针对数字化教学与传统课堂教学有机结合的混合教学设计展开讨论。数字化教学具有多种内涵，本章主要基于 MOOC（Massive Open Online Courses，大型开放式网络课程）这一数字化教学方式进行设计。

学生在教学活动中想要获得更好的学习成效，成为合格的适应当代社会经济发展的高质量人才，需要通过反思性学习与整合性学习来实现。其中，反思性学习会受学生自我效能感以及课程学业支持等因素影响，整合性学习则会受到学生自我效能感及师生交互支持等因素影响。本章首先阐述混合教学设计理论和原则，然后结合反思性学习与整合性学习的特点及影响因素等，分别对促进学生反思性学习与整合性学习的混合教学模式设计进行讨论与阐述。

第一节 混合教学设计理论和原则

一、经典教育理论

MOOC 的形成与联通主义理论具有重要联系，学生在学习过程中不断发生的心理变化则与认知资源理论密切相关，学生在学习过程中与周围环境因素、行为因素发生的相互作用能够用社会认知理论解释。本部分主要针对联通主义理论、认知资源理论及社会认知理论这三种与混合教学设计联系密切的理论展开。

联通主义理论能够帮助人们更好地利用 MOOC 资源，从而使线上教学发挥更大的作用；认知资源理论能够帮助人们更好地了解学生心理变化，从而有针对性地改变或调整教学方式、教学策略等，更好地培养学生自我效能感；社会认知理论能够帮助人们充分理清与利用学生个人因素、周围环境因素及行为因素之间的相互作用关系，从而完善混合教学模式设计。

（一）联通主义理论

联通主义理论是现代社会重要的、有效的学习理论之一，能够很好地应用于互联网时代背景下的教学活动。随着计算机技术、新媒体的兴起，联通主义理论得到延伸和发展，与线上教学活动相契合。学生在信息化时代背景下，将从网络上获取到高度开放、迅速变化的学习信息，产生了新的学习行为特征。联通主义理论能够从全新的视角系统地对学习者的新学习特征进行阐释。联通主义理论认为学习者具备两个前提条件，即学习者具备自主判断信息是否正确的能力以及利用网络开展学习活动的能力。

在对联通主义理论的众多诠释中，“管道”受到学者们的普遍重视，很多学者认为，“管道比管道中的内容更重要”。联通主义理论对学习的解释为建立连接和生成网络的过程，节点之间相互连接，最终形成网络，网络的意义与节点编码、连接方式相呼应。人们掌握的知识便存在于连接当中，具有联通性，人们建立更多的连接便能够学习到更多的知识，人类作为感知者与世界众多要素相连接最终反映出世界的本质。众多学者重视“管道”（即重视建立连接）的能力，“管道”对学习者来说则象征着学习能力。联通主义理论的基本原则还包括：多样性观点是学习产生的基础，决策属于学习过程的一部分，促进新知识传播是学习的目标之一等。

（二）认知资源理论

认知资源理论从人类记忆系统容量的角度对学习过程进行阐述，其核心观点认为人的认知资源是人的学习和行为表现的基础，而人的认知资源具有局限性，并最终影响到人们学习的过程。在认知资源理论中，人的学习过程与计算机处理信息有相同之处，处理信息的容量存在一定限制。人类心智处理容量同样具有一定限制，最新科学研究结论显示，人们存储在工作记忆中的信息会在 30 秒内逐渐淡化，人们如不对其进行处理，便会在 30 秒后出现记忆丢失的情况。当人们的工作记忆信息转化为长时记忆时，工作记忆的种种局限便不再适用。工作记忆信息转化为长时记忆后，原先的工作记忆信息将成为一个要素。人在学习过程中，工作记忆与长时记忆不断产生交互。

在认知资源理论基础上衍生了认知负荷理论，其主要用于教学设计领域。在认知负荷理论中，学者对教学活动进行假设，假设学生工作记忆中外在认知负荷或无效负荷的减少能够提升学生学习效率，使学生的认知资源得到更充分的利用。例如，人们在遇到问题时，会将问题转化为经典问题找到解决方法，其中便会使用到认知资源；人们在将真实问题情境转为经典问题的过程中会产生无效认知负荷，其与解决问题等没有联系，在教学活动中便体现为学生认知资源的浪费和学习效率的降低。以认知负荷理论为基础进行教学设计，要减少教学活动中使学生产生外在认知负荷的因素，使学生认知资源得到直接、有效的利用，比如教师在提出问题时可以对问题进行特别处理，使问题形式更能直接调动学生认知资源。

众多学者以认知资源理论为基础展开研究和探讨。由美国学者梅耶提出的多媒体学习认知理论便来源于认知资源理论，它主要对人类信息加工的系统模型进行描述。该理论主要阐述人类听觉与视觉信息的处理模型，对当下利用新媒体教学的诸多活动起到指导作用。在教学活动中，教师主要通过词语与图像两种形式的信息使学生获取知识，其中词语形式信息传递可以通过声音与书面两种方式，图像形式信息传递可以通过静态或动态的画面来实现，与当下新媒体教学活动图片、视频等形式传递信息的特征相契合。

人的听觉记忆与视觉记忆都属于感觉记忆，感觉记忆当中的声音或图像会在工作记忆中得到深加工，从而更好地被处理和利用，例如书面文字的图像和语音形式的声音在工作记忆中能够实现统一并相互转化，使人们处理信息更加便捷。学生学习过程中会有意识地将声音和图像在工作记忆中进行加工，使声音成为言语模型、图像成为图像模型。

人的工作记忆发挥作用时，会利用长时记忆中存储的信息，使信息加工得以高效、有序完成。大脑中形成的言语模型与图像模型与加工后的信息实现整合，从而得出新的学习成果，而新的学习成果将重新逐渐转化为长时记忆。在工作记忆整合工作过程中，动机与元认知将促进学生对自身长时记忆的利用，使知识提取更加快速。

（三）社会认知理论

社会认知理论最初由阿尔伯特·班杜拉提出，主要包含四个主题，即超越行为主义、观察学习的作用与价值、主体性和自我效能感以及三元交互决定论。其中，超越行为主义使得社会认知理论能够在行为主义观点基础上进一步延伸，将自我知觉、期望等认知因素进行综合考虑，使社会学习理论更加完整、全面，对教学活动有更加深入的阐释。三元交互决定论则是社会认知理论的重要依据，在此理论基础上，社会认知理论将个人因素、行为因素及环境因素三者相互联系起来构成一个系统，这个系统处于不断的动态变化当中。个人因素是指学习者自身的信念、学习态度、期望等；行为因素是指学习者在学习活动中进行的各种行动、选择等；环境因素是指教师、社会、资源等。

在社会认知理论当中，观察他人是学习活动中的关键要素，从观察他人过程中，学习者会受到被观察者发展水平影响。例如，榜样的力量能够促进学生更好地进行学习。在学习活动中，学生会更容易理解与之相似的个体，对相似个体的行为、想法等进行观察。其中，观察学习具有四个要素，即注意、激发行为复现的动机、动作复现以及保持信息或印象。这四个要素表现为五种结果，即注意力集中、复现行为微调、抑制的增强或减弱、情绪的唤醒、教授新的行为。学习者对自身学习的结果经常会加以预测，预测结果会对学习者产生一定影响，具体体现在学习目标设置、学习策略制定以及学习韧性等多个方面。自我效能感是人们对自身解决问题能力的一种判断，自我效能感能够对学生预测结果产生影响，良好的自我效能感能够使学习者产生更好的预测结果，从而促进学习者学习活动更好地开展。人的自我效能感受到自身与环境等多种因素的影响，包括成功经验、替代性经验、生理和情绪唤醒状态、社会性劝说四个方面。

班杜拉认为，教学活动的目标要能够使学生获得独立自主学习的能力，而不能只是学生在学校或教师监督下才进行学习，学习对于人来说是一个终身持续的过程。在教学设计中，要在目标中加入这一点，使学生在教学活动中做到自我调节，提升学生自我效能感。班杜拉将学生自我调节的因素归纳为学习动机、自制力、知识三点，学生自我调节能力提升体现在具备元认知、学习动力充足及学习策略良好等方面。班杜拉指出，使学生参与具有意义的、耗时较长的、复杂的活动，能够对学生自我调节能力提升起到促进作用。在学生参与活动时，教师要关注学生学习的过程和结果，适当给予学生帮助或引导。教师在对学生进行评价时，应引导学生进行自我评价，与学生共同制定评价标准，帮助学生养成自我反思的习惯，从而推动学生自我调节能力的提升。在完成长时间的复杂活动时，学生各项能力都能够得到有效锻炼，促进相互合作、相互促进、相互评价。

二、教学设计原则

（一）多媒体课堂教学设计原则

以认知资源理论为依据，美国学者梅耶提出了多媒体学习认知理论，并通过大量实证研究归纳总结出相应的教学设计原则，这些教学设计原则的主要功能是为促进教学信息被学生高效、合理地吸收。梅耶制定的教学设计原则共有 12 条，其中，减少学生无效认知加工的原则有 5 条，分别为减少教学材料当中与主题无关的内容、突出与主题相关的内容、教学材料当中的图示与说明文字应尽量保持在同一页面、画面与语音应保持同步、提前告知学生学习之后的测试目标；帮助学生调节基础认知的原则有 3 条，分别为复杂内容简单化（例如将复杂内容分成多个部分逐步讲解）、给予学生预习和思考的时间与机会、将学习内容的信息进行通道转换；促进学生认知加工高效运行的原则有 4 条，分别为利用多媒体使学生从更多渠道吸收信息、多与学生进行互动、将知识进行整理、在教学活动中创

设学生熟悉的情境。

梅耶在大量实证工作当中，还总结出 8 条能够激发学生动机、创造良好课堂氛围的教学设计原则，这些原则体现在以下两个阶段：在练习阶段，遵循采用分段式设计使学生逐步完成学习任务、实时给予学生反馈、为学生提供相关案例进行参考、教师亲自为学生进行示范 4 条原则；在生成学习阶段，遵循促进学生自我反思、引导学生用自己的话语体系对学习内容进行解释、引导学生进一步探索与学习内容相关的深层次问题、促进学生将学习内容融入自身知识体系 4 条原则。

在多媒体学习认知理论当中，学生对学习内容进行认知加工经历选择、组织、整合之后，才能真正掌握学习内容。教学设计需要对这个过程不断进行优化，才能促使学生更好地掌握学习内容。在学生“选择”的过程时，教师可以提前告知学生学习内容的大致方向、在教学之前为学生设置一些问题、在教学后为学生设置一些问题、对学习内容中的关键信息着重讲解；在学生进行“组织”的过程中，对学习内容进行概括、使学习内容之间建立联系、采用可视化图表的形式将学习内容进行归纳；在学生进行“整合”的过程中，利用学生熟悉的教学情境讲解学习内容。

（二）挑战与满足感的平衡原则

学生在学习过程中会时常感到挑战与满足，每进一步学生都会面临新的挑战、获得收获的满足感。在教学设计中使学生遇到的挑战与获得的满足感达到平衡，才能促进学生不断进行学习活动，反之则会对学生学习活动造成干扰。比如，学生在学习过程中不断吸收新知识却没有时间完全理解，所产生的学习成效将十分小。因此，在进行教学设计时应给予学生充分理解新知识的缓冲时间，让学生进行认知对话。教学设计中采用挑战与满足感平衡原则，能够有效促进学生将新知识融入自身已知体系，帮助学生更好地实现学习目标，最终获得成功的学习经验。此项原则在具体应用过程中具有多种特征，如学习目标制定清晰、学习活动更加专注、相邻学习任务之间存在缓冲时间、学生能够得到及时反馈等。

第二节　促进学生反思性学习的教学设计

一、教学前端分析

（一）学习需要分析

学习需要分析可以理解为一种差距分析，主要是对教学活动现状与期望之间的差距进行分析。学习需要分析能够准确、系统地了解到学习者的学习需要，从而更好地发现并解决教学问题，制定合理、适宜的教学目标等。学习需要分析属于前端分析，把握学生学习需要，能够帮助教育者进一步掌握自身教学资源、约束条件等。教育者通过学习需要分析能够更加明确教学设计目标，并使自身教学资源得到充分利用。

1. 需要解决的教学问题

我国对教育信息化建设十分重视，“互联网+教育”成为当下人们需要解决的教学问题。我国教育部针对这一问题发布了《教育信息化 2.0 行动计划》等文件，有效促进了我国教育信息化发展建设，使我国在成为现代化教育强国的道路上更进一步。在国家的正确引导以及社会各界的共同支持下，我国取得了“五大进展”“三大突破”等建设与应用快速推进的良好成果。随着我国教育信息化建设不断推进，MOOC 资源逐渐丰富、质量不断提升，众多名校名师也参与到 MOOC 建设当中。

教育信息化是我国教育改革的重要部分，教育改革以提升教学质量为目标，不断开拓创新、吸收各种教学模式的优势，在综合利用 MOOC 教学模式、线下面对面教学模式等的道路上，我国教育改革尚处在探索阶段，面临着众多亟待解决的问题。其中，如何全面、合理地利用混合教学模式的优势，以及相应解决混合教学模式发展问题，融合我国教育信息化建设成果等问题在新一轮课堂改革中亟待解决。

对学生核心素养的培养是课堂改革教学设计的重点之一，与培养高质量人才的教育改革目标相互呼应。在教育领域中，“培养什么样的人”“如何培养人”是两个重要问题，能否解决这两个问题成为我国教育改革以及促进学生反思性学习教学设计能否成功的关键点。我国教育领域在面对“培养什么样的人”的问题时，相关方针政策做出“培养全面发展人才”的回答；在世界教育领域，人们提出“未来社会核心素养、关键能力”等概念作为培养人才的要求，以促进社会发展，使学生更好地适应未来社会发展。“未来社会核心素养”等概念与我国“培养全面发展人才”目标具有一致性。相关研究成果显示，我国“培养全面发展人才”主要培养学生文化基础、自主发展与社会参与三个方面的能力，具体表现为六大素养，分别为健康生活、责任担当、学会学习、人文底蕴、科学精神及实践创新，并继续细化为 18 个基本要点与具体指标，我国教育改革“培养什么样的人”“如何培养人”这两个问题能够从中获得详细解答。想要在教育改革过程中全面落实未来社会核心素养等概念的培养，需要不断深化改革实际教学环境、转变师生教学观念等。

2. 教学问题产生的原因

我国培养“全面发展人才”需要全面提升学生文化基础、自主发展及社会参与三方面能力，以此促进学生更好地适应未来社会发展。在新工科视域下，随着《关于开展新工科研究与实践的通知》《高等学校人工智能创新行动计划》等相关政策相继发布，高等教育需要使学生对前沿科技形成更多了解，甚至前沿科技普及教育工作已经在全社会范围内逐渐展开。以当下时代较为先进的人工智能为例，学生"全面发展"需要对人工智能概念以及其基本内涵产生初步了解。对很多没有接触过人工智能等概念的学生来说，想要将这些完全陌生的新概念快速融入自身已有体系存在一定困难，教学设计则需要以相对合理和有效的方法来促进学生快速建立自身已有体系与人工智能新概念之间的联系，帮助学生更好地了解人工智能等新概念。

人工智能作为计算机学科的一个分支，是信息技术不断发展的结果。学生想要了解人工智能，需要首先对孕育人工智能的计算机学科有所了解，在此基础上才能真正准确把握人工智能概念以及相关基础知识。人工智能本质上是计算机技术对人的智能的模拟，核心在于模拟人的智能，与人的智能十分相近，需要学生对两者进行准确区分。人工智能将会使未来社会生活、工作环境发生巨大变化，学生了解人工智能等新概念对学生更好地适应未来社会发展具有重要意义。在促进学生反思性学习教学设计中，可以首先使学生对人工智能的价值与意义进行深入了解，激发出学生学习人工智能等概念的兴趣与动力。

在混合教学模式设计中，如何利用好 MOOC 资源是十分重要的问题。学生在充分学习与课堂教学主题相关的 MOOC 资源外，还要在线下与教师、同学等进行充分交流，对教学主题相关内容进行针对性了解。学生利用 MOOC 资源时，需要寻找适宜自身学习情况的相关资源，线下与教师、同学进行交流时要能够对相关问题进行深入、充分讨论，才能够将 MOOC 资源以及线下教学资源充分利用起来。在这一过程中，学生会面临一系列实际问题，这些问题同时也是教学问题产生的原因。

混合教学模式设计要达到培养学生核心素养与关键能力的目标，实现这一目标需要在教学的很多方面不断进行改革与创新，以此满足我国针对核心素养培养提出的各种基本要求与指标等。促进学生反思性学习的教学设计要能够引导学生在实际课堂学习过程中主动培养自身反思性学习能力，学会利用高阶思维解决课堂中的实际问题，从而在课堂之外更好地应用高阶思维解决实际问题。在此基础上，学生在混合教学模式中将获得更高的学习效率，对问题的理解将更加深刻，有利于学生实现全面发展。

3. 资源条件与制约因素

在信息化时代背景以及新工科视域下，促进学生反思性学习教学设计要能够促进人工智能等新概念的普及与推广，使学生对人工智能等概念准确实现全面把握。这一要求对教学活动设计顺利完成产生更多限制因素，如何在教学活动中快速引入新概念且被学生所接受和理解，如何建立适宜学生学习新概念的体系等问题对教学活动设计提出挑战。

混合教学模式设计中引入 MOOC 资源促进学生学习效率提升，需要保证 MOOC 资源适宜学生认知发展水平以及课堂主题等，MOOC 资源要与课堂教学活动保持一致。MOOC 资源丰富并且质量较高，能够基本涵盖课程体系当中的各种内容，但 MOOC 资源的多样性使教学活动在选择相关资源时需要进行深入、仔细甄别，找到与课程内容切合的相关资源。由于 MOOC 资源并非完全根据相关课例进行讲解，资源当中的内容与教学使用的课例存在一定差异，教学活动中使用相关资源时需要进行合理增删以达到最佳教学效果。对教学活动进行设计时需要考虑到 MOOC 资源当中的具体内容，避免出现教师为学生设置的预习问题在 MOOC 资源中直接被解答等情况。

线下面对面教学活动中促进学生反思性学习教学设计更容易展开，并能够更好地开发与锻炼学生高阶思维，促进学生核心素养提升。如何调动学生高阶思维成为教学活动设计需要考虑的重要问题，如果教学活动设计无法充分调动学生利用高阶思维解决学习活动中的问题，将会对教学目标实现形成一定制约。

（二）学习内容分析

学习内容分析主要是对学习者从初始能力向终点能力转化的过程进行分析，初始能力是指学生初始时掌握的技能、知识，以及两者之间的相互关系等；终点能力则是指教学目标想要学生在学习后拥有的知识、技能，以及两者之间的相互关系等。学习内容分析是为了使教学活动设计中学习内容在广度与深度方面获得更加准确的界定。

学习内容由多个部分组成，且相互之间存在密切联系，学习内容分析能够将这种联系清晰地呈现在人们面前。学习内容的广度主要是指学生需要掌握知识与技能等的范围，学习内容的深度则是指学生需要掌握知识与技能等的程度或需要达到的标准。

1. 满足教学目标从属知识与技能的广度

学生在学习人工智能等概念时，需要学习人工智能等概念相关知识或技能。学习内容除人工智能的相关知识或技能外，还需要学习派生出人工智能等的相关计算机学科或其他学科的相关知识或技能，其学习范围较广。学习内容需要满足教学目标从属知识的广度，才能够使教学活动取得良好成效。以人工智能教学活动为例，学生需要掌握的学习内容包括人工智能研究范畴、算法、搜索问题、人工智能定义、启发式搜索、广度优先遍历算法、最佳优先遍历算法等。人工智能与算法、数据结构等紧紧联系在一起，想要让学生掌握人工智能，则需要使学生对算法、数据结构等概念具有一定了解。知识与技能相辅相成，学生在具体使用学习知识时需要学习相关技能，使知识应用于实践，解决实际问题，优化实践过程等。

2. 满足教学目标从属知识和技能的深度

教学活动中学习知识与技能等的范围在满足教学目标要求之后，还要能够满足教学目标从属知识深度的要求，对从属知识广度内的内容有足够深入的了解。教学活动设计要使学生更容易、更加深刻地掌握从属知识，学生通过以往学习经验对新知识进行学习、理解时，学生建立的新图式能够与其以往图式更好地结合，从而使学生对新知识产生更加深入的理解。学生在利用以往学习经验学习新知识时，对自身已经建立的图式会起到复习的作用，学生对自身已有图式的掌握将随着新知识的学习过程不断深化与延伸。教学活动设计要充分利用这一现象，使学生认知资源得到更大限度的开发。

学生仅仅学习新知识是无法深刻理解知识所具有的内涵的，只有实践才能使学生真正全面、准确地掌握所学知识的内涵。以人工智能概念学习为例，学生能准确背诵人工智能定义，对人工智能内涵的理解却远远不够，对人工智能的具体特征不能产生深刻理解，在实际生活或工作当中遇到人工智能相关问题时，不能将自身知识应用于实践，最终造成学生知识学习活动与实际生产实践活动出现背离。学生对搜索算法步骤的记忆无法使学生在实际生产实践活动中的任意图上找到源点与目标节点之间的最短路径。想要使学生终点能力能够满足教学目标从属知识和技能的深度，需要将学习内容与实际问题情境相结合，使学生在学习过程中充分调动高阶思维。当学生真正充分调动高阶思维进行思考并解决掉复杂问题时，其对相关知识或技能将产生深刻理解，使知识或技能从课本迁移到实际生产实践活动中，学生高阶思维能力也将得到有效锻炼。

（三）学习者分析

学习者是教学对象，学习者分析即是对教学对象进行分析。对教学对象分析在教学前端设计中将使教学目标制定、教学内容设置等更加明确、有针对性，其分析内容主要为学习者的初始能力以及学习风格等。分析内容可以主要分为知识层面、思维层面、技能层面以及行为层面。

在一般教学活动中，学生在知识层面、思维层面及技能层面上的初始能力保持在相近水平，在行为层面上则具有多样性。在我国教育改革不断深化的背景下，学生所接受的教育基本保持在同一水平，不同地域学生在多个层面上的初始能力基本相近，本部分内容将主要以普通学习者为对象进行分析，默认学习者在初始能力方面没有显著差异。在知识、技能层面上，全国大部分地区教育水平基本相近，比如高校往往汇聚着来自全国不同区域的学生。在思维层面上，面对新工科学生，高校教学活动主要对学生抽象思维能力进行培养，在我国教育水平相近的基础上，学生抽象思维等能力的发展同样没有显著差异。在行为层面上，个体差异比较明显地体现出来。在实际教学活动中，不同学习者在学习行为方面具有多样性特征，学习者学习行为会受到外部环境等多种因素影响。学习者行为层面分析主要是对促使学生学习行为发生变化的因素进行分析，通过统计学习者高阶学习行为发生以及相应发生机制来对相关因素进行归纳与总结。

（四）教学环境分析

教学环境包含多个方面的因素，与教学活动相关的一切外部条件基本都包含在其中。教学环境的复杂性和多样性，使得教学环境分析存在一定难度。社会发展过程中经济、文化、政治等多种因素的变化都会对教学环境产生影响，参与教学活动的教师、学生等也存在多样性和复杂性。想要对教学环境实现完全全面、准确的分析十分困难，本部分内容以教学过程设计为目标对教学环境进行简要分析。

在硬件设施方面，硬件设施主要指物质环境，教学活动中最为常见的硬件设施为教室以及教学器材等，教室当中的摄像头、触控电脑、电子黑板等能够对教学活动产生重要影响。在软件设施方面，最为常见的设施为计算机系统，利用多媒体实现教学信息化建设对计算机等软件设施具备一定要求。随着科技的发展，网络技术、云计算等技术被融入教育领域，学生通过手机等终端设备获取 MOOC 等教育资源，好的电子设备系统环境对教学活动设计具有重要影响。

二、教学过程设计

（一）教学目标设计

教学目标是对教学活动产生相应效果的一种预期，良好的教学目标设计能够对教学过程持续健康发展起到促进作用，使学习者更好地掌握相关知识、技能，提升核心素养等。

1. 课程目标

课程目标主要指导课程开发，使学习者从课程学习中逐步掌握相关专业知识的概貌，了解相关专业知识的思想内涵、专业特点与方向等。课程目标规定了学习者在学习课程之后应该具备的知识与能力等，对学习者课程学习提供一定标准。

2. 教学目标

教学目标能够指导实际教学过程，为教师备课指引方向。教学目标主要在三个方面做出相关规定，分别为教学活动需要使学生掌握什么知识、使学生学会如

何使用学到的知识，以及如何对学生学业表现进行评价。

（二）教学任务设计

教学任务始终围绕教学目标进行设计，而混合教学模式设计需要分别根据在线情境与线下情境来设置相关教学任务，以达到混合教学的目的，集中线上线下教学模式各自的优势，促进学生认知资源的合理、充分利用，从而使学生学习效率得以提升等。

根据在线情境设置教学任务，以基于 MOOC 资源的在线教学情境为例，教学任务要使学生对相关专业知识概貌进行了解，引导学生更好地学习、吸收新知识。从教学前端分析结果中找到教学任务设计相关依据，使教学任务设计更加适宜学生发展。比如，设计关于人工智能的教学活动时，需要引导学生更好地学习与吸收人工智能相关专业知识；结合学习者分析结果，能够更加充分了解学习者对人工智能的学习情况，从而更加有针对性地为学习者设置相应教学任务，例如将计算机学科相关基础知识学习作为学生线上学习任务，促进学生更加全面、准确地学习人工智能相关知识与技能。

随着名校名师加入 MOOC 资源建设当中，MOOC 资源的质量不断提升，线上学习的优势逐渐扩大。教学任务设计能够引入相关优质 MOOC 资源，学生同样能够自主在线上找到优质 MOOC 资源。在学习人工智能概念时，学生利用 MOOC 资源设置的教学任务能够更加快捷、高效地开展学习活动，教师开展教学活动将更加轻松。以人工智能概念教学活动为例，在利用 MOOC 资源的在线上教学情境时，能够为学生具体设计学习任务。例如，教师为学生罗列出人工智能概念相关知识点，安排学生通过 MOOC 资源自主学习来初步掌握这些知识点并将不同知识点之间的联系找出来，随后根据知识点之间的相互联系绘制出相应人工智能知识点的思维导图。这一学习任务能够使学生高阶思维能力得到锻炼，更加深刻地理解人工智能概念。学生绘制思维导图后，能够将自身学习成果与权威机构的研究成果进行对比，根据两者之间的差异，学生能够反思自身学习过程中的不足，更好地实现自我成长。

根据线下面对面教学情境设置教学任务，要充分发挥线下教学师生、生生互动性更强的优势。具体设计线下教学任务时要注意以下几点。以人工智能教学活动为例，其一，要多从实际事件出发设计教学任务，教师可以向学生介绍相关实际事件，并抛出自身观点引发学生展开讨论、思考，从而使学生对人工智能产生学习兴趣和动力。通过实际事件的应用，学生能够地融入真实社会情境，拉近学生与社会的距离，使学生学会站在实际社会情境的角度思考、解决问题，促进学生更好地学以致用，适应社会。同时，学生通过实际事件对人工智能概念展开探索，能够从具体的依据出发进行思考，便于学生记忆和理解人工智能概念的意义和内涵等。其二，由易到难，先为学生提供相对简单的生活问题，随后通过增加问题条件来引导学生进行逐步思考。从简单生活问题出发，能够使问题情境与实际生活情境更好地实现融合，学生将知识应用于实践的能力将得到提升；随后不断增加问题难度，能够使学生在逐步解决问题过程中不断积累成功体验，增强学生解决问题的信心，学生更容易根据解题步骤总结出解题规律。同时，问题情境由易到难的设置能够使不同问题间的限定条件差异缩小，从而减少学生思考过程中的无效认知负荷，使学生有限认知容量得到合理利用。其三，注重实践课程的应用，例如学习者在学习人工智能算法时，教师应为学生设置通过不同策略或规则寻找原点与目标节点间最短路径的学习任务，这一任务能够使学生真正进入应用人工智能的实际场景，以人工智能思想进行相关主题的搜索工作，掌握实际应用人工智能的方法。学生在线上情境学习过程中，能够基本掌握部分搜索路径策略或规则的意义与作用，初步理解相关概念，但缺乏实践应用，理解不够深刻。线下情境教学为学生设置相关实践任务，学生能够通过与同学、老师的交互更好地完成实践任务，提升实践应用能力。教室还能够设置对同一个图结构使用不同搜索路径策略或规则的学习任务，使学生更加了解不同搜索路径策略或规则的优缺点，更加熟练地应用不同的搜索路径策略或规则。线上学习情境下，学生对人工智能相关概念的多个知识点会形成一定认知，而学生个体间的差异导致不同学生对不同知识点的理解和认知水平存在高低不一的现象。但是，线下教学情境中教师和学生、学生和学生之间的充分互动，能够使学生不断发现并补足自身短板；教师、学生相互之间的交流能够使学生对人工智能概念的整体认知达到更高水平。教师对学生的教导作用能够通过线下交流得到更加充分的体现，主要针对学生认知方面的不足进行详细讲解。教师、学生间的相互交流能够促进双方反思自身，学生能够从教师或同学身上学到更多东西；教师、学生间的相互评价、反馈更加及时、有效，学生会受到教师、同学的鼓励、批评等，对学生的成长具有重要意义。其四，学习成果归纳和比较。例如，教师能够为学生设置一个学习阶段之后的归纳总结学习任务，让学生自己绘制思维导图，教师可找出专业研究机构的思维导图供学生参考，以促进学生自我探索、自我学习与自我反思的过程。学生线上线下教学情境中学到的知识在自己进行归纳总结时会逐渐融合为自身的知识，理解会更深刻，在实际应用时更加得心应手。学生在将自己的学习成果与专业研究机构的研究成果进行对比时，会更加理解其中的差异，更明白自身学习上的不足，努力缩短自身认知水平上与专业研究成果的差距。学生还能够从与研究成果相同之处中获得一定自信，从而更加积极地参与到学习过程中。在线上线下情境中采用促进学生反思性学习的教学任务设计，能够有效提升混合教学模式功能，促进学生形成高阶思维，并以此为基础不断提升核心素养。

（三）学习评价设计

学习评价主要针对学习者的学习情况，具体包括学习过程、学习方式、学习成果等各个方面。对学习者进行评价时，要评价学习者各个方面的学习情况。学习情况包括静态与动态两种，如学习过程便属于动态，学习成果则属于静态。在对学习者动态与静态的学习情况进行评价时，应采用不同的评价方式或手段。学习评价要能够多角度对学生状态进行描述，使学生能够接受和理解学习评价的意义与作用。本部分内容主要针对促进学生反思性学习的教学设计展开讨论，学习评价设计将围绕这一目标对学生反思性学习的变化情况进行呈现。

1. 评价内容

学生学习知识后会存在一定静止状态，如一个学习目标完成，学生归纳总结了学习成果，且并未开始学习新知识时的状态。对学生这一阶段的学业表现评价，主要是对学生静止状态的学习情况进行评价，考察学生高阶思维能力的成长情况。对学生动态学习情况进行评价时，要将其分成多个静止状态进行评价，使学生了解自身随时间不断变化的学习情况。

2. 评价方式

评价方式主要有终结性评价与过程性评价，分别针对学习者静止状态和动态学习情况。两种评价方式相结合，合理发挥其各自优势，能够为学生提供客观全面的学习情况反馈。终结性评价方式是对学生一个阶段内学习成果进行评价，过程性评价方式是在教学过程中对学生进行评价。相对于终结性评价定论似的评价，过程性评价并非定论，而是随学习者学习情况不断变化的，是一个持续进行的过程。以学习者学习人工智能概念为例，教师可以使用卷面测试的方式对学生学习状况进行评价，在教育信息化建设的基础上，卷面测试可通过线上进行，学生从信息化系统中获得测试题目，在闲余时间进行测试，减少对线下教学时间的占用，充分发挥线上教学情境自由度高、可跨越时空的特点和优势。不同时间段内的测试将反映学生不同时期的学习状况。如，学生自主学习 MOOC 资源后进行测试，能够对自身线上学习成果有所掌握，获得终结性评价。教师与学生进行互动时对学生解题过程等情况的了解，将成为教师对学生进行过程性评价的依据，教师以此不断指导学生学习过程，促进学生优化自身学习状况。

3. 评价标准

评价标准是学习者充分理解评价的渠道，从评分标准中学习者能够清楚地掌握自身学习状况，常见的有优秀、良好、中等、及格与不及格五个等级。以人工智能概念教学为例，对人工智能概念理解深刻，在实际应用中能合理地使用人工智能相关知识的，教师可按学生理论掌握水平与实际应用水平来给予学生相应的评价；而当学生无法掌握人工智能概念相关知识且无法在实践过程中应用相关知识的学生，则应得到不合格的评价。

三、教学资源设计

教学资源是教学活动顺利展开的相关素材以及条件等，狭义上指具体的教材、教具、基础措施等，广义上则包括教学活动中应用到的一切要素。本部分内容则主要针对狭义教学资源展开讨论。

（一）线上教学资源设计

线上教学资源十分丰富，本部分内容主要针对 MOOC 线上教学资源展开具体讨论，解决 MOOC 教学资源的设计问题，促进线上教学资源的开发和利用。以 MOOC 教学资源为例，线上教学资源主要通过甄选、裁剪和增补三种方法进行设计，使线上教学资源能够更好地被学生所理解与接受。

1. 对优质 MOOC 资源的甄选

MOOC 资源具体包括讲解视频、习题视频、测试视频等，从优质 MOOC 资源当中，教师要能够选择与自身教学进程、教学方式以及教学任务的设计等相匹配的部分，使 MOOC 资源能够融入教学活动，而不能随意挑选一段视频，可能导致其他教学设计与教学资源设计发生矛盾。

2. 对 MOOC 资源的裁剪

MOOC 资源并非专为课堂其他教学设计而创造，其教学情境具有一定差异，教学活动中直接使用 MOOC 资源的效果并不好。教师在对教学资源进行设计时，要能够对 MOOC 资源进行适当裁剪，选择其中适宜的部分与其他教学设计相呼应，减少学生无效认知的产生，使学生在良好的教学资源设计下充分利用自身有限认知资源。同时，教师应保证裁剪完成后的 MOOC 资源具有一定连贯性，避免声画不同步、画面卡顿等现象。

3. 对 MOOC 资源进行增补

在甄选、裁剪 MOOC 资源后，教师应针对自身教学过程等对资源进行增补，使线上教学资源更加全面，容纳教学目标的更多教学内容，学生在使用线上教学资源时更加流畅，提升学生认知资源的利用与开发。

（二）线下教学资源设计

线下教学资源设计与线上教学资源设计要能够起到相互呼应的效果。例如，线下教学资源中的话题要能够与线上教学资源保持一致，使线下师生、生生之间的交互与线上教学资源紧密相连。具体可以通过演示文稿设计引导学生对自身学习成果进行整理，使学生自主学习记忆更加完整；通过微视频教学资源设计使线下教学进一步提升学生的学习兴趣，学生视觉、听觉通道对信息的接收更加快速、有效；互动投票系统设计使线下教学互动性高的特点进一步发挥，互动投票系统可以在教育信息化建设过程中更加方便教师授课与学生学习。

（三）教学资源管理设计

线上线下教学资源要充分、有效发挥作用，需要依靠教学资源管理设计。在统一调配下，所有教学资源将更加合理地为学习者提供帮助。具体教学资源管理设计可通过雨课堂插件等来实现，通过雨课堂插件，教师与学生能够在线上线下更好地进行交互，教师与学生通过客户端能够共同构建一个网络虚拟课堂，这一虚拟课堂与真实课堂相互连接，能够实现相互转换，从而使线上线下教学资源管理更加连贯。教师在教学资源设计与管理中占据主导地位，能够引导学生开展反思性学习，使学生能够在线上线下教学中始终保持较高兴趣并对自身学习过程与成果进行深入反思。

第三节　促进学生整合性学习的教学设计

一、教学前端分析

（一）学习需要分析

学生想要更好地完成学业、提升处理实际问题的能力等，需要在学习过程中不断深入对理论与实践的研究和学习，以此更好地实现自身毕业目标。在教学活动中，学生对自身理论知识的学习与实践能力的锻炼等存在一定碎片化现象，即学生无法将自身理论知识与具体实践完整融合，使理论与实践之间建立起紧密联系，建立一个相对完善的体系。教师需要对教育传播现象与教育传播规律不断进行归纳总结，才能够不断改进自身教学模式，促进教育事业不断发展，进而使学生核心素养得到更好的提升，完成培养“全面发展的人”的教育目标，为国家建设培养更加高质量的人才。

教学过程中存在很多教育传播现象，人们对教育传播学的研究使人们对教学过程的理解更加充分。教学过程中教学要素与教学现象等相互之间存在联系，教育传播学则能够帮助人们揭示其中的联系。教师在学习经典教学模式的同时，需要与时俱进，从现有教学现象中发现新的教育规律，建立新的教学模式，让学生得到更加良好的教育。混合教学模式设计是教学模式适应当代教育信息化而产生的新教学模式，为促进学生对所学知识与技能等的理解与融合，促进学生整合性学习，需要教育工作者不断挖掘和利用。在优化教学过程的过程中，需要教师与学生等对教学效果有具体的了解和掌握，如果教师与学生等不能明确教学效果，那么在优化教学过程时会缺乏具体目标，优化效率明显下降。

（二）学习内容分析

1. 满足教学目标从属知识与技能的广度

教师与学生想要更好地完成教学目标，达到教学目标从属知识与技能的广度，需要了解传播的含义、功用，理解教育传播的构成要素、基本概念等，从而在实际教学环境中找到并理解教育传播现象、教育传播规律等。具体内容包括教育传播过程、模式、符号、通道等。教师与学生对教育传播模式的理解越深入，对教育传播规律的理解越准确和全面，越能从动态、静态、宏观、微观等多个方面对教育传播现象、教育传播模式等进行理解、研究。教师与学生在深入学习教学传播学相关知识后，能够具备教育传播现象的识别、利用能力，分析教育传播过程中各要素特征的能力，以及探索、总结、创新教育传播模式的能力等。教师与学生知识广度的满足将促进教学设计更好地实现优化。

2. 满足教学目标从属知识与技能的深度

教育传播学相关概念、理论知识等的学习需要达到一定深度才能真正发挥其作用，教师与学生需要在相对静态或动态的教学情境中对教育传播过程进行分析与理解，准确把握其中各要素特征，摸索混合教学模式中展现的独特教育传播规律，从而实现教学设计的优化。教师与学生需要结合具体教学情境，将相关知识应用到教学实践工作中，不断深化自身对教育传播学等相关知识的理解，并促进整合性教学设计进一步完善。因此，教师与学生对教育传播学的学习与理解不能只是停留在理论层面，需要切实与实际教学情境相结合。在线上线下混合教学模式当中，学生能够从网络上自主搜寻 MOOC 课程相关知识，或是利用课堂上教师提供的多媒体课程内容等展开深入学习，从而提升学习能力，获得更丰硕的学习成果。

（三）学习者分析

当前新工科教育主要面对高校学子，促进整合性学习的混合教学模式设计所面对的学习者特征与促进反思性学习的混合教学模式设计所面对的学习者的特征相似，他们在知识、技能、思维三个层面处于相似水平，但在行为层面存在差异。学习者年龄约为 18 至 23 岁，抽象思维能力正快速发展，高校将为学生提供相对复杂的问题以促进学生高阶思维的成长。学习者行为差异源于学习准备情况、学习风格、性格差异等，不同学习者虽然接触的知识与技能等比较统一，最终知识与技能等积累或成长的水平也趋于一致，但达到这一水平的方式具有较大差异。不同学生会倾向于用各自喜欢的学习方式进行学习，形成各自不同的具有个人特色的学习风格，而不同的学习风格将直接影响教学活动的成效。在教学设计过程中，要包容不同学生学习风格，或者针对不同学生进行一定差异化教学设计，以保证教学活动更好地满足不同学生的学习需要，减少因学生不适应教学设计而导致的学习效率降低、教学成效降低等情况。

二、教学过程设计

本部分内容将以“教育传播学”课程为例阐述促进学生整合性学习的教学过程设计，分别从教学过程设计的三个方面进行阐述，具体为教学目标设计、教学任务设计以及学习评价设计。

（一）教学目标设计

教学目标与课程目标具有一致性，只有在两者保持一致的情况下进行教学活动，才能更好地为学生服务，减少学生无效认知的产生。因此，教学目标设计需要注意与课程目标保持一致。

1. 课程目标

“教育传播学”课程要求学生在完成所学内容之后能够基本掌握教育传播学的理论、概念和方法等知识；能够在实践中切实利用这些知识掌握教学传播现象、教育传播规律，在未来实际教学过程中更好地运用信息技术、新媒体技术等。学生自身沟通协作意识与能力、教学能力等，需要在课程学习过程中有所提升。

线上线下混合教学模式设计需要围绕“教育传播学”课程目标进行，促进学生整合性学习教学设计要使学生在学习“教育传播学”课程的过程中充分理解学习共同体的价值，充分理解团队的力量要高于个人的力量，并在学习过程中积极融入团队，自觉主动提升自身团队协作能力。学生在学习活动中依靠团队对问题展开研究和探索，通过良好的相互交流提升自身学习成效、拓展自身研究成果；同学之间相互分享经验、共同解决问题，需要团队内的学生各自承担自身责任，合理清晰地表达自身观点，完成自身任务。学生团队协作能力将在共同解决问题过程中获得提升，在整合不同视角观点以形成自身独特观点方面的学习能力将获得提升。

2. 教学目标

教学目标包含众多含义，本部分内容主要基于评价式教学活动课堂对教学目标进行阐述，主要包含学习何种知识、如何利用知识以及如何评学业表现三个方面。以“教育传播学”课程为例，使学生理解教育传播学概念，能够正确分析具体教学模式中的教育传播过程与模式。学生利用知识要达到以下要求：能分析出任意教学模式中所蕴含的教育传播过程的各个要素，并将教育传播过程准确描述出来；拥有重新组合教育传播过程中的各个要素，构建抽象教育传播模式的能力。评价学业表现则主要通过相应测试，当学生无法完全理解教育传播学概念、原理等知识且无法准确应用相关教学传播学知识时，则学生学业成绩不合格。除对学生学业成绩进行评价外，对于学生心智状态、核心素养、关键能力的评价也属于学生学业评价范围。

（二）教学任务设计

教学任务围绕教学目标进行设计，本部分内容主要对促进学生整合性学习的混合教学模式进行设计，教学目标与教学任务设计皆与这一总目标相呼应。本部分混合教学模式主要将线上教学模式与线下教学模式进行混合，其中线上教学模式又主要基于 MOOC 教学资源教学资源进行设计。

1. 以 MOOC 资源为主的线上教学任务设计

以“教育传播学”线上教学课程为例，线上教学任务与课程目标保持一致，以促进学生对教育传播学概念、原理的掌握与运用为核心，学生在完成学习任务后，应对教育传播学某一部分的概念与原理等产生较为深入的理解或者对某一具体教学模式的教育传播过程产生一定理解。

教育传播学是对教育传播现象以及教育传播规律进行深入研究的学科，与教育信息传播具有密切联系，教育信息传播则属于信息传播的一部分。教学传播学、教育信息传播、信息传播三者之间具有紧密联系，但是在概念上存在一定差异，学生在刚接触教育传播学课程时，需要对这三种概念进行明确区分。因此，线上教学任务设计应将教育信息传播、信息传播的概念、形式、效果等相关教学内容融入其中。

信息传播在特殊角度下可以分为两种传播方式，一种是人与人之间的传播，另一种则是人的内在传播。根据教学活动所要展现的内容，教学任务具体设计可以通过安排学生制作名片的方式来对信息传播的这两种传播方式产生深刻理解。名片含有学生个人信息，是信息传播的一种常见形式。通过名片传播，学生个人信息将随之发生传播；通过制作名片的过程，学生将在实践过程中对信息传播产生深刻理解。制作名片可以采取小组形式使学生共同协作完成学习任务，在增强学生团队协作能力的同时，使学生对信息传播形成深刻而准确的理解，更加准确把握自身名片制作当中的不足与优点，同时积极吸纳别人名片制作的优点，弥补自身不足。

众多实例证明，翻转课堂能够更好地利用线上线下两种教学模式的优势，将教学活动中背诵、记忆的相关内容以线上教学的模式开展，将互动性较少的教学内容录制成教学视频发布到网络平台上或直接在网络平台上搜寻相关 MOOC 资源，学生可以通过自主学习的方式在课下学习这类知识，而互动性较强的教学内容则放在线下教学情境中展开，在面对面教学环境中对自主学习内容进行研究和

探讨。教师在课堂上更多地起到引导作用，在学生无法解决难题时给予一定帮助。这种新型教学模式使师生双方的地位发生变化，学生在教学活动中的地位更加重要，成为教学活动开展的主要推动力，而教师主要承担引导者的作用。这种教学模式从以教师为中心转变为以学生为中心。在这一教学模式中，教育信息传播方向发生相应转变。

2. 以面对面交互为主的线下教学任务设计

以“教育传播学”课程为例，线下教学任务设计应为学生制定互动性较强的任务，如绘制翻转课堂教育传播过程、教育传播模式的示意图。学生在亲手制作相关示意图时，在自主思考和研究过程中，对理论知识的理解更加深入。学生在充分理解翻转课堂教学模式的同时会对教育传播相关知识的实际应用有更加深刻的体会。学生完成示意图后，教师应将自己制作的翻转课堂教育传播过程、教育传播模式示意图提供给学生参考，图中应解释教育传播理论知识当中的相互影响，为学生提供一定展开讨论的问题与框架。学生在对比教师的示意图后，能够对自身知识掌握不足的部分有所感知，并产生相应问题与疑惑。随后，教师主导学生开展小组间的相互研究和探讨，促进学生自我思考与团队合作，解决相应问题与疑惑。教师在这一过程中为学生提供的问题、示意图等能够起到教学支架作用，促进学生解决问题，通过论证找到答案。当学生遇到实在难以解决的问题时，教师与学生在线下教学活动中能够通过详细、全面的讨论解决。线上教学情境交互性不强的缺点通过与线下教学情境的结合得到解决。以上设置问题、组织小组讨论的方法能够将促进学生反思性学习与促进学生整合性学习两种教学设计融为一体，促进学生更好地开展高阶学习并实现学生的全面发展。

（三）学习评价设计

学习评价中的终结性评价主要对学生学习状态进行描述，而过程性评价则主要对学生学习动态进行描述。学习评价是对学生学习过程中各种情况的描述，需要不断融合在学生学习各个阶段，才能够使学生及时掌握自身学习状态上的不足，促进学生及时调整，帮助学生更好地完成教学任务，达成教学目标。本部分内容主要讲述促进学生整合性学习的混合教学模式学习评价设计，因此，评价设计中将结合多项反映学生整合性学习情况的指标展开讨论。

1. 评价内容

以学生学习“教育传播学”课程为例，学生在探究翻转课堂教育传播模式时，通过小组协作的方式来完成教学任务。不同学生具有不同学习风格，其对教育传播学相关知识理解同样存在一定差异。在小组共同探讨过程中，学生通过自身对知识的理解制作出翻转课堂教育传播过程或模式示意图，并整合多种观点形成自身对翻转课堂教育传播特征的个人观点，最终通过小组讨论的方式形成相对统一的观点。在这个过程中，小组讨论形成的统一观点越完整、清晰，越能够反映出学生整合性学习的成效。教师给予的学生评价则从学生观点的完整性、清晰性等方面出发，具体评价内容还包括对每个学生示意图制作成果的评价，评价角度还应包括美观度和科学性等。

2. 评价方式

线上线下混合教学模式需要对学生线上、线下两个方面进行评价，评价方式应充分利用教育信息化优势，尤其是在线上教学情境中对学生进行评价时，通过信息化管理系统实时给予学生评价，学生在观看 MOOC 教学资源的时间、次数等能够被信息化系统准确记录下来，以此为依据学生能够得到相应学习评价。而在线下教学情境中，教师对学生的观察以及课堂测试等，则是产生学习评价的主要方式。

3. 评价标准

评价标准形式多样，比较常见的是以优秀、良好、中等、及格以及不及格五个等级来作为评价标准，学生通过评价标准正确衡量自身学业表现。以学生学习教育传播学课程为例，准确认知教育传播学概念、原理等，具备分析教育传播过程、模式特征能力的学生，评为及格。根据学生对教育传播学概念、原理等理解的深度以及分析某一教育传播模式等的能力强弱，给予学生相应的评价等级。

三、教学资源设计

（一）线上教学资源设计

MOOC 资源是线上教学资源的代表，故本部分内容将基于 MOOC 资源对线上教学资源设计展开讨论。促进学生整合性学习的线上教学资源设计与促进学生反思性学生的线上教学资源设计基本相似，主要包含三个步骤，即甄选、裁剪与增补。

1. 对 MOOC 资源的甄选

MOOC 资源内容丰富，包含理论知识的讲解与练习题等与教学相关的各方面内容。教师设计线上教学资源时，应根据自身教学目标和教学过程设计来选择相适配的线上资源内容，使线上教学活动能够顺利开展并与线下教学活动相联系。比如，从中国大学 MOOC 平台上对线上教学资源进行甄选。

2. 对 MOOC 资源的裁剪

MOOC 资源与教师线上线下教学活动设计并不是完全匹配的，且部分 MOOC 资源还具有一定时效性，教师在使用 MOOC 资源时，需要对自身甄选的资源进行适当裁剪，以自身教学目标设计、教学过程设计为核心，将 MOOC 资源作为辅助工具。MOOC 资源中与自身教学设计不符的内容应删去或修改，同时还要保证 MOOC 资源的连贯性。

3. 对 MOOC 资源的增补

在对 MOOC 资源进行甄选与裁剪后，如 MOOC 资源还不能完全满足教学设计需要，则应进行相关增补工作。增补工作可以利用相关教学微视频来完成，教师能够在网络平台上搜寻缺少的相关教学内容微视频，也可以自己创作微视频。对 MOOC 资源的裁剪与增补工作都属于对 MOOC 资源的二次开发，MOOC 资源中各种对相关专业理论知识的讲解、练习题的设置等相互之间的联系将更加紧密。

（二）线下教学资源设计

与线上教学资源设计相对应是线下教学资源设计，两者只有相互呼应才能够使混合教学模式设计更好地发挥教学作用。线下教学交互性强的特点要在教学资源设计中得到充分体现。

线下教学情境中学生讨论的问题要从线上教学情境中进行归纳，使线上线下教学资源设计能够相互呼应。学生需要在线下课堂交互过程中解决线上学习过程中产生的疑惑或问题，学生在线下课堂进行讨论时，其线上自主学习记忆将得到唤醒，线上线下学习将形成互补，具体可通过演示文稿、教学支架、师生互动等方式来实现。其中，演示文稿可以通过多媒体教学方式开展，使学生多通道接收和理解信息，提升教学效果。例如，通过多媒体播放演示文稿，发挥图文并茂的效果，教学内容将更加丰富、连贯。教学支架则是指促进学习者开展学习活动的来自各个方面的支持，来自家庭的帮助也属于教学支架范畴，学生受到教学支架帮助能够更加积极地参与课堂活动，以积极向上的心态解决遇到的问题，更加快速地找到解决问题的方法等。师生互动是教学活动的基础，引导教师与学生充分交互是线下教学资源设计的重要组成部分。随着信息技术等新兴技术逐步应用于线下课堂中，教师能够通过移动终端快速集中学生的课堂作业，通过多媒体设备更加方便地与学生进行交流，比如，教师将部分同学课堂作业投放到教师多媒体大屏上，学生通过弹幕发表自身意见；学生能够通过弹幕功能同时发表意见与看法，教师则挑选弹幕中有代表意义的建议与学生进行探讨等。

（三）教学资源管理设计

教学资源管理设计侧重于对教学资源的管理，与教学资源设计并不相同，但是两者间具有一定联系。通过教学资源管理，教学资源设计能实现相互配合，最终使线上线下教学资源实现更好的呼应，产生更加良好的教学效果。对于线上线下教学资源的管理，需要使用到课堂派等插件。由于线上线下教学资源与信息化系统紧密相连，信息技术利用不断深入，使用插件进行教学成为必然趋势。

通过课堂派等插件，教师能够快速创建出虚拟课堂，教师与学生在这一虚拟课堂上可以充分利用信息技术优势，同时还能够与真实课堂并行不悖，两者将通过紧密结合产生相辅相成的效果。真实课堂与虚拟课堂之间能够在教师引导下随时切换或映射，如同在现有真实课堂上开辟了一个新的教学空间，两者共同为教学活动提供助力。在虚拟课堂中，教师与学生能够实现信息共享、课间交互等，教师的信息能够更加清晰、准确地传递给学生。教师通过虚拟课堂将自身制作的MOOC资源传递给学生，学生在课余时间随时利用该MOOC资源进行自主学习，并通过留言等方式跨时空与教师实现交互，教师则根据留言等对线下教学资源进行设计。通过相关插件的应用，教师能够在教育信息化背景下更好地对线上线下混合教学模式进行教学资源管理设计。

第七章 混合教学模式实践

本章主要从教学实践的视角对混合教学模式进行探讨研究。教学实践是对教学设计效果的检验过程，具体是以反思性学习与整合性学习为入手点，并基于这两点从不同角度测评学生认知、行为表现等。试验所得数据可以作为统计分析的对象，并能依托相关技术实现可视化，帮助人们进一步了解试验的来龙去脉以及试验结果。本章所开展的试验内容主要包括四个步骤：一是设计试验，二是提取试验数据，三是进行试验数据分析，四是得出结论。

第一节　促进学生反思性学习的教学实践

一、教学内容分析

本次实验研究选取的教学内容是“计算机应用基础”课程教材第一章“计算机基础知识”，主要学习计算机发展、分类、特点、信息表示、系统组成及Internet的相关知识。通过本节课的学习，学生应了解计算机的应用领域，能够说出计算机带来的影响，掌握运用Internet查找、筛选信息资料的方法与技巧。

二、试验设计思路

（一）试验目标

试验目标包括两个，一为检验上一章节教学设计的实践效果，二为对实践教学进行深入分析，找出优势与不足，并对背后原因进行探讨。试验内容为三组学生分别采用传统课堂教学方式、翻转课堂教学方式、混合教学方式进行知识学习。试验完毕后整合相关数据，并通过分析研究得出不同教学方式对知识学习效果的影响程度。本次试验并不以找出最优方式为目标，而是将重点放在对比不同教学方式的优势与劣势方面，进而以此为基础找到优化学习效果的教学策略。

（二）试验对象

试验对象为三组学生，这里将其命名为第一组、第二组、第三组。三组学生从 A 城市的 6 所高校中随机选取。第一组学生采用传统课堂教学方式进行学习，第二组采用翻转课堂方式，第三组采用混合教学方式。为了尽量提升试验科学性，学生选取也要有所要求。第一组学生作为三组试验中重要的对比试验，应符合以下条件：一是对所学知识没有任何基础，这可以通过调查问卷方式进行筛选，如果想更加精确，可以增加调查问卷的筛选次数；二是在 6 所高校中的比例分布基本相等；三是个人情况（如年龄、年级等）基本相同。第二组和第三组学生同样要满足以上筛选条件，不同的是为了保证这两组学生在同样的教学目标、教学内容、教学环境、师资力量下进行学习，需要选择同一专业不同年级的学生。

（三）试验过程

第一组学生采用的是传统课堂教学方式。该教学方式包括三个基本步骤，首先是做好课前预习，接着进行正式的课堂教学，最后开展巩固练习并根据学习情况进行反思和补足。

第二组学生采用的是翻转课堂教学方式。该教学方式主要是以视频等电子阅读材料为载体开启学习进程。这些材料可以是学生通过网络自主搜索获取，也可以是教师提供。学生在对相关材料进行自主学习后，通过小组讨论、向教师面对面请教等方式进一步加深理解。

第三组学生采用的是混合教学方式。该方式是将线上教学与线下教学融为一体，通过发挥各自优势实现扬长避短目标。一般来说，线上教学用于知识学习，线下教学用于答疑解惑，但这并不是固定不变的，要根据实际情况灵活调整。

三、教学数据描述

在本次试验中，第三组学生的学习数据要重点描述和分析，因为该组学生使用的混合教学方式是本书的研究核心。基于试验所得数据能够进一步剖析学生的学习过程，掌握学生具体学习情况并对相关情况的背后原因进行深入解析。第三组学生所产生的学习数据可以反映教学设计的教学实践效果，为后续教学实践革新策略与方式提供依据。

（一）混合教学情境下学生的学习数据

在混合教学中，线上渠道不仅能用于获取教学资源，还能作为记录学生学习行为的途径，进而生成具体详细的学习数据。学习数据包括以下内容：一是学生测试数据；二是自主学习数据；三是协同学习数据。

1. 学生测试数据

在使用混合教学方式前，首先测试学生对某项知识的掌握程度，第三组学生前测有效成绩如表 7-1 所示。

表 7-1　第三组学生前测有效成绩

分数	频率	百分比/%	有效百分比/%	累计百分比/%
5.00	1	0.7	2.5	2.5
10.00	1	0.7	2.5	5.0
15.00	7	5.2	17.5	22.5
20.00	5	3.7	12.5	35.0
25.00	9	6.7	22.5	57.5
30.00	10	7.5	25.0	82.5
35.00	4	3.0	10.0	92.5
45.00	2	1.5	5.0	97.5
50.00	1	0.7	2.5	100.0
合计	40	29.9	100.0	

表 7-1 中分数相加再除以总人数可以得出第三组学生在使用混合教学方式学习某项知识之前对该项知识掌握的平均成绩为 25.63。这一成绩处于及格线之下，即使得分最高者也没有达到及格水平，这表明学生对该项知识的掌握程度较低。在这样的前提下，学生对该项知识进行学习时会面对较大挑战，也更能反映出混合教学方式的功效与作用。

第三组学生使用混合教学方式对该项知识进行一周自主学习后，再次进行测试。测试题目虽然有所调整，但考察范围基本相同，测试结果如表 7-2 所示。

表 7-2　第三组学生中测有效成绩

分数	频率	百分比/%	有效百分比/%	累计百分比/%
10.00	5	3.7	12.5	12.5
15.00	3	2.2	7.5	20.0
20.00	4	3.0	10.0	30.0
25.00	2	1.5	5.0	35.0
30.00	3	2.2	7.5	42.5
35.00	6	4.5	15.0	57.5
40.00	3	2.2	7.5	65.0
45.00	5	3.7	12.5	77.5
50.00	7	5.2	17.5	95.0
55.00	2	1.5	5.0	100.0
合计	40	29.9	100.0	

表 7-2 中分数相加再除以总人数可以得出第三组学生在使用混合教学方式进行一周自主学习后所得成绩平均为 33.25。这一成绩虽较之学习之前有所提升，但仍然处于及格线之下。这说明自主学习方式不能孤立使用，还要辅以教师指导，才能更好地完成课堂教学目标。

2. 自主学习数据

线上渠道是自主学习的有效途径，同时也便于记录学生自主学习数据。雨课堂是常用的学习管理平台，通过这一平台教师能够对教学资源进一步加工，在演示文稿中加入教学讲解内容与提问内容。既然是自主学习，学生便有很大的选择空间。在对第三组学生调查时发现，有 76% 的学生通过线上渠道自主学习了教师提供的学习资源，有 9% 的学生学习了其中的一部分，有 15% 的学生没有学习。这样的结果与实际情况在一定程度上是契合的。接着教师对第三组学生中只学习了部分内容的学生进行访谈，了解到这部分学生之所以只选择部分内容进行学习，原因在于线上资源与面对面教学情境下的教学内容缺乏密切关联，因此他们会基于面对面教学实际情况进行筛选。另外，这部分学生将线上资源作为了兴趣阅读材料，将其作用定位于开阔视野与拓宽知识广度，认为线上资源与课堂教学内容关联度不大，不愿意花时间与精力去学习；还有一些学生对自主学习方式不能适应，缺乏足够的自制能力，只将学习知识的途径放在课堂教学上。

在全部学习了线上资源的学生中，观看视频时间、观看频率等也有所不同，因为不同学生的关注点存在差异，但是总体来看，这部分学生观看教学资源数据点分布波动并不明显，这说明从头至尾完全观看一遍的学生占据主要比例。通过进一步访谈调查发现，有的学生不仅全部观看，还反复观看进行学习，有的学生却只是一带而过，了解学习资源大概内容，对细节性内容缺乏关注。

3. 协同学习数据

自主学习过程能够锻炼学生的独立思考能力，但由于学生在诸多方面不成熟，容易在自主学习中遇到难以解决的问题，此时如果继续坚持独立解决，不仅难以获得良好解决效果，还会造成时间浪费，得不偿失。因此，学生要在自主学习的同时学会与他人相互讨论，通过他人引导与帮助解决所遇到的问题。另外，线上渠道为学生拓宽互动空间创造了条件，学生可以将问题整理成电子文稿，然后发布到网络上，与众多网友形成互动。除了讨论问题之外，学生也能将学习心得或者在解决问题中所总结的经验发布到网络上，让其他网友从中受益。将范围缩小至具体教学中，教师能够通过线上渠道将学生的“一举一动”尽收眼底，进而对学生自主学习情况有更深入的了解与掌握，并以此为依据调整接下来的教学策略。协同学习数据的获取渠道多是网络留帖，但是在实际调查中发现，很多学生并没有采用网络留帖方式，不管是寻求问题解答还是分享解题经验都没有得到学生足够重视，这使协同学习数据收集受到影响。教师针对这种现象进行了调

查访谈，总结出以下几点原因：第一，学生线上学习经验较少，在学习过程中会将重点放在感兴趣的内容上，对于难度较大的内容存在延迟处理的习惯。这样一来，学生不能及时归纳总结学习心得，解决所遇到的难题。第二，很多学生在学习过程中遇到难题时仍习惯于线下解决，对于线上渠道没有表现出足够兴趣。线上教学有利于加深学生之间情感，使学生的集体生活更加丰富多彩，不仅有利于提供充足的交流机会，还能获得良好的交流效果。线上渠道却充斥着很多不确定性，甚至可能会使原本简单的问题变得复杂化，相较于线上渠道，线下解决问题效率会更高，也更具针对性。第三，教师未将学生网络留帖行为纳入课堂成绩考核，让学生认为这一行为可有可无，因此在实行时更加随意。

（二）面对面教学情境下学生的学习数据

面对面教学情境是混合教学情境的一种，也是混合教学方式不可或缺的重要环节。在本次试验中，学生自主学习为一个阶段，接下来则要进入面对面教学阶段。上文对自主学习阶段相关数据进行了收集与分析，此处将重点放在面对面教学相关数据的收集与分析上。

1. 学生测试数据

学生在完成面对面教学后进行成绩测试，所采用的测试形式测试内容与上文自主学习测试基本一致，测试成绩如表 7-3 所示。

表 7-3　第三组学生后测有效成绩

分数	频率	百分比/%	有效百分比/%	累计百分比/%
25.00	1	0.7	2.5	2.5
30.00	2	1.5	5.0	7.5
35.00	6	4.5	15.0	22.5
40.00	6	4.5	15.0	37.5
45.00	4	3.0	10.0	47.5
50.00	6	4.5	15.0	62.5
55.00	3	2.2	7.5	70.0
60.00	5	3.7	12.5	82.5
65.00	3	2.2	7.5	90.0
70.00	2	1.5	5.0	95.0
75.00	2	1.5	5.0	100.0
合计	40	29.9	100.0	

表 7-3 中分数相加再除以总人数可以得出学生在经历自主学习和面对面教学

之后，测试成绩得到了很大提升，平均成绩达到了49.13，虽然仍旧处于及格线以下，但多数学生答题正确率已经超过50%。结合上文测试结果可知，如所学知识具有较大难度，想要更好掌握需要学生付出更多努力。另外，面对面教学情境的确为混合教学方式取得更好效果做出了贡献，说明混合教学方式离不开线下教学的支撑。测试成绩可以在一定程度上表明面对面教学的作用，但测试成绩过于笼统，所反映出的差异不够明显。基于这样的考量，试验人员又详细统计了第三组学生完成测试题的具体过程。不同学生在答题时有着自身选择，当将这些选择以折线进行连接后，可以呈现出答题轨迹。通过对第三组学生答题轨迹统计，可以更加清楚地了解他们之间的差异。

2. 教学实施数据

在面对面教学情境中教师发挥重要作用，其是否具备在有限时间内完成课时安排内容的能力至关重要，这关系教学目标能否达成、教学活动能否有效开展、教学任务能否高质量完成等。在实际教学中，教师随时会遇到意想不到的情况，这又考验教师的应对能力。对面对面教学进行实时录像是获取教学实施数据的重要手段，而这样的数据也能帮助教师或者相关研究人员寻找不足之处，进行分析、反思和总结。

3. 课堂互动数据

信息时代的面对面教学与传统的面对面教学有所差异，主要表现在方式方法上。比如在传统面对面教学中，真实课堂场景是必备载体，教师和学生会在这一场景中真实活动，而随着信息技术的应用，“面对面”的空间得到拓展，除了依托真实课堂场景外，还能在虚拟课堂中完成。从交互效果来看，学生使用手机等智能终端设备与教师进行交互时更加放得开，更能将心中想法充分表达出来。对于教师来说，也能利用智能终端设备更加高效地统计学生反馈信息，并一一进行回应，还能基于反馈信息及时调整教学策略，为学生提供更具针对性的教学服务。通过数据收集整合，第三组学生的课堂互动数据包括以下三种类型：第一种是解答教师提问的行为数据；第二种是解答提问后向教师反馈解题思路或疑问的行为数据；第三种是课堂讨论所产生的相关数据。在本次试验中，雨课堂管理平台可以完成数据整合统计功能，对学生所产生的课堂行为数据进行归纳分析。从最终结果来看，第三组学生中参与课堂答题的人数占据最高比例；其次是参与网上反馈的学生，但是在这部分学生中，反馈内容多倾向于客观层面，主观层面的深入探索与学习思路经验分享较为匮乏。

四、试验结果分析

数据收集与归纳总结的目的是为获得最终分析结果服务。具体到教学方式使用中，答题正确率、互动参与率等均是影响教学方式使用效率的重要因素，而想要对试验结果进行更加全面深入的分析，需要细致划分，并从具体方面加以研究。

（一）教学目标达成情况

在衡量教学目标达成情况时，需要引入教育部最新的课堂质量评价标准，并以此为依据开展评价过程。常用的评价方法主要包括直接评价法和间接评价法，直接评价法多应用于对评价内容的定量评价中，通常是以平均值与总值的比值为准，比如在衡量学生是否达到某个学习目标时，首先会围绕该学习内容准备测试题目，然后基于学生答题成绩计算平均分，再用平均分除以总分获得评价结果；间接评价法多应用于对评价内容的定性评价中，通常采用问卷调查等方法，一般会将评价结果分为五个级别，分别为优秀、良好、一般、及格、不及格。具体到本章试验中，采用直接评价与间接评价对第二组和第三组学生学习目标达成情况进行衡量，得到如表 7-4 所示的评价结果。

表 7-4　第二组和第三组学生学习目标达成情况

组别	评价方式	学习目标 1	学习目标 2	学习目标 3	学习目标 4
第二组	直接评价	0.49	0.53	0.41	0.46
	间接评价	0.54	0.56	0.44	0.49
第三组	直接评价	0.50	0.54	0.50	0.51
	间接评价	0.55	0.56	0.54	0.54

从表 7-4 可以看出，第二组和第三组学生学习目标整体完成情况较为理想，这在一定程度上表明翻转课堂和混合教学在学生学习进程中发挥了相应作用。另外，同类型评价结果之间差距并不明显，说明两种教学方式并没有表现出太大的优劣差距。

（二）试验各组测试情况

上文中以第三组学生为主要研究对象描述了其在不同教学情境下的学习成绩水平，帮助人们对混合教学方式的优缺点有所了解。但是想要更加全面深入地进行剖析，还需要进行组别对比，即将不同组学生的学习情况放在一起综合分析，这样才能找出不同教学方式之间的真正差距，从逻辑层面做好教学方式的调整。教学实践试验建立在教学设计基础上，因此分析试验各组测试情况实际上正是探讨教学设计与测试成绩的因果关联，这对于获得更多有价值信息及推动教学设计进一步改良有着重要意义。

首先是测试成绩。测试成绩会根据测试阶段不同而有所区分，比如学习某项知识之前的测试称为前测成绩，经过自主学习之后的测试称为中测成绩，再经过面对面教学之后的测试称为后测成绩。通过本次试验不同阶段测试成绩的归纳总结，可以得到反映三组学生测试成绩的描述表格，如表 7-5 所示。

表 7-5　三组学生不同阶段测试成绩描述统计

阶段	组别	数量	均值	标准差
前测阶段	第一组	50	25.70	11.91
	第二组	44	28.64	8.17
	第三组	40	25.63	9.49
中测阶段	第二组	44	33.18	8.08
	第三组	40	33.25	12.33
后测阶段	第一组	50	34.00	15.68
	第二组	44	41.36	8.78
	第三组	40	49.13	13.15

基于表 7-5 中数据进行正态性检验，目的是为测试成绩统计分析提供支撑。检验采用柯尔莫可洛夫-斯米洛夫（Kolmogorov-Smirnov，K-S）检验和夏皮罗-威尔克（Shapiro-Wilk，S-W）检验。测试成绩正态性检验结果如表 7-6 所示。

表 7-6　测试成绩正态性检验结果

成绩	K-S			S-W		
	统计量	*df*	*sig*	统计量	*df*	*sig*
第一组前测有效成绩	0.124	50	0.053	0.965	50	0.139
第一组后测有效成绩	0.121	50	0.066	0.967	50	0.181
第二组前测有效成绩	0.126	44	0.075	0.951	44	0.062
第二组中测有效成绩	0.153	44	0.011	0.953	44	0.074
第二组后测有效成绩	0.153	44	0.012	0.952	44	0.067
第三组前测有效成绩	0.147	40	0.029	0.954	40	0.106
第三组中测有效成绩	0.121	40	0.143	0.961	40	0.179
第三组后测有效成绩	0.131	40	0.081	0.961	40	0.186

从表 7-6 中可以看出，三组样本处于 50 之下，符合以小样本为出发点的 S-W 检验要求，因此要将 S-W 检验结果作为参考内容。具体来看，S-W 检验结果中的 *sig* 值均处于 0.05 之上，这说明三组学生测试成绩满足正态分布规律。在三个小组中，第二组和第三组学生有中测环节，这一环节所对应的是自主学习之后的测试成绩。在分析教学方式对测试成绩影响时，除了第一组之外，另外两组要进行两次配对，即前测与中测比较、中测与后测比较。结合表 7-6 数据进行检验计算后，得到表 7-7。

表 7-7　三组学生不同阶段成绩成对样本检验

对比组别	说明	成对差分					*t*	*df*	*sig*（双侧）
		均值	标准差	均值的标准误差	差分的 95% 置信区间				
					下限	上限			
对 1	第一组前测有效成绩与第一组后测有效成绩	-8. 300	4. 803	0. 679	-9. 665	-6. 935	-12. 219	49	0. 000
对 2	第二组前测有效成绩与第二组中测有效成绩	-4. 545	11. 403	1. 719	-8. 012	-1. 079	-2. 644	43	0. 011
对 3	第二组中测有效成绩与第二组后测有效成绩	-8. 182	12. 346	1. 861	-11. 935	-4. 396	-4. 396	43	0. 000
对 4	第三组前测有效成绩与第三组中测有效 成绩	-7. 625	16. 486	2. 607	-12. 897	-2. 925	-2. 925	39	0. 006
对 5	第三组中测有效成绩与第三组后测有效成绩	-15. 875	14. 451	2. 285	-20. 497	-6. 948	-6. 948	39	0. 000

从表 7-7 可以看出，每个配对的 *sig* 值都在 0. 05 之下，说明不同阶段成绩之间产生了显著差距，这与现实情况是相符的，即学生在经过一段时间学习后，知识掌握程度得到了明显提升。因此可以获得以下结论：第一组学生后测成绩显著高于前测成绩，说明传统的面对面教学方式在推动学生学习知识方面作用明显，

使得学生获得了更好的测试成绩；第二组学生中测成绩高于前测成绩，后测成绩高于中测成绩，说明自主学习与面对面教学发挥了提升测试成绩的作用；第三组学生中测成绩高于前测成绩，后测成绩高于中测成绩，同样说明自主学习和面对面教学发挥了相应作用。

至此可以了解，三个小组所采用的教学方式均在提升测试成绩方面发挥了作用，接下来需要探讨哪种教学方式更有作用。

首先是使用单因素方差分析法对比三组学生前测成绩，得到表 7-8。

表 7-8　方差齐性检验

成绩	Levene 统计量	df_1	df_2	显著性（p）
前测有效成绩	2.638	2	131	0.075

从表 7-8 可以看出，前测有效成绩之间的显著性为 0.075，大于 0.05，这反向验证了前测有效成绩满足单因素方差分析要求。接着再进行方差分析检验，得到表 7-9。

表 7-9　方差分析检验

成绩	对比项目	平方和	df	均方	F	显著性（p）
前测有效成绩	组间	260.749	2	130.375	1.281	0.281
	组内	13 328.057	131	101.741	—	—
	总数	13 588.806	131	—	—	—

从表 7-9 可以看出，前测有效成绩单因素方差分析中 F 值为 1.281，p 值为 0.281，大于 0.05，由此说明三组前测有效成绩之间差异不显著。前测有效成绩多重比较如表 7-10 所示。

表 7-10　前测有效成绩多重比较

LSD（最小显著差异法）							
因变量	（1）组别数	（2）组别数	均值差（1-2）	标准误差	显著性	差分的 95% 置信区间	
						下限	上限
前测有效成绩	第一组	第二组	-2.936	2.085	0.161	-7.061	1.188
		第三组	0.075	2.140	0.972	-4.158	4.308
	第二组	第一组	2.936	2.085	0.161	-1.188	7.061
		第三组	3.011	2.204	0.174	-1.348	7.371
	第三组	第一组	-0.075	2.140	0.972	-4.308	4.158
		第二组	-3.011	2.204	0.174	-7.371	1.348

从表 7-10 可以看出，三个小组中前测有效成绩之间没有显著差异，具体来看，第二组前测有效成绩均值要大于第一组，第一组大于第三组。

接下来对中测有效成绩进行独立样本检验，得到表 7-11。

表 7-11　中测有效成绩独立样本检验

成绩	假设	方差方程的 Levene 检验		均值方程的 *t* 检验						
		F	*sig*	*t*	*df*	*sig*（双侧）	均值差值	标准误差值	差分的 95% 置信区间 下限	差分的 95% 置信区间 上限
中测有效成绩	假设方差相等	7.079	0.009	−0.030	82.000	0.976	0.068	2.254	−4.553	4.417
	假设方差不相等	—	—	−0.030	66.223	0.976	−0.068	2.298	−4.657	4.520

从表 7-11 可以看出，第二组和第三组中测有效成绩检验结果中 *F* 值为 7.079，*sig* 值为 0.009，小于 0.05，说明两者中测有效成绩方差不相等；*t* 值为−0.030，*sig* 值为 0.976，大于 0.05，说明两组中测有效成绩没有显著差异。差异对比不显著只能说明整体上两组学生在经过自主学习后获得了接近的中测成绩，但是方差不同反映组内学生成绩变化存在差异，具体来说第三组学生中测有效成绩变化较大。由此可以得出，第三组学生自主学习效果要优于第二组。

将三个小组的后测有效成绩进行对比，并通过样本 *t* 检验得到表 7-12。

表 7-12　后测有效成绩对比独立样本检验

成绩	假设	方差方程的 Levene 检验		均值方程的 *t* 检验						
		F	*sig*	*t*	*df*	*sig*（双侧）	均值差值	标准误差值	差分的 95% 置信区间 下限	差分的 95% 置信区间 上限
第一组与第二组后测有效成绩	假设方差相等	12.300	0.001	−2.756	92.000	0.007	−7.364	2.672	−12.700	−2.058
	假设方差不相等	—	—	−2.851	78.763	0.006	−7.364	2.583	−12.505	−2.022

续表

成绩	假设	方差方程的 Levene 检验		均值方程的 t 检验						
		F	sig	t	df	sig（双侧）	均值差值	标准误差值	差分的 95% 置信区间	
									下限	上限
第一组与第三组后测有效成绩	假设方差相等	0.858	0.357	-4.879	88.000	0.000	-15.125	3.100	-21.286	-8.964
	假设方差不相等	—	—	-4.975	87.784	0.000	-15.125	3.040	-21.167	-9.083
第二组与第三组后测有效成绩	假设方差相等	8.235	0.005	-3.207	82.000	0.002	-7.761	2.420	-12.576	-2.947
	假设方差不相等	—	—	-3.148	67.052	0.002	-7.761	2.465	-12.682	-2.841

从表7-12 中可以看出，第一组与第二组方差检验结果 F 值为 12.300，sig 值为 0.001，小于 0.05，说明两者方差不相等；独立 t 检验结果中 t 值为-2.851，sig 值为 0.006，小于 0.05，说明两者差异显著。加之第二组后测成绩均值高于第一组，以及第一组与第二组前测有效成绩差异不显著结论，可以得出，第二组教学方式所取得的效果要优于第一组。第二组采用的是翻转课堂教学方式，自主学习和面对面教学两者兼有，而第一组只有面对面教学。

第一组与第三组方差检验结果 F 值为 0.858，sig 值为 0.357，大于 0.05，说明两者方差基本相等；独立 t 检验结果中 t 值为-4.879，sig 值为 0.000，小于 0.05，说明两者后测成绩有着显著差异。第三组后测成绩均值要高于第一组，结合两者前测有效成绩没有显著差异的结论，可以得出第三组教学方式所得效果要优于第一组。第三组采用的是混合教学方式，同样包括自主学习和面对面教学两个环节。

第二组与第三组方差检验结果 F 值为 8.235，sig 值为 0.005，小于 0.05，说明两者方差不相等；独立 t 检验中 t 值为-3.148，sig 值为 0.002，小于 0.05，说明两者后测成绩没有显著差异。第三组后测成绩均值要高于第二组，结合两组前测有效成绩无显著差异的结论，可以得出第三组教学方式所得效果要优于第二组。第三组混合教学方式较之第二组翻转课堂教学方式，主要是在面对面教学环节进行了优化。

其次是选项分布。选项分布是对学生答题过程的具体选择情况进行研究，进而为对比不同阶段答题差异提供依据。具体计算过程如下：假设有 A 和 B 两道测试题，分别对应四个选项，学生前测阶段与后测阶段分别选择答案标记为 a1、b1 和 a2、b2，那么两次测试所选答案选项分布差异值为 |a1－a2|＋|b1－b2|。在对第二组和第三组学生答案选项分布进行计算后，得到表 7－13。

表 7－13　学生答案选项分布差异描述性统计量

描述项目		第二组	第三组
N（分布选项差异值）	有效	44	40
	缺失	40	44
	均值	6.910	7.930
	标准差	2.176	2.505
	极小值	2	4
	极大值	11	14

从表 7－13 可以看出，第二组学生在中测与后测中所选答案选项分布差异的最小值为 2，最大值为 11，均值为 6.910，这说明第二组学生在经过面对面教学后平均修改了 6.910 个答案选项。同理，第三组学生在中测与后测中所选答案选项分布差异的最小值为 4，最大值为 14，均值为 7.930，说明第三组学生在经过面对面教学后平均修改了 7.930 个答案选项。基于第二组与第三组学生测试所选答案选项分布情况制作直方图，如图 7－1 所示。

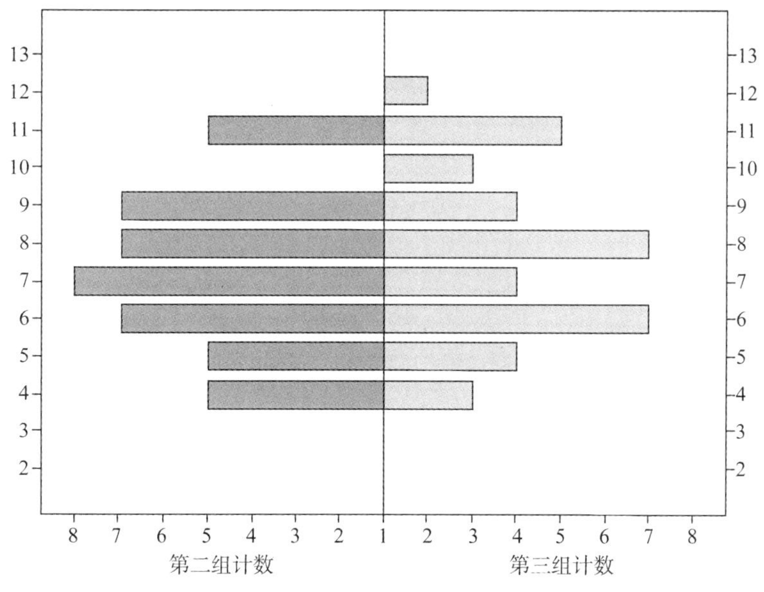

图 7－1　学生选项改变次数统计（直方图）

在图 7-1 中，左边部分是第二组答案选项分布情况，右边部分是第三组答案选项分布情况，其中横坐标表示学生在两次测试中所选答案选项的频数，纵坐标表示学生在两次测试中所选答案选项的数值。从中了解到，第三组学生两次测试中所选答案集中于［6，12］区间，而第二组学生两侧测试中所选答案集中于［4，9］区间，相较而言，第三组学生所产生的差异化程度更明显。视觉层面的认知会更加直观，但想要从更严谨角度进行论证，可以通过正态分布对第二组和第三组学生在两次测试中所选答案选项进行检验，如表 7-14 所示。

表 7-14　第二组和第三组学生在两次测试中所选答案选项正态性检验

答案选项	K-S			S-W		
	统计量	*df*	*sig*	统计量	*df*	*sig*
第二组答案选项	0.108	44	0.200	0.970	44	0.309
第三组答案选项	0.129	40	0.092	0.959	40	0.159

从表 7-14 可以看出，第二组和第三组学生在两次测试中所选答案选项均满足正态分布。基于此继续对两者进行独立样本 t 检验，如表 7-15 所示。

表 7-15　第二组和第三组学生在两次测试中所选答案选项独立样本检验

次数	假设	方差方程的 Levene 检验					均值方程的 t 检验			
		F	*sig*	*t*	*df*	*sig*（双侧）	均值差值	标准误差值	差分的 95% 置信区间	
									下限	上限
修改选项次数	假设方差相等	0.959	0.330	-1.989	82.000	0.050	-1.016	0.511	-2.032	0.000
	假设方差不相等	—	—	-1.975	77.697	0.052	-1.016	0.514	-2.040	0.008

从表 7-15 可以看出，t 值为-1.989，*df* 值为 82.000，*sig* 值为 0.050，说明第二组和第三组学生在两次测试中所选答案选项具有显著差异，这与现实情况是相符的。

基于本次试验数据还能计算学生在测试中所选答案选项的绩效值，主要用于衡量学生所选答案与正确答案的接近程度。在计算之前需要提前做好定义，如学生所选答案与正确答案完全相符，则定义该值为 1。所选答案选项绩效值越接近 1，表明所选答案正确率越高，反之则越低。在多项选择题中，正确答案与错误答案并存是常见现象，如果出现这种现象，则将其绩效值定义为小于等于 0 的

数。结合以上定义，学生在答题时，单独一个答案的绩效值存在两种可能，一种是错误答案，绩效值为小于等于0的数；一种为正确答案，绩效值则为答案选项个数与正确答案选项个数的比值。为了计算方便，将单独选择错误选项的绩效值定义为-1。基于不定项选择题计算所选答案选项绩效值时，由于正确答案选项个数不固定，因此每个题目答案选项绩效值有较大的取值范围，尤其是在计算总体绩效值时，需要将相关绩效值累计求和。计算过程总结如下：一是将每道测试题所选正确答案个数标记为a1，将每道测试题正确答案个数标记为a2，将每道测试题所选错误答案个数标记为a3，接着代入[(a1/a2)-a3]公式中；二是定义测试题目全部错误答案选项个数为a4，开始结算[(步骤一所得值)/(1+a4)]；三是对步骤二所得值进行累加计算。将第二组和第三组学生前测和后测所选答案选项带入公式进行计算，得到表7-16。

表7-16　第二组和第三组学生前测、后测所选答案描述统计量

绩效	组别	*N*	均值	标准差	均值的标准误
前测所选答案选项绩效	第二组	44	-0.48	0.88	0.14
	第三组	40	-0.31	0.56	0.09
后测所选答案选项绩效	第二组	44	0.12	0.72	0.11
	第三组	40	0.42	0.46	0.07

从表7-16可以看出，第二组学生前测中所选答案选项绩效均值为-0.48，标准差为0.88；后测中所选答案选项绩效均值为0.12，标准差为0.72。第三组学生前测中所选答案选项绩效均值为-0.31，标准差为0.56；后测中所选答案选项绩效均值为0.42，标准差为0.46。基于这些数据可以了解到，第二组和第三组学生在面对面教学之前所选答案选项错误率较高，而在经过面对面教学之后，正确率得到很大提升。相较而言，第三组学生绩效均值更高，这能在一定程度上说明第三组学生答题效果更佳。为了进一步验证这一结论，可以通过正态性检验与t检验继续验证，得到表7-17与表7-18。

表7-17　正态性检验

绩效值	K-S			S-W		
	统计量	*df*	*sig*	统计量	*df*	*sig*
第二组前测所选答案的绩效值	0.094	44	0.200	0.974	44	0.474
第二组后测所选答案的绩效值	0.121	44	0.140	0.977	44	0.582

续表

绩效值	K-S			S-W		
	统计量	*df*	*sig*	统计量	*df*	*sig*
第三组前测所选答案的绩效值	0. 139	40	0. 034	0. 970	40	0. 309
第三组后测所选答案的绩效值	0. 193	40	0. 000	0. 957	40	0. 098

表 7-18　成对样本相关系数

对比组	说明	*N*	相关系数	*sig*
对 1	第二组前测所选答案绩效与第二组后测所选答案绩效	44	0. 234	0. 147
对 2	第三组前测所选答案绩效与第三组后测所选答案绩效	40	−0. 153	0. 321

从以上两表可以看出，第二组和第三组学生的前后测试所选答案选项绩效值相关性检验中 *sig* 值大于 0. 5，这说明前测与后测所选答案选项绩效值并没有显著相关性。结合实际情况，无论是第二组还是第三组学生，前测与后测所面对的题目基本一致。题目相同而绩效值不同，也表明学生两次测试所选答案选项绩效值在趋势上没有关联性。

表 7-19 与表 7-20 分别是基于第二组和第三组学生所选答案选项绩效值所进行的配对样本检验和独立样本检验。

表 7-19　配对样本检验

对比组	说明	均值	标准差	均值的标准误差	差分的 95% 置信区间		*t*	*df*	*sig*（双侧）
					下限	上限			
对 1	第二组前测所选答案选项绩效值与第二组后测所选答案选项绩效值	−0. 598	1. 003	0. 159	−0. 918	−0. 277	−3. 771	43	0. 001

续表

对比组	说明	均值	标准差	均值的标准误差	差分的 95% 置信区间		t	df	sig（双侧）
					下限	上限			
对 2	第三组前测所选答案选项绩效值与第三组后测所选答案选项绩效值	-0.735	0.781	0.118	-0.973	-0.498	-6.248	39	0.000

表 7-20 独立样本检验

绩效值	假设	方差方程 Levene 检验					均值方程的 t 检验			
		F	sig	t	df	sig（双侧）	均值差值	标准误差值	差分的 95% 置信区间	
									下限	上限
前测所选答案选项绩效值	假设方差相等	10.416	0.002	1.022	82.000	0.310	0.164	0.160	-0.155	0.482
	假设方差不相等	—	—	1.001	65.217	0.320	0.164	0.163	-0.163	0.490
后测所选答案选项绩效值	假设方差相等	9.369	0.003	2.296	82.000	0.024	0.301	0.131	0.040	0.562
	假设方差不相等	—	—	2.249	64.909	0.028	0.301	0.134	0.034	0.569

从表 7-19 可以看出，第二组学生两次测试所选答案选项绩效值配对样本 t 检验结果中，sig 值为 0.001，小于 0.05，说明前后两次测试所选答案选项绩效值有显著差异。另外，第二组学生后测选项绩效值高于前测，说明学生在前测中答题选项的错误率更高，而在经过面对面教学之后，答题正确率显著提升。

第三组学生两次测试所选答案选项绩效值配对样本 t 检验结果中，sig 值为

0.000，小于0.05，说明前后两次测试所选答案选项绩效值有明显差异。同样第三组学生后测选项绩效值高于前测，说明学生在前测中答题选项的错误率更高，而在经过面对面教学之后，答题正确率显著提升。

从表7-20可以看出，第二组与第三组前测所选答案选项绩效值方差检验结果中，*F*值为10.416，*sig*值为0.002，小于0.05，说明两组前测绩效值方差不相等；在两组前测绩效值独立样本检验中，*t*值为1.001，*sig*值（双侧）为0.320，大于0.05，说明两组前测绩效值没有显著差异。第二组与第三组后测所选答案选项绩效值方差检验结果中，*F*值为9.369，*sig*值为0.003，小于0.05，说明两组后测绩效方差不相等；在两组后测绩效值独立样本检验中，*t*值为2.249，*sig*值（双侧）为0.028，小于0.05，说明两组后测绩效值有显著差异。

五、试验研究结论

基于以上试验过程可以获得以下结论：一是混合教学方式相较于传统面对面与翻转课堂教学方式能取得了更好的教学效果。本结论是在一系列数据支撑下得出的，基于该结论，可以反推混合教学方式在培养学生高级思维能力方面有重要作用，而这一思维能力也为学生反思性学习行为的形成奠定了基础。二是混合教学方式与翻转课堂教学方式在自主学习阶段并没有表现出太大差异，这从第二组与第三组学生中测成绩对比中可以了解，但在面对面教学之后，第三组学生后测成绩优于第二组，所选答案选项与正确答案选项更为接近，说明第三组学生在面对面教学中有更加积极的变化。

第二节　促进学生整合性学习的教学实践

人的全面发展是一项大工程，需要多个方面共同作用，诸多研究成果调研分析发现，“沟通协作能力”是人的全面发展过程中的核心能力，基于该能力引申出“学会合作”“学会求知”“学会做事”“学会生存”等理念，对应着“人际交往与合作精神”“基本学习技能”“信息素养”“创新思维能力”“实践能力”等新时代人才必备能力素质。这样的发展轨迹与时代脚步是同步的，同时也逐渐渗入到教学情境中。为了培养具备这些能力素质的优秀人才，优化教学情境成为教育学者们的重点研究对象。经过不断研究，课堂协作活动的价值逐渐被发掘，其在提升学生课堂参与度方面作用突出，能够为发展学生高阶思维打造平台。思维导图可以在课堂协作活动中发挥重要作用，比如学生能够基于思维导图找到不同知识点之间的关联，再以此为基础向更广阔空间探索。同时，在这一过程中，学生的思维能力获得激发，思维活跃性明显增强，为锻炼思维能力创造了良好条件。

一、教学内容

本次教学实践选取的课程是“计算机应用基础”课程的“PPT 演示文稿的制作”，主要内容涉及 PPT 的外观设置、动画设置、放映发布三个重要模块。通过本章内容的学习，同学们应了解 PowerPoint 的功能与特点、应用场景；掌握 PowerPoint 的基本操作、编辑和美化；能够根据演示内容设置合理动画、超链接效果；掌握演示文稿的打包、放映技巧。

二、试验设计思路

本试验同样将试验对象分为三组，这三组学生为同一专业不同届的学生，第一组学生为 2017 届，第二组学生为 2018 届，第三组学生为 2019 届。为了检验整合性学习效果，特将每组学生划分为多个小组，并要求每个小组采用讨论探究方式进行协作学习。第一组处于面对面教学情境下，讨论所得观点以文字形式进行记录和整理；第二组同样处于面对面教学情境下，不同的是讨论所得观点需要借助思维导图进行描述；第三组处于混合教学情境中，讨论观点需要借助思维导图进行描述。

三、教学数据描述

（一）学生制品数据

学生经过学习后所产生的成功结果属于制品范畴。在混合教学情境中，学生能够借助网络技术将制品快捷传送到网络平台，不仅能与其他学生制品进行对比，还能得到教师的评价。分析与评价结果也能依托网络技术实现高效反馈，让学生对自身制品获得更深入认知与了解，为后续调整与优化提供依据。

（二）研究报告数据

三个小组在经过试验后均要制作研讨报告以呈现试验成果以及表达相关观点和见解。由于三个小组试验过程存在差异，最终研究报告也会各具特征。第一组研究报告对小组成员经验有较强依赖性，再加上小组成员与教师交互过程中具有很强随机性，因此不同阶段的研究报告会存在较大差异。第二组由于有思维导图作为连接抽象与具象的桥梁，研究报告更加容易理解，同时也有利于协作学习过程的顺利进行，为教师采取更具针对性引导措施提供支撑。第三组所处教学情境决定了学生在参与面对面教学之前会经历自主学习阶段，而这一阶段有利于学生更好地掌握思维导图使用方式，因此所形成的研究报告会更加科学与严谨。

（三）思维导图数据

思维导图数据不仅可以描述学习成果、观点、见解等，还能成为对比不同组之间差异的重要依据。第二组和第三组引入了思维导图，但是两者思维导图数据存在诸多差异。第二组思维导图具有以下特征：一是知识理念满足传播要求，能够通过传播扩大影响力；二是具体分析了传播路径，并对内部相关要素之间的联系进行深入分析；三是采用了视觉化呈现方式，有利于受众更加直观地认知思维导图制品。第三组思维导图具有以下特征：一是基于既有观点继续深化，形成了与实际情况密切贴合的观点类型；二是思维导图更加清晰，有利于受众明确相关要素联系，为利用要素提供支撑；三是基于思维导图引申工具软件绘制能力。对比第二组与第三组思维导图，可以发现以下现象：一是在面对面教学情境下，第二组和第三组思维导图在观点表达方面较为有条理，这得益于教师与小组成员良好互动；二是在相关话题讨论上，第二组思维导图着力于表达相关概念之间的逻辑联系，而第三组则更注重呈现概念之间的层级关系；三是第三组思维导图表达效果优于第二组，虽然同样采用了视觉呈现方式，但由于有更强的编码能力而获得提升，造成这些现象的原因一是第三组学生经历了自主学习阶段，已经积累了一定的思维导图制作经验；二是第三组面对面教学由于有自主学习作为铺垫因此更具针对性，整个讨论协作过程更加顺利。

（四）学生评价数据

学生评价数据具有以下作用：一是反映学习任务完成质量和展现教学效果；二是体现学生在学习过程中的反思程度。学生评价数据包括自评数据和互评数据。

1. 自评数据

三组学生通过参与讨论及协作学习过程制作研讨报告，而后将其公示以实现共享目标，这能够提升自评数据的可信性与科学性。具体来说，自评数据会从三个维度进行论述，分别为观点整理维度、导图制作维度以及汇报共享维度，得到学生研讨报告描述性评价、学生思维导图描述性评价、学生课堂汇报描述性评价，从而使整个学习过程效果得到充分彰显。学生研讨报告描述性评价（自评）如表 7-21 所示。

表 7-21　学生研讨报告描述性评价（自评）

题目	N			均值			标准差		
	第一组	第二组	第三组	第一组	第二组	第三组	第一组	第二组	第三组
研讨报告观点明确具体，无歧义	42	37	50	3. 84	4. 89	4. 96	0. 36	0. 32	0. 30
研讨报告逻辑连贯，无矛盾	42	37	50	3. 72	4. 78	4. 92	0. 39	0. 42	0. 41
研讨报告观点与读者观点不谋而合	42	37	50	3. 74	4. 78	4. 91	0. 61	0. 53	0. 59

续表

题目	N			均值			标准差		
	第一组	第二组	第三组	第一组	第二组	第三组	第一组	第二组	第三组
研讨报告观点视角独特有创意	42	37	50	4.81	4.65	4.52	0.53	0.48	0.52
对研讨报告提出观点的满意度	42	37	50	3.79	4.84	4.93	0.42	0.44	0.39

根据表 7-21 数据，基于信度公式可计算出，第一组自我评价数据信度为 0.83，第二组自我评价数据信度为 0.80，第三组自我评价数据信度为 0.86。基于观点整理维度进一步分析自评数据，可以得到以下信息：首先，三个小组制作的研讨报告明确表达出学生所持观点，并且这些观点与所学知识内容有很强结合度。三个小组研讨观点虽存在一定差异，但有着内部逻辑关系。第二组和第三组多项指标评价结果优于第一组，由此可以推测思维导图工具的确在学生观点整理中发挥了一定作用。其次，三个小组研讨观点均有所创新。在协作学习中，学生在与教师观点一致时，更会表现出认同性，并且学习效率也会大幅提升。但认同度高也意味着创新性会受到削弱。从具体情况看，第三组观点认同性最高，接着是第二组，最低的是第一组，由此可反推第一组观点创新性最高，第二组次之，第三组最低。最后，三个小组研讨观点满意度存在差异。第三组最高，接下来依次为第二组和第一组。从教学情境层面分析，单一教学情境下的满意度会与多重教学情境存在差距。第三组学生会经历自主学习和面对面教学两种情境，而第一组和第二组会处于单一的面对面教学情境中，不同的是第二组学生使用了思维导图，所得观点较之第一组更加逻辑清晰、条理分明，因此观点满意度也会更高。

学生思维导图描述性评价（自评）如表 7-22 所示。

表 7-22　学生思维导图描述性评价（自评）

题目	N		均值		标准差	
	第二组	第三组	第二组	第三组	第二组	第三组
思维导图所包含概念的合理性	37	50	4.84	4.95	0.37	0.45
思维导图所包含概念间关系的指示	37	50	4.79	4.75	0.43	0.39
思维导图的构图、布局与排版	37	50	4.81	4.96	0.40	0.37
思维导图的色彩搭配	37	50	4.71	4.91	0.46	0.36

续表

题目	N		均值		标准差	
	第二组	第三组	第二组	第三组	第二组	第三组
对思维导图绘制效果的满意程度	37	50	4.78	4.93	0.49	0.48

根据表7-22数据，基于信度公式可以计算出，第二组自我评价数据信息为0.76，第三组自我评价数据信度为0.82。基于思维导图制作维度进一步分析相关数据，可以获得以下信息：首先，思维导图在获得更加科学合理的自我评价数据方面有重要作用，这得益于思维导图的两个核心能力，一是对抽象内容进行具象分析，使其清晰展现的能力；二是剖析不同抽象内容之间的逻辑关系的能力。具体来看，第二组抽象内容呈现的科学合理性略低于第三组，但第二组抽象内容梳理的科学合理性略高于第三组，因此整体上两个小组的思维导图不相上下。其次，两个小组思维导图美观性获得较高评价。想要提升美观性，需要从多个角度入手，如构图、思维模式、布局、文字排版、色彩搭配等。相较而言，第二组思维导图在美观性上略低于第三组，这与第三组学生拥有自主学习阶段与情境有着密切关联。最后，两个小组思维导图满意度达到较高水平。具体分析，第二组和第三组思维导图虽然都是教师和学生精心制作的，但是第二组教学情境较为单一，而第三组教学情境则更为丰富，尤其是自我学习情境让学生提前积累了思维导图制作经验，这不仅有利于提升思维导图制作效率，还能提升学生对思维导图的满意程度。

学生课堂汇报描述性评价（自评）如表7-23所示。协作性学习重在沟通交流、互动分析，因此分享与共享研讨报告是必经环节。

表7-23　学生课堂汇报描述性评价（自评）

题目	N			均值			标准差		
	第一组	第二组	第三组	第一组	第二组	第三组	第一组	第二组	第三组
汇报分享的观点与讨论的观点一致	42	37	50	3.81	4.87	4.93	0.38	0.35	0.47
汇报分享促进了对其观点的理解	42	37	50	3.73	4.83	4.89	0.51	0.48	0.55
汇报分享引发了对其观点的关注	42	37	50	3.72	4.67	4.81	0.47	0.48	0.53
汇报分享富有技巧	42	37	50	4.32	4.73	4.85	0.36	0.38	0.42

续表

题目	N			均值			标准差		
	第一组	第二组	第三组	第一组	第二组	第三组	第一组	第二组	第三组
对汇报分享的满意程度	42	37	50	3.68	4.77	4.88	0.52	0.43	0.59

根据表7-23数据，基于信度公式可计算出，第一组自我评价数据信度为0.82，第二组自我评价数据信度为0.80，第三组自我评价数据信度为0.83。基于汇报共享维度对相关数据进一步分析，可以获得以下信息：首先，三个小组汇报共享观点与学习讨论观点具有较强相关性，而这一相关性不仅体现在学习讨论过程中，还体现在最终所获的观点层面。三组进行比较后，第三组汇报共享观点与学习讨论观点相关性排在第一位，接着是第二组，最后是第一组。这说明思维导图的确在总结观点和达成共识方面发挥了关键作用。更重要的是，思维导图还能为相关观点进一步补充与阐释提供支撑，这有利于学生之间深入了解各自观点。其次，三组汇报分享均展现出一定的技巧性。呈现观点、实现共享也需要技巧支撑，这不仅能提升呈现与共享效率，还能让受众更好、更快地接收信息。具体比较，第三组技巧评分更好，接着依次为第二组、第一组。思维导图在提升技巧性方面作用突出，其不仅能快速让概念类型以“井然有序”之态呈现，还能依托导示轨迹引导人们探索不同概念之间的内在联系。最后，三组汇报分享满意度最高的是第三组，接着依次为第二组、第一组。第二组和第三组引入思维导图后大大提升了汇报分享的满意度，说明思维导图在满意度提升上作用明显，而具体到第二组和第三组对比中，第三组自主学习阶段使思维导图的优势得到更充分发挥，因此第三组汇报分享满意度要高于第二组。

2. 互评数据

互评数据也是从观点整理、导图制作以及汇报共享三个维度进行采集和分析，分别得到学生课堂制品描述性评价、学生思维导图描述性评价、学生课堂汇报描述性评价。

学生课堂制品描述性评价（互评）如表7-24所示。

表7-24　学生课堂制品描述性评价（互评）

题目	均值			标准差		
	第一组	第二组	第三组	第一组	第二组	第三组
研讨报告观点明确具体，无歧义	3.80	4.85	4.93	0.32	0.38	0.41

续表

题目	均值			标准差		
	第一组	第二组	第三组	第一组	第二组	第三组
研讨报告逻辑连贯，无矛盾	4.63	4.66	4.89	0.42	0.48	0.53
研讨报告观点与读者观点不谋而合	4.41	4.43	4.33	0.51	0.55	0.63
研讨报告观点视角独特有创意	4.52	4.46	4.39	0.49	0.53	0.59
对研讨报告提出观点的满意程度	3.41	4.49	4.72	0.53	0.56	0.61

根据表7-24数据，基于信度公式可计算出，第一组互评数据信度为0.73，第二组互评数据信度为0.64，第三组互评数据信度为0.76。基于观点整理维度对相关数据进行分析可以获得以下信息：互评数据与自评数据整体效果基本一致，不同的是互评数据指标评分略低于自评数据。还需要注意的是，互评数据所对应的研讨报告观点创新性与自评数据呈现相反关系，这反映出协作学习过程会对观点差异性造成影响，如果学生与教师没有经历协作讨论过程，观点差异则会更加明显。

学生思维导图描述性评价（互评）如表7-25所示。

表7-25　学生思维导图描述性评价（互评）

题目	均值		标准差	
	第二组	第三组	第二组	第三组
思维导图所包含概念的合理性	4.69	4.81	0.50	0.54
思维导图所包含概念间关系的指示	4.61	4.56	0.53	0.56
思维导图的构图、布局与排版	4.52	4.75	0.56	0.61
思维导图的色彩搭配	4.41	4.74	0.59	0.64
对思维导图绘制效果的满意程度	4.46	4.72	0.56	0.61

根据表7-25数据，基于信度公式可计算出，第二组互评数据信度为0.78，第三组互评数据信度为0.85。基于导图制作维度对相关数据进一步分析，可以获得以下信息：互评数据与自评数据基本一致，但在指标评分上略低于自评数据。这进一步说明思维导图在完成教学任务与获得理想评价效果方面有重要作用。

学生课堂汇报描述性评价（互评）如表7-26所示。

表 7-26　学生课堂汇报描述性评价（互评）

题目	均值			标准差		
	第一组	第二组	第三组	第一组	第二组	第三组
汇报分享的观点与讨论的观点一致	3.72	4.79	4.85	0.39	0.42	0.47
汇报分享促进了对其观点的理解	3.47	4.56	4.73	0.48	0.56	0.61
汇报分享引发了对其观点的关注	3.53	4.54	4.71	0.47	0.55	0.59
汇报分享具有技巧	4.17	4.68	4.81	0.54	0.49	0.52
对汇报分享的满意程度	3.41	4.57	4.72	0.46	0.53	0.56

根据表 7-26 数据，基于信度公式可计算出，第一组互评数据信度为 0.73，第二组互评数据信度为 0.72，第三组互评数据新宿为 0.75。基于汇报共享维度对相关数据进一步分析，可以获得以下信息：互评数据与自评数据基本一致，但是互评数据在指标评分上略低于自评数据。相较于传统执笔记录方式，思维导图效率高，能更好、更清晰地将各类观点以及观点之间的逻辑联系呈现出来，因此第一组满意度低于第二组和第三组。第二组和第三组对比分析后发现，自主学习阶段对于优化思维导图效果有着重要作用，能使受众对学生汇报分享产生更高的满意度。

四、教学效果分析

教学效果分析是以教育部颁布的课堂质量标准为依据。所使用的评级方法主要包括直接评价法和间接评价法。直接评价法是对教学效果进行定量评价，计算方法为学生所得平均分除以总分；间接评价法是对教学效果进行定性分析，评价结果分为五个等级，分别是优秀、良好、一般、及格、不及格。学习目标达成度如表 7-27 所示。

表 7-27　学习目标达成度

组别	评价方式	学习目标 1	学习目标 2
第一组	直接评价	0.72	0.74
	间接评价	0.75	0.81
第二组	直接评价	0.79	0.81
	间接评价	0.83	0.85

续表

组别	评价方式	学习目标 1	学习目标 2
第三组	直接评价	0.84	0.86
	间接评价	0.87	0.88

从表 7-27 可以看出，间接教学目标达成度高于直接教学目标达成度，这从侧面反映出学生对自身学习效果更加满意。另外，直接教学目标达成度与间接教学目标达成度相差不大，说明学生自评与实际检验基本贴合，反映出本试验中教学目标设置与课堂实施均较为合理。

五、试验研究结论

基于以上试验数分析，可以获得以下结论：一是混合教学方式有利于优化学生整合性学习效果；二是混合教学方式在思维导图协助下发挥了更大作用，因此思维导图应该得到足够重视。从长远看，混合性学习有利于锻炼学生诸多能力，对于学生全面发展意义重大。因此混合教学方式的价值需要得到进一步挖掘，而辅助形式也要不断创新。

第三节　心理测量基础上学生思维情况分析

在新工科建设理念下，教学模式将主要提升学生高阶学习思维，使学生在实践中解决复杂问题的时候具有足够能力。高阶思维能够间接反映人的高阶学习行为，通过心理测量的分析方法对学生高阶思维进行具体测量和掌握，有利于对学生高阶学习行为的研究，帮助研究者掌握学生高阶学习行为在学习过程中的变化情况。在学术界，高阶思维依然存在较大的待探索区域，众多学者对于高阶思维的构成并没有足够清晰、全面的认知。目前学术界将问题解决思维、批判性思维、决策思维及创造性思维四种思维明确纳入高阶思维范畴，并建立一定共识。

本部分内容主要对测量结果进行展示，以揭示学生高阶学习行为变化，具体细节有一定省略，以保证内容的简洁性。本部分内容所要陈述的观点为混合教学能够对学生高阶学习行为起到促进作用，使教学活动发挥更大的效果，从而为混合教学模式实践提供理论基础。本部分内容心理测量方式选择自陈表，资源和时间需求较少，且能够基本反映高校学生在混合教学模式下高阶思维的变化情况，通过与传统教学模式下学生高阶思维变化情况进行比较，能够得出相应结论。

相关调查研究数据显示，在测量过程中，被试学生切实参与教学实践过程，能够获得教学干预前后两组不同测量结果，且测试结果能够反映学生高阶思维在教学干预前后的变化。被试学生选择以及测量过程皆在科学指导下完成，具有参考价值。高阶思维的具体变化通过问题解决思维、批判性思维、决策思维及创造性思维的变化来展现。

（一）问题解决思维的测量结果和分析

在认知心理学理论中，问题被定义为人在状态转换过程中遇到的困难。状态转换即人从当前状态转变为目标状态的过程，人的两种状态存在差距，补足这一差距即是人状态转换的过程。在实际生活中，人总是在解决问题的过程中不断成长、发展，问题解决思维的强弱决定着人成长的速度与上限。

问题解决思维能够反映人解决问题的能力与思维模式，通过测量这一思维能够间接反映学生高阶思维变化情况，测量结果主要通过问题解决量表、社会问题解决量表以及青少年问题量表三种量表来表示。这三种量表分别测量人解决问题的自信、解决问题的积极或消极倾向以及青少年解决问题的能力。三个层面的数据较为全面地显示出高校学生解决问题思维的变化。为减少读者的认知负荷，本部分内容将直接展示相对简单的量表测量数据结果。调查研究主要进行两次测试，即课程开始前的前测以及课程结束后的后测，通过前测与后测数据结果对比，反映学生高阶思维变化。被试学生共参与两种不同类型课堂教学活动，两种教学活动具有不同设计目标，但都采用混合教学模式，测量结果能够反映学生在混合教学模式干预前后解决问题思维的变化。调查数据利用问题解决信心、个人控制感以及接近/逃避风格三个维度对数据结果进行信度检验。问题解决思维描述性统计如表 7-28 所示。

表 7-28 问题解决思维描述性统计

维度	前测		后测	
	均值	标准差	均值	标准差
问题解决信心	28.67	4.21	30.25	3.56
个人控制感	7.04	1.44	8.24	1.73
接近/逃避风格	25.54	3.01	25.40	3.43

从表 7-28 数据可以看到，学生在混合教学模式干预前后高阶思维各项指标出现变化，其中问题解决信心与个人控制感指标发生较为显著的变化，接近/逃避风格指标变化较小。为更加明显地展示被试学生解决问题思维在教学干预前后的变化，根据数据结果生成正态性检验表与成对样本相关系数表、成对样本检验表，分别如表 7-29、表 7-30、表 7-31 所示。其中成对样本相关系数表、成对样本检验表由配对样本 t 检验处理获得。

表 7-29　正态性检验表

测试	K-S[a]			S-W		
	统计量	*df*	*sig*	统计量	*df*	*sig*
问题解决信心前测	0.081	51	0.200*	0.988	51	0.900
个人控制感前测	0.120	51	0.057	0.971	51	0.268
接近/逃避风格前测	0.121	51	0.065	0.966	51	0.139
问题解决信心后测	0.117	51	0.080	0.971	51	0.215
个人控制感后测	0.121	51	0.060	0.970	51	0.242
接近/逃避风格后测	0.097	51	0.200*	0.981	51	0.530

注：a 代表显著水平修正。* 表示真实显著水平下限。

通过 K-S 与 S-W 两种不同检验方式对相关调查数据进行检验，得出表 7-29 所示结果。从 *sig* 值来看，超过 0.05 即代表数据不能拒绝原假设。表中通过两种检验方式分别得出的六组 *sig* 值均超过 0.05，表示数据不能拒绝原假设，数据属于正态分布。

表 7-30　成对样本相关系数表

对比组	说明	*N*	相关系数	*sig*
对 1	问题解决信心前测与后测	51	0.751	0.000
对 2	个人控制感前测与后测	51	0.813	0.000
对 3	接近/逃避风格前测与后测	51	0.453	0.001

对数据样本进行相关性检验的结果如表 7-30 所示，根据相关性检验，*sig* 值小于 0.05，说明结果显著相关，可知被试学生在受到混合教学模式干预后问题解决思维受到显著影响，教学干预与学生问题解决思维具有相关性。

表 7-31　成对样本检验表

对比组	均值	标准差	均值标准误差	差分的 95% 置信区间		*t*	*df*	*sig*（双侧）
				上限	下限			
对 1	-1.588	2.808	0.393	-0.798	-2.378	-4.039	50	0.000
对 2	0.177	3.392	0.475	1.131	-0.778	0.370	50	0.712
对 3	-1.177	1.053	0.147	-0.880	-1.473	-7.982	50	0.000

表中对 1 表示问题解决信心前测与后测，对 2 表示接近/逃避风格前测与后测，对 3 表示个人控制感前测与后测。相关调查数据通过配对样本 *t* 检验后得到表 7-31 所示结果。其中，在问题解决信心维度方面达到显著水平，效应量达 0.75；在个人控制感维度方面达到显著水平，效应量达 0.81；在接近/逃避风格

维度方面未达到显著水平，效应量低于0.5。

根据数据结果可得出，学生在受到混合教学模式干预后，其问题解决思维发生明显变化，具体表现为解决问题信心的提升以及个人控制感的增强，然而学生在面对问题时的风格，如接近和逃避等并没有出现显著变化。注意，此调查数据持续时间较短，而学生风格变化在长时间教学干预下可能出现显著变化。

（二）批判性思维的测量结果和分析

批判性思维在人的实际生活中往往表现为自我反思等，在反思过程中，人的大脑会进行一系列复杂变化，如反复推演与论证等。因此，批判性思维被学术界普遍认为属于人的高阶思维。人在反思过程中需要保持怀疑态度，通过反复推演来证实或证伪一件事物或想法等。批判性思维不仅体现在人的反思过程中，其内涵更加复杂，例如，人们在对信息进行处理与加工时时常会出现怀疑态度并通过推演来得出一定结论。批判性思维往往能够促使人在处理信息时更加准确、公正，降低冲动等情绪对人思维活动造成的影响等，对人进行正确判断具有重要意义。因此，批判性思维除了能够带给人们反思外，还能够促使人们处理问题时更加合理、规范。

大部分学者将认知能力的批判性思维技巧以及人类情感特质中对批判性思维的倾向归纳为批判性思维的主要成分，这两种主要成分具有相互结合的特性，两者相互促进，形成人的批判性思维。对批判性思维的测量方法尚未普及，人在测量批判性思维时往往缺乏工具。目前，人们对批判性思维倾向进行测量时主要从求真性、开放性、分析性、系统化思维、自信心、求知欲、认知成熟度七个维度进行描述，其中，自信心维度指标代表被试学生对自身批判性思维的自信心。对学生受教学干预前、后的批判性思维进行测量，通过对比得出，被试学生在教学干预下学习一个学期后，其批判性思维发生变化。批判性思维描述性统计如表7-32所示。

表7-32　批判性思维描述性统计

维度	前测		后测	
	均值	标准差	均值	标准差
求真性	19.63	3.36	20.12	3.01
开放性	20.85	2.03	22.01	1.92
分析性	21.37	2.31	21.98	2.60
系统化思维	19.98	2.01	20.41	2.83
自信心	19.16	3.83	19.39	3.01
求知欲	21.78	3.51	22.94	2.44
认知成熟度	18.00	1.75	20.02	3.35
总分	140.77	12.00	146.86	10.54

从表 7-32 数据可以看到，学生在受到混合教学模式干预前、后，高阶思维各项指标出现变化。可从数据中初步看到，学生受到教学干预后批判性思维出现一定提升，其中学生思想的开放性、求知欲及认知成熟度三项指标提升更加明显，其他维度指标变化相对较小。为更加明显地展示被试学生在教学干预前后批判性思维的变化，根据数据结果生成正态性检验表与成对样本相关系数表、成对样本检验表，分别如表 7-33、表 7-34、表 7-35 所示。其中，成对样本相关系数表、成对样本检验表由配对样本 t 检验处理获得。

表 7-33　正态性检验表

测试	K-S[a]			S-W		
	统计量	*df*	*sig*	统计量	*df*	*sig*
求真性前测	0. 116	51	0. 082	0. 969	51	0. 201
开放性前测	0. 115	51	0. 088	0. 969	51	0. 204
分析性前测	0. 116	51	0. 082	0. 967	51	0. 167
系统化思维前测	0. 124	51	0. 050	0. 967	51	0. 170
自信心前测	0. 097	51	0. 200 *	0. 974	51	0. 335
求知欲前测	0. 123	51	0. 054	0. 975	51	0. 340
认知成熟度前测	0. 123	51	0. 052	0. 972	51	0. 277
批判性思维倾向前测	0. 122	51	0. 057	0. 972	51	0. 266
求真性后测	0. 115	51	0. 088	0. 967	51	0. 173
开放性后测	0. 108	51	0. 196	0. 972	51	0. 270
分析性后测	0. 105	51	0. 200 *	0. 975	51	0. 338
系统化思维后测	0. 107	51	0. 200 *	0. 971	51	0. 239
自信心后测	0. 101	51	0. 200 *	0. 956	51	0. 058
求知欲后测	0. 119	51	0. 068	0. 973	51	0. 292
认知成熟度后测	0. 110	51	0. 175	0. 972	51	0. 266
批判性思维倾向后测	0. 093	51	0. 200 *	0. 966	51	0. 157

注：a 代表显著水平修正。* 表示真实显著水平下限。

通过 K-S 与 S-W 两种检验方式对相关调查数据进行检验，得出表 7-33 所示结果。从 *sig* 值来看，超过 0. 05 即代表数据不能拒绝原假设。表中通过两种检验方式分别得出的 16 组 *sig* 值均超过 0. 05，表示数据不能拒绝原假设，数据属于正态分布。

表 7-34　成对样本相关系数表

对比组	说明	*N*	相关系数	*sig*
对 1	求真性前测与后测	51	0. 386	0. 005
对 2	开放性前测与后测	51	0. 318	0. 023
对 3	分析性前测与后测	51	0. 423	0. 002
对 4	系统化思维前测与后测	51	0. 448	0. 001
对 5	自信心前测与后测	51	0. 550	0. 000
对 6	求知欲前测与后测	51	0. 520	0. 000
对 7	认知成熟度前测与后测	51	0. 421	0. 002
对 8	批判性思维倾向前测与后测	51	0. 589	0. 000

根据相关性检验，*sig* 值小于 0. 05 说明结果显著相关，可知被试学生在受到混合教学模式干预后批判性思维受到显著影响，教学干预与学生批判性思维具有相关性。

表 7-35　成对样本检验表

对比组	均值	标准差	均值标准误差	差分的 95% 置信区间		*t*	*df*	*sig*（双侧）
				上限	下限			
对 1	-0. 490	3. 540	0. 493	0. 506	-1. 486	-0. 989	50	0. 328
对 2	-1. 137	3. 206	0. 449	-0. 235	-2. 039	-2. 533	50	0. 014
对 3	-0. 607	2. 646	0. 372	0. 136	-1. 352	-1. 640	50	0. 107
对 4	-0. 431	2. 640	0. 370	0. 311	-1. 174	-1. 167	50	0. 249
对 5	-0. 235	3. 326	0. 466	0. 700	-1. 171	-0. 505	50	0. 616
对 6	-1. 157	3. 061	0. 429	-0. 296	-2. 018	-2. 698	50	0. 009
对 7	-2. 000	3. 060	0. 428	-1. 140	-2. 860	-4. 668	50	0. 000
对 8	-6. 059	10. 328	1. 446	-3. 154	-8. 964	-4. 189	50	0. 000

表 7-35 中，对 1 表示求真性前测与后测，对 2 表示开放性前测与后测，对 3 表示分析性前测与后测，对 4 表示系统化思维前测与后测，对 5 表示自信心前测与后测，对 6 表示求知欲前测与后测，对 7 表示认知成熟度前测与后测，对 8 表示批判性思维倾向前测与后测。其中，在求真性、分析性、系统化思维、自信心维度未达到显著水平。在开放性、求知欲、认知成熟度以及批判性思维倾向维度达到显著水平。

从数据结果可得出以下结论，学生在受到混合教学模式干预后，其批判性思维发生明显变化，具体表现为学生思想开放性、求知欲、认知成熟度以及批判性思维倾向维度的提升以及增强，在其余维度并未出现显著增强。

（三）决策性思维的测量结果与分析

人们普遍认为决策能力提升与人的理性具有较大联系，正确的决策往往是人在相对理智的情况下得出的。从20世纪50年代开始，决策性思维受到众多学者的关注。研究发现，人在决策时不可能完全做到“绝对理性”，只能保持相对理性。相关研究人员还发现，决策性思维属于一种高级认知行为，是人类特有的一种能力。随着学者对决策性思维研究的不断深入，决策性思维从更多角度被解释和阐述。有学者认为，决策能力是人解决问题的关键模式，正确的决策需要更加误差较小的信息来支撑。

目前决策性思维的测量工具有多种，A-DMC测量工具便是其中一种。本部分内容选取决策规则使用任务、抵御沉没成本任务、社会规范认知以及决策自信心四个维度来描述学生决策性思维在接受混合教学模式干预后的变化。实际测试工具更加复杂，包括对被试学生信念评估、价值评估、整合能力、元认知四项核心技能的测试以及六个偏差任务的测试，本部分内容选择的相关调查数据比较简单，属于简化版本。经过对相关调查数据进行信度检验，证明此数据具有可信性。决策性思维描述性统计如表7-36所示。

表7-36　决策性思维描述性统计

维度	前测		后测	
	均值	标准差	均值	标准差
决策规则使用任务	2.52	0.14	3.08	0.11
抵御沉没成本任务	10.36	0.46	11.54	0.49
社会规范认知	140.48	6.56	139.10	7.12
决策自信心	0.51	0.03	0.64	0.02

从表7-36数据可以看到，学生在受到混合教学模式干预后高阶思维各项指标出现变化。可从数据中初步看到，学生受到教学干预后决策性思维出现一定提升，其中决策规则使用任务、抵御沉没成本任务以及决策自信心维度出现较为明显的提升，而社会规范认知维度反而出现降低趋势。为更加明显地展示被试学生教学干预前后创造性思维的变化，根据数据结果生成正态性检验表与成对样本相关系数表、成对样本检验表，分别如表7-37、表7-38、表7-39所示。其中成对样本相关系数表、成对样本检验表由配对样本 t 检验处理获得。

表 7-37　正态性检验表

测试	K-S[a]			S-W		
	统计量	*df*	*sig*	统计量	*df*	*sig*
抵御沉没成本前测	0.094	50	0.200*	0.986	50	0.831
社会规范认知前测	0.108	50	0.198	0.880	50	0.000
决策自信心前测	0.068	50	0.200*	0.980	50	0.554
低于沉默成本后测	0.103	50	0.200*	0.966	50	0.157
社会规范认知后测	0.087	50	0.200*	0.972	50	0.274
决策自信心后测	0.102	50	0.200*	0.968	50	0.198

注：a 代表显著水平修正。* 表示真实显著水平下限。

通过 K-S 与 S-W 两种检验方式对相关调查数据可以看出，*sig* 值超过 0.05 即代表数据不能拒绝原假设。表中通过两种检验方式分别得出的 6 组 *sig* 值均超过 0.05，表示数据不能拒绝原假设，数据属于正态分布。

表 7-38　成对样本相关系数表

对比组	说明	*N*	相关系数	*sig*
对 1	决策规则使用前测与后测	50	0.383	0.006
对 2	抵御沉没成本前测与后测	50	0.517	0.000
对 3	社会规范认知前测与后测	50	0.355	0.011
对 4	决策自信心前测与后测	50	0.403	0.004

对数据样本进行相关性检验的结果显示，*sig* 值小于 0.05 说明结果显著相关，可知被试者在受到混合教学模式干预后决策性思维受到显著影响。

表 7-39　成对样本检验

对比组	均值	标准差	均值标准误差	差分的 95% 置信区间		*t*	*df*	*sig*（双侧）
				上限	下限			
对 1	-0.560	0.972	0.137	-0.284	-0.836	-4.073	49	0.000
对 2	-1.180	3.281	0.464	-0.248	-2.112	-2.543	49	0.014
对 3	1.380	55.029	7.782	17.019	-14.259	0.177	49	0.860
对 4	-0.126	0.216	0.031	-4.105	-0.187	-4.105	49	0.000

表 7-39 中，对 1 表示决策规则使用前测与后测，对 2 表示抵御沉没成本前测与后测，对 3 表示社会规范认知前测与后测，对 4 表示决策自信心前测与后测。相关调查数据通过配对样本 *t* 检验后显示，决策规制使用、抵御沉没成本、决策自信心三个维度达到显著水平，而社会规范认知维度未达到显著水平。从数据结果可

得出以下结论，学生在受到混合教学模式干预后，其整合能力、价值评估能力以及元认知决策技能方面得到显著提升，而学生信念评估能力未得到显著提升。

（四）创造性思维的测量结果与分析

创造性思维被学术界当作一种独立心理行为进行研究，众多学者对创造思维进行研究并提出各自观点，如创造思维能力能一分为二，分为发散与聚合两种思维；创造思维是对知识等进行重组的过程等。不同学者从不同角度出发，能够得出不一样的对于创造思维的看法与观点等。我国学者林崇德从人才培养角度出发将创造思维能力的培养看作人才培养的重要组成部分，他的这一观点得到社会广泛认可，我国新工科建设十分注重对学生创造性思维能力的培养。

目前创造性思维的测量工具有多种，尤金创造力测试便是其中一种，受到国内外学者广泛认可，具有便于使用和易于理解的优点。本部分以尤金创造力测试为工具，选取相关学生在接受混合教学模式干预后创造性思维的测量结果数据进行分析。具体测量方式为向被试学生提供 50 道选择题，随后根据被试学生答题获得的分数得出被试学生创造性强弱的结果。从被试学生受到教学干预前、后的创造性思维测量数据，可以得出被试学生在教学干预后创造性思维的变化。经过对相关调查数据进行信度检验，证明此数据具有可信性。创造性思维描述性统计如表 7-40 所示。

表 7-40　创造性思维描述性统计

分数	前测		后测	
	均值	标准差	均值	标准差
测量分数	53.67	7.24	54.18	8.54

从表 7-40 数据可以看到，学生在受到混合教学模式干预前、后，高阶思维各项指标出现变化。可从数据中初步看到学生受到教学干预后，创造性思维出现一定提升，但均值发生的细微变化说明提升并不明显。为更加明显地展示被试学生教学干预前后创造性思维的变化，根据数据结果生成正态性检验表与成对样本相关系数表、成对样本检验表，分别如表 7-41、表 7-42、表 7-43 所示。其中，成对样本相关系数表、成对样本检验表由配对样本 *t* 检验处理获得。

表 7-41　正态性检验表

测试	K-S[a]			S-W		
	统计量	*df*	*sig*	统计量	*df*	*sig*
创造性思维前测	0.077	51	0.200*	0.985	51	0.760
创造性思维后测	0.082	51	0.200*	0.976	51	0.399

注：a 代表显著水平修正。* 表示真实显著水平下限。

通过 K-S 与 S-W 两种检验方式对相关调查数据进行检验可以看出，*sig* 值超过 0.05 即代表数据不能拒绝原假设。表中通过两种检验方式分别得出的两组 *sig* 值均超过 0.05，表示数据不能拒绝原假设，数据属于正态分布。

表 7-42　成对样本相关系数表

对比组	说明	*N*	相关系数	*sig*
对 1	创造性思维前测与后测	21	0.397	0.004

对数据样本进行相关性检验的结果显示，*sig* 值小于 0.05 说明结果显著相关关系的依据，可知被试学生在受到混合教学模式干预后创造性思维未受到显著影响。

表 7-43　成对样本检验表

对比组	均值	标准差	均值标准误差	差分的 95% 置信区间		*t*	*df*	*sig*（双侧）
				上限	下限			
对 1	-0.510	8.732	1.223	1.946	-2.966	-0.417	50	0.679

表 7-43 中，对 1 表示创造性思维前测与后测。相关调查数据通过配对样本 *t* 检验后显示，其 *sig* 值为 0.679，大于 0.05，未达到显著水平。从数据结果可知，学生在受到混合教学模式干预后，其创造性思维产生不显著提升。

第八章 新工科视域下混合教学课程设计与实施设计

第一节 混合教学课程设计

一、新工科视域下混合教学课程设计方法

新工科教育具有创新性和改革性，在人才培养方面更加追求对人才创新能力、实践能力等关键能力的培养，以学生为中心是新工科教育的理念。新工科教育以培养高质量的适应未来社会发展的人才为目标，将为新兴产业发展提供人才基础。

新工科理念下，人才培养理论与方法发生变化，人才培养与学术研究的联系更加紧密，学术研究成果能够快速在人才培养过程中发挥作用，人才培养则能够促进学术研究进一步发展，两者相互促进，共同发展。与时俱进是新工科理念下人才培养的重要特征，与时代共同发展、站在时代发展的前沿，是新工科教育必须达到的要求。新工科教育为新兴产业提供人才，人才培养标准必须紧随新兴产业人才招收标准；随着新兴产业的快速发展，相应人才培养必须快速才能达到时代发展的要求。因此，新工科教育对与时俱进的要求比传统教育更加高，人才培养也更加先进。除与时俱进外，新工科人才培养的要求也随新兴产业的用人要求而变化，人才需要掌握的能力结构更加多样化。

新工科理念下人才培养对学生素质提出了更高要求，如学生的研究素质、职业素养等需要达到更高标准。新工科人才能力可从个人能力、团队能力及全局意识三个维度来详细表述。其中，个人能力主要指学生自身对新工科专业知识和技能的掌握情况与实际应用能力、创造能力、工程设计与实践能力等；团队能力则是指学生发挥团队力量的能力，简单来说便是与人合作的能力，具体包括沟通交流能力、团队协作能力等；全局意识是指学生的跨学科思维能力、全球视野等。

学生在这三个维度上的能力达到一定标准后，在参与、推动新兴产业发展过程中，能够发挥出更大的力量。这些能力的标准则与新业态人才需求息息相关，如经济全球化背景下，人才需要具有全球视野，新兴产业的快速发展则需要人才具备创新创造能力、跨学科思维能力等。

我国高校正在开展新工科专业建设，新工科专业布点快速增加，全国各地高校积极参与。在“复旦共识”“天大行动”等战略引导下，高校具有明确的新工科专业建设方向，向构建应用型人才培养体系不断前进。以市场人才需求为导向、以校企合作为渠道、以能力培养为核心成为各地高校参与新工科建设的总体指导。

混合教学模式对教学活动良好开展具有重要推动作用，能够使新工科专业建设更充分地利用线上线下教学资源，结合线上线下教学模式的优势推动新工科人才培养。因此，本部分内容将对新工科视域下混合教学课程设计进行研究和探讨。具体通过对新工科专业课程内容结构、教学资源、评价手段等各个方面的分析，以人才培养目标为基础，对传统课程设计进行革新，充分延续传统课程设计优势，融合混合教学模式课程设计优势。在进行新工科课程混合教学设计时，首先以培养学生适应新业态发展需求的个人能力、团队能力以及全局意识为方向进行教学目标设计；随后围绕教学目标，利用校企合作等渠道，进行教学过程设计；最后结合人才培养过程和标准进行教学评价设计。

二、新工科建设理念与混合教学相结合的优势

（一）有助于提升新工科专业建设成效

教育与时代发展紧密相连，新工科专业建设则是为迎接时代变化而进行的教育改革，新工科人才能够更好地适应时代带来的环境变化，促进新兴产业发展。其以应用型、工程型人才培养为主，以市场人才需求为导向，人才能力培养框架较为明确。新工科建设理念与混合教学相结合，新工科专业课程建设将具有更加明确、清晰的教学目标，教学过程能够进一步提升学生学习效率，促使学生对新工科专业课程产生兴趣，最终起到提升新工科专业建设成效的作用。

（二）有利于能力培养

混合式课程设计利用教育信息化优势进行信息化、智能化的课程设计，结合线上与线下教学模式，为学生提供更加多样化的学习方式，使学生能够更加自主地参与学习。新工科教育理念以学生为中心，且多样化的混合学习方式使学生在自主学习、课堂学习等过程中有更多选择。教师能够根据学生的不同学习风格选取不同教学方式开展教学活动，学生能够根据自身喜好和习惯等选择适宜的学习方式。混合式课程设计更加突出学生为中心的教育理念，有利于提升新工科人才

能力。

(三）有利于培养学生的团队能力及全局意识

新工科建设理念对学生个人能力、团队能力以及全局意识提出更高要求，高校教学模式、教学理念等随之面临改革和创新，混合教学设计为高校改革与创新提供了良好方案。混合教学设计使学生团队协作的机会增多，全局意识加强，与新工科建设理念不谋而合，两者相互结合，能够促进新工科学生团队能力的提升以及全局意识的增强等。例如，线上丰富的教学资源使学生能够更加快捷、轻松地学习到自身感兴趣的学科知识；学生通过线上学习完成背诵等学习活动后，能够在课堂上与教师、同学拥有更多交流的时间等。

三、课程设计原则

（一）以学生为中心

以学生为中心是新工科教育理念，在混合式课程设计中要坚持这一原则，注重学生各方面能力的成长与发展，让学生要成为课程设计的主体。传统课程以教师为中心，课程设计以教师为主体，教学过程突出一个“教”字，学生在学习过程中处于相对被动的地位。混合式课程设计则以学生为主体，教学过程突出一个“学”字，发挥学生自觉主动学习的潜力，使学生经过学习获得更大的成长。

(二）以学生发展为目标

以学生发展为目标是指在课程设计中主要体现为对学生发展需求的重视。如，学生创新能力、问题解决能力等关键能力对学生未来发展能够提供助力，课程设计则针对这些能力的提升而开展。学生在掌握相关专业理论知识的基础上，通过课程进一步获得相关能力的提升。

(三）以学生成果为导向

新工科建设以市场人才需求为指引，培养学生适应市场发展的能力，促进学生更好地实现自我价值、更快地适应社会。因此，混合式课程设计需要注重学生学习成果的输出。

四、课程设计过程

（一）确定课程能力目标

课程能力目标是指学生在学习课程后需要具备的相应能力和达到的一定标准，是课程教学目标与人才培养目标相结合的产物。在新工科视域下，课程能力目标应与新工科人才培养目标保持一致。新工科人才培养对学生能力要求大体可分为三个维度，即个人能力、团队能力及全局意识。相关专业课程自身同样具有

一定目标，需要学生在学习课程后掌握相关知识与能力。两个目标相互结合，便能够制定出相对完善的课程能力目标。

以“工业 APP 设计”这一课程为例，此课程目标要求学生学习课程后能够充分理解工业 APP 的概念、意义等并能够将所学知识运用到实际工程实践中，例如学生能够利用自身所学知识指导和优化工业流程，在课程学习后能独立完成工业 APP 设计任务。具体而言是与新工科人才三个维度能力的培养目标相结合，制定出相应能力目标。

1. 个人能力维度

新工科个人能力维度要求学生具有知识学习能力、思维判断及分析能力、实践能力以及创造能力等，新工科人才培养目标与高校教育改革目标具有一致性，以促进人的全面发展为目标。将这些目标与“工业 APP 设计”课程目标相结合，可以得到新工科理念下“工业 APP 设计”课程个人能力培养目标。

在知识学习能力方面，具体包括快速获取、检索知识信息并进行相应评判的能力；在思维判断与分析能力方面，具体包括对工业 APP 设计目标、内容、环境、工业流程等进行分析的能力等；在实践能力方面，具体包括对相关工业需求等进行分析判断，切实发现并解决问题的能力；在创造能力方面，具体包括利用工业流程和模型设计出工业实际需求的 APP。

2. 团队能力维度

新工科团队能力维度要求学生具有良好的沟通交流能力以及团队协作能力等，将此人才目标与“工业 APP 设计”课程目标相结合，可以得到新工科理念下“工业 APP 设计”课程团队能力培养目标：能够向他人准确、清晰表达自身观点的能力；能够与他人进行良好交流的能力；管理项目团队与协作协调能力；能够在合作项目中明确自身责任并良好履行自身责任的能力；通过团结协作，与客户共同完成设计的能力等。

3. 全局意识能力维度

新工科全局意识能力维度要求学生具有良好的跨学科思维能力、系统性思考问题的能力以及全球视野意识等。将此人才培养目标与“工业 APP 设计”课程目标相结合，可以得到新工科理念下“工业 APP 设计”课程全局意识能力培养目标：能够对企业进行调研、分析，明确工业企业的需求和 APP 设计任务；能够深刻、系统地认识工业企业系统中各资源要素，掌握其各资源要素之间的相互联系；能够通过国际视野具体掌握工业 APP 系统设计前沿知识以及发展趋势等，并在此基础上对系统设计展开相关分析研究。

（二）设计课程教学内容

新工科建设属于工科教育改革的范畴，立足于现有工科教育人才培养体系框架进行改革与创新，其建设完成后依然是工科教育范畴。工科教育当中的部分课程在教学内容、教学方法等方面发生变化，产生新的专业课程；不同学科专业课程经过组合后，产生新的工科专业课程。新工科建设是社会新兴产业发展对教育提出的新要求。

以“工业 APP 设计”这一课程为例，其课程大纲包括以下几个方面，即设计概论、系统设计过程模式、注重业务流程的系统设计、注重流程再造和工业需求的工业 APP 系统设计、现代实际教学活动中教学系统设计的应用。课程设计遵循由简入繁的原理，逐步提升学生对知识以及相关能力的掌握，具体课程结构由章节内容构成，每一章节内容中包含与教学目标相应的基础知识以及一定学习任务。课程设计能够将课程教学目标所包含的知识点全面融合，学生能够通过课程学习掌握全面的课程知识，具有一定运用知识的能力。但是这一课程设计没有体现出人的全面发展的教育改革要求，与时代发展要求出现一定程度的分离。社会对新工科人才甚至普通行业的人才要求在不断提高，学生在传统课程学习中基础知识认知水平能够达到一定标准，但将知识与实践结合的能力却不能得到有效的锻炼。新工科理念与课程设计相结合，能够进一步锻炼学生核心素养。因此，课程内容设计应包含对学生个人能力、团队能力以及全局意识三个维度能力的锻炼。

在个人能力维度，“工业 APP 设计”课程内容应围绕其课程能力目标的相应指标进行设计。例如，为设计提供资源和工具选择，通过实践工程中设计与开发来促进学生创造能力的提升；为学生提供设计过程体验、系统设计分析案例模拟来促进学生思维判断与分析能力的提升。

在团队能力维度，“教学系统设计”课程内容应围绕新工科理念下团队能力课程目标进行设计。例如，为学生提供团队合作完成某一工业 APP 项目设计的任务来促进学生团队协作能力的提升；为学生提供对某一工业 APP 系统设计项目进行沟通的课程内容来锻炼学生表达自身观点的能力。

在全局意识能力维度，“工业 APP 设计”课程内容应围绕新工科理念下相应的课程能力目标进行设计。例如，为学生提供工业 APP 设计应用案例分析的课程内容，促进学生系统性思考问题能力的提升。

以“工业 APP 设计”课程内容为例，其中包含的应用原理与知识点较多，学生要花费大量时间进行记忆和理解才能够完成既定教学目标。该课程在实际教学过程中还涉及其他相关知识，学生需要掌握的知识数量和种类较为复杂与繁多。线上线下混合教学模式能够为学生提供更多时间，学生通过线上学习的方式能够在更多碎片化时间内对相关知识进行学习，从线上教学资源中找到的资源数量与种类也比较全面。学生通过线上、线下两种方式对该课程进行学习，能够更

好地吸收该课程多种类、大数量的相关理论知识，从而更好地掌握此课程。

在新工科理念下，设计“工业 APP 设计”课程教学内容需要结合三个维度的能力培养目标，使学生在掌握相关知识的基础上获得充分运用知识的能力。在教学过程中，要使学生充分利用所学知识对教学方法、手段等进行探索和实践，并为学生提供实践场所和机会，使学生从实践中切实理解知识，提升使用知识的能力。在课程设置方面，该课程应在新工科建设理念下进行适当调整，将课程安排在线上、线下两种场景中。该课程原先课时共 60 节，高校为其设置 4 学分，本部分内容利用混合式课程设计对该课程设置进行适当增加，其中线上课程设置为 30 节，线下课程设置为 40 节，将学生学习理论知识的课程与注重课堂交互的课程分开设置，学生学习理论的课时可设置为线上课程内容，剩下的课程内容则可设置为线下课程，主要用以教师解决学生在线上学习时遇到的问题，线下课程内容设置应加入实践课程内容。课程内容根据其性质进行分类，利用两种教学模式各自的优势使课程内容合理地融入教学过程，使学生认知资源得到合理利用。线下实践课程的加入能够使学生应用知识的能力得到切实提升，最终更好地促进课程能力目标的实现。

以“工业 APP 设计”教学活动设计为例，其教学以工程项目为主线逐渐展开，学生在处理相应项目时需要通过系统性思考、团结协作等多种新工科人才能力来解决问题，从而培养各项能力。而项目设置需要与该学科课程目标结合，具体根据课程主题单元设置相匹配的项目，在传统学科课程设置的基础上实现革新，融合传统课程与新工科理念对人才培养的优势。项目设置可选取真实项目例子，为学生提供更加真实的完成项目的情境；课程内容设置过程中可以将理论知识融入真实项目，使学生在完成项目时更好地掌握课程理论知识。这种设计可以为学生指明方向，明确在团队合作过程中需要掌握的相关知识及能力，使学生减少无效认知，提升学习效率，使学生在规定时间内基本掌握课程内容、完成项目。

综合以上分析内容，本部分内容选取四个项目案例与该学科传统课程内容相融合，具体按照课程内容主题单元分类来完成融合过程。这四个项目依次为：让学生对工业 APP 系统设计过程进行分析了解，明确指出其具体方法、步骤以及具体应用；让学生对具体项目进行设计，根据学生对知识的理解选择实施策略；让学生对自工业 APP 设计的结果进行测试与评价；让学生在实际情境中运用系统设计能力，二次开发已有系统。“工业 APP 设计”课程通过以上项目逐渐展开，与传统课程主题单元对知识、概念的讲解具有相互呼应的效果，两者都是由易到难逐步深入，遵循学生认知发展规律。同时，这四个项目能够综合锻炼到学生新工科三个维度的能力。除四个项目案例外，在具体实践过程中，需要更多具体教学任务来完成整体教学活动。教学任务的设置与课程能力目标实现以及具体课程内容相契合，面对不同教学情景以及不同学生学习风格等可以随时灵活应变。教学任务的设置是为了给予学生明确的学习目标，指引学生快速投入学习情境，使学生的有限认知资源得到充分发挥，是提升学生学习效率的良好途径。合理教学任务设置对混合教学具体落实能够起到促进作用，例如，学生在线上利用学习资源进行自主学习时，学生在明确目标指引下能够集中注意力，促进学生自主学习取得预期效果；学生在具有明确目标的情况下处理线上教学资源时，能够更快、更准确地对教育信息进行检索与判断，学生获取信息更加高效。教学任务的准确设置，能够为学生相互之间的沟通与交流提供一个主题，学生之间的相互交流更加容易展开，学生对同一问题的思考更容易出现相互借鉴融合的效果，对于学生小组分析问题、解决问题，最终达成一定共识具有促进作用。不同学生从不同角度对问题进行思考，并将思考结果进行信息共享，学生通过相互交流获得一定启发。学生将提升自身团队协作能力并感受到团队协作的重要性，更加注重提升自身团队协作能力。学生对同一问题展开探讨，会对问题产生较大范围的延伸理解以及更大的探索兴趣，学生系统性思考能力会得到锻炼。

（三）构建混合教学模式

混合教学模式的构建立足于新工科理念，依据为布鲁姆对混合教学模式的观点。不同专业课程目标分别与其观点相结合，能够构建出与不同专业课程相适应的混合教学模式。同时，专业课程在构建混合教学模式时要满足新工科建设对人才培养的要求。在此要求下构建的混合教学模式具有培养学生三个维度下能力的特点，即能够更好地培养学生个人能力、团队能力以及全局意识。该混合教学模式与传统教学模式相比，更加注重教师与学生、学生与学生之间的交互，能够以学生为中心，充分调动学生学习的主动积极性，学生更多依靠自主学习的方式或能力来完成学习活动，对学生运用跨学科知识能力、知识学习的能力、思维分析与判断能力、实践能力以及创新能力等的锻炼要比传统教学模式更加深入。学生在混合教学模式下进行学习，能够将所学知识应用于实践，更好地适应社会发展。充分融入新工科建设理念、实现新工科人才培养是混合教学模式构建的核心，培养过程以引导学生完成相关项目为关键。课程目标与人才能力培养目标紧密结合，学生对专业课程知识的学习以及实际情境中运用知识的能力得到同步锻炼。学生通过完成不同项目来达到掌握知识、提升能力的学习目标，项目设计过程中需要围绕课程目标与人才培养目标进行，对学生各方面能力的锻炼将全部融入项目设计。以“工业 APP 设计”课程混合教学模式构建为例，围绕课程内容学习以及新工科人才能力培养目标设计项目教学活动，以调动学生自主学习为中心，充分结合混合教学模式的优势，构建该课程新工科理念下混合教学模式。项目教学具体与课程主题单元相结合，传统课程设置优势将继续得到发挥并与相应革新活动优势融合产生更加良好的教学效果。具体教学任务设置起到为学生提供学习动力的作用，引导学生逐步提升。教学任务能够起到衔接作用，将课程主题单元与能力培养要求连接在一起，最终完成教学目标。

具体来说，新工科理念下混合模式构建以培养学生个人能力、团队能力、全局意识三个维度的能力为基础，利用混合教学模式的优势完成课程目标以及人才培养目标。线上线下混合教学模式可以具体分成三个部分，第一个部分是通过线上学习的优势来推动学生更好地进行课前预习等活动；第二个部分是通过线下教学模式来进行项目教学或实践教学等，主要体现线下教学互动性强的优势；第三个部分是通过线上学习的优势来实现教学评价设计，以及学习任务的发布。这三个部分都建立在教育信息化基础上，如线下教学过程中需要用到信息化系统或者课堂插件等，两种教学模式在教育信息化基础上融合程度不断提升，使混合教学模式功能更加强大。

新工科理念下混合教学模式的第一部分可以分为准备和施行两个阶段。在准备阶段，教师将对线上教学资源进行甄选、裁剪以及增补，教师作为引导者需要根据自身教学活动的具体进程、教学目标等来制作与之相适应的线上教学资源。教师还能够与学生共同制订教学目标，参考学生意见对线上教学资源进行二次加工。在线上教学资源基本制作完成后便进入施行阶段，线上教学资源将直接被学生所利用和学习。在施行阶段，教师应为学生设置一定教学任务，将课程能力目标告知学生，使学生在相对明确目标指引下进行学习。教师通过线上教学平台将教学资源发布到网络上，与学生实现线上教学资源的共享。学生在线上对共享教学资源进行学习，同样能够与教师、同学在线交流，解决部分学习过程中的疑惑，并最终对自身学习成果进行总结，完成教师发布的相关学习任务。

新工科理念下混合教学模式的第二部分以项目教学为主线逐步进行，首先是教师向学生布置项目任务，将学生划分为多个小组，学生通过小组讨论对项目任务进行分析、判断和构思等；教师根据学生小组最终汇报结果指导学生，对学生项目构思进行引导和完善，进入主要的项目设计工作。项目设计由小组共同完成，需要线下互动性较强的环境支持，需要在教师的总体引导下，由学生展开讨论和设计等。完成这一复杂项目对新工科人才能力的提升具有巨大作用，能够使学生在实际情境中运用自身知识的能力、理论与实践相结合的能力以及跨学科思维能力等得到显著提升。在项目设计工作完成后，小组之间将进行成果展示，将自身项目设计成果展现到班级全体师生面前，不同小组之间在成果展示过程中相互评价，吸收各自优点，取长补短，不断提升自身认知水平以及关键能力等。教师与小组之间的相互评价能够使评价更加全面、公正，对学生的启发、引导意义更大。

新工科理念下混合教学模式的第三部分的主要任务为拓展巩固，是学生达成一定共识的阶段。这一阶段能够在线上教学模式下完成，学生能够在空闲时通过线上与教师进行沟通，在教师引导下解决自身疑惑；教师在项目教学阶段通过与学生之间相互探讨，初步了解学生掌握知识的水平以及学习困难，根据不同学生之间的差异进行个性化指导，使学生能够发挥自身特点，实现全体学生共同进步的目标。学生在这一阶段需要对别人给予的评价进行仔细分析，对自身学习成果进行归纳总结，在教师引导下解决自身疑惑后，最终全班学生建立一定共识。

在新工科理念下混合教学模式的具体构建过程中，教师起到引导作用，使教学活动能够达到既定课程能力目标，使教学活动有序、稳定开展。对于学生在这三个部分的学习活动，教师应不断进行监督，并时刻关注学生遇到的困难或疑惑，及时为学生纠正研究、学习方向。教师在布置相应教学任务后，对于学生完成任务的情况和进度要进行评价和指导，以此使学生产生学习动力、帮助学生明确学习目标。教师在新工科理念下混合教学模式中主要起到引导作用，学生则是教学活动的主体。这一教学模式以培养学生个人能力、团队能力以及全局意识为基础，通过适当的教学任务来使教学活动顺利开展并产生连贯性。

第二节　混合教学课程实施设计

一、课程分析

（一）课程定位

课程定位是做好教学设计的重要前提。具体来说，“工业 APP 设计”这门课程具有较强应用性，对于教学理论与教学实践相结合具有推动作用：在理论层面，教学系统设计被认为是教育技术发展的重要理论基础；在实践层面，教学系统设计提供了实践课堂与平台，可以通过培养学生系统设计思维与能力为进一步掌握设计技能奠定基础。

（二）课程性质

“工业 APP 设计”注重实践能力培养，其具体内容倾向于结合理论对实践内容进行探讨，比如系统设计概论、设计过程模式、设计类型等既有理论内容阐述，也会从实践角度设计题目。从实际效果来看，大部分学生对于相关概念理解并不存在太大困难，难点主要存在于将概念与实践操作糅合在一起。基于难点分析，混合教学的“学生中心、产出导向、持续改进”理念能够更好地应对难点，可以帮助学生在教学中得到理论层面与能力层面的双向提升。

二、教学现状分析

对该课程教学情况进行随机访谈与问卷调查后，结合调查结果对教学现状进行总结得出：一是学生需求重视程度有待提升。以学生为中心理念在实际教学中没有得到贯彻落实，很多教师并没有基于学生需求设定课程目标与调整课程内容。二是课程设计范围较小。能力培养要站在全面发展角度进行思考，而在实际课程设计中，往往是与课程直接相关的能力如设计能力、分析能力等得到设计，间接相关的表达与交流能力、团队合作能力等却没有得到足够重视。三是教学方式没有凸显学生主体地位。

三、教学活动设计

传统教学完全以线下教学情境为载体，而混合教学能引入线上教学，混合教学与传统教学相比更加灵活。从便捷层面分析，线上教学渠道具有便捷性，学生只需要依托相关网络电子设备便能开始学习。本章节开展的混合教学设计主要利用课堂派平台，这一平台具有以下特征：一是可以通过微信公众号、浏览器等登录，不必下载和安装；二是操作方便快捷，在课堂考勤环节中，学生或教师只需要扫描二维码便可完成考勤；三是平台功能丰富，包括班级管理、作业在线批改、在线考试、在线搜索与分享课件资料等；四是有利于线上线下更好结合，比如批阅作业时既能通过线上迅速处理，也能在线下及时解决作业中存在的问题。

（一）教学过程设计

以学生为中心是教学过程设计所应秉持的重要原则。混合教学在面对面教学阶段要选择更具针对性的教学方式，考虑到“工业 APP 设计”课程特征，案例教学法和任务驱动教学法更为契合，任务驱动教学法能依托任务锻炼学生分析问题、解决问题能力，并同时收获相应知识。

“工业 APP 设计”混合教学实施过程可以设计为三个阶段，分别是课前阶段的线上导学、课中阶段的线下深学以及课后阶段的线上优学。在课前阶段，教师要做好分析学生学习情况、发布学习任务和学习资源、在线答疑、交流讨论等准备工作，学生要做好查看学习任务、观看学习资源、在线提问、在线测评、交流讨论、完成任务等项目；在课中阶段，教师要做好重难点讲解、共性问题讲评、提出项目任务、讲解优秀案例、组织讨论、答疑解惑等工作，学生要做好交流讨论、提出问题、分组协作、完成任务、成果展示等项目；在课后阶段，教师要做好分享拓展资源、发布拓展作业、解惑答疑、分析总结、个性化指导、反思改进等工作，学生要做好在线提问、交流讨论、解决疑问、完成作业、反馈评价等项目。不同阶段之间要紧密联动，相互之间形成支撑与反馈。

三个阶段的目标如下：课前线上导学以培养学生个人能力和团队能力为主要目标。教师可以基于线上平台所记录的相关数据进行能力分析。比如，学生在个人能力层面的知识学习与应用能力、思维判断、分析能力等，学生在团队能力层面的团队合作、表达与交流能力等。发现问题及时进行针对性解答，如果仍没有达到理想效果，则需要转入线下进行进一步分析研究。课中线下深学以培养学生全局意识和团队能力为主要目标。学生如何在学习知识后将其转化为能力是教师应思考的重要问题。重难点讲解是一种转化途径，一般来说重难点会具有较大跨度，攻克重难点有利于拓展学生思维与视野，让学生具备系统性思考能力；组间交流讨论既可以活跃教学气氛，激发学生更强活力，也能让学生在交流互动过程中提升团队合作能力与表达能力；案例讲解法可以依托案例引领学生与真实情景进一步靠近，有利于推动理论与实践的结合，让学生在遇到实际问题时可以快速找到应对策略。课后线上优学以培养学生个人能力与团队能力为目标。学生在经过前两个阶段后，已经初步掌握很多知识，但由于时间尚短，一些知识尚没有完全掌握，如果就此搁置，学生对于这些知识一直是一知半解状态，这对学生能力培养将会产生严重不良影响。课后通过线上平台进一步巩固所学知识并对没有切实掌握的内容进一步夯实，有利于学生对多种知识与能力的切实掌握。另外，线上平台也能通过在线反馈评价了解学生课后学习效果，发现学生存在的问题，而后进行针对性解决。

（二）教学评价设计

教学评价以了解学生知识学习与能力掌握效果为目标，进而为后续教学调整与创新提供依据。本部分教学评价充分体现了能力为主原则，主要围绕个人能力、团队能力、全局意识三个层面进行设计教学评价实施形式，如表 8-1 所示。

表 8-1　教学评价实施形式设计

评价层面	教学评价实施形式
个人能力	讲授、收集资料、讨论交流、测试、项目任务、小组协作
团队能力	项目任务、合作学习、讨论交流、收集资料、讲授
全局意识	收集资料、讨论交流、拓展作业、讲授

教学评价方式包括形成性评价与总结性评价，其中，形成性评价主要是对学习过程做出评价，目的是为教学过程的调整提供依据。获取过程性指标是这一评价方式发挥作用的关键，讨论交流、学习资源收集、内容讲解等均是过程性指标

的重要来源。该评价方式会贯穿于整个教学过程，不仅能掌握教学目标达成情况，还能发现教学过程中存在的不足与问题。课堂派作为线上管理平台，可以动态记录线上教学的各项数据，如教学资源搜索频率与获取情况、交流讨论频率、提问内容与频率等。总结性评价主要是对学习结果进行评价，并以此来判断学生学习成果是否达到预期。该评价方式往往是在教学活动告一段落后开展，目的是对某一阶段学生知识与能力掌握程度进行评价。课程评价考核表分别以教学过程评价与教学成果评价进行呈现，从中可以分别了解考核内容、所占比例等情况，如表 8-2 所示。

表 8-2　课程评价考核表

<table>
<tr><th>评价方式</th><th colspan="2">考核内容</th><th>所占比例</th></tr>
<tr><td rowspan="13">教学过程的评价（60%）</td><td rowspan="5">个人能力（20%）</td><td>收集资料</td><td>2%</td></tr>
<tr><td>自主学习</td><td>3%</td></tr>
<tr><td>测试</td><td>5%</td></tr>
<tr><td>讨论交流</td><td>5%</td></tr>
<tr><td>项目学习</td><td>5%</td></tr>
<tr><td rowspan="4">团队能力（20%）</td><td>合作交流</td><td>5%</td></tr>
<tr><td>讨论交流</td><td>5%</td></tr>
<tr><td>项目任务</td><td>5%</td></tr>
<tr><td>收集资料</td><td>5%</td></tr>
<tr><td rowspan="3">全局意识（20%）</td><td>收集资料</td><td>5%</td></tr>
<tr><td>讨论交流</td><td>10%</td></tr>
<tr><td>拓展作业</td><td>5%</td></tr>
<tr><td>教学成果的评价（40%）</td><td>能力获得情况（40%）</td><td>综合考评</td><td>40%</td></tr>
</table>

四、课程案例

结合课程设计总体方向，以相关案例来进行具体探索和研究。案例设计需要从实际情况出发，教学目标、教学内容、教学过程、教学评价等均有各自特征与侧重点，但是培养学生个人能力、团队能力、全局意识的大方向是不变的。

（一）案例 1——教学系统设计过程模式

1. 项目名称

基于 K 邻近模型预测葡萄酒种类的数据可视化

2. 学习需求分析

基于课程主题设计过程模式，立足于实际教学对过程模式的各个环节进行详细阐述与分析，帮助学生充分掌握课程内容，并对过程模式有所了解。

3. 教学目标分析

一是个人能力，主要包括知识学习和应用能力、思维判断和分析能力、工程设计和实践能力；二是团队能力，包括团队合作能力、表达与交流能力；三是全局意识，包括跨学科思维能力、全球视野、系统性思考能力。

4. 教学内容分析

教学重点、教学难点、教学环境、教学方法等。

5. 具体教学活动流程

教学活动流程如表 8-3 所示。

表 8-3 教学活动流程

教学环节	师生活动	设计意图
第一阶段：课前线上导学环节（预习）		
课前预习	1. 教师：布置学习任务 个人需要完成的学习任务：①阐明教学系统设计模式的划分依据；②比较以教为主的教学设计过程模式、以学为主的教学设计过程模式和学教并重的教学设计过程模式的特点 小组需要完成的学习任务：①以“测葡萄酒种类的数据可视化”为例说明三类教学系统设计过程模式方法与步骤的具体应用；②以小组为单位讨论：“学教并重”教学系统设计过程模式是“以教为主”和“以学为主”这两种教学系统设计过程模式相结合的产物吗？试结合中国的国情谈谈你对此问题的认识与理解 2. 学生 （1）阅读老师分享的文献资料和教学课件，观看学习视频 （2）各小组按照教师分配的学习任务进行组内分工学习 （3）小组成员上网查找相关资料，进一步深化知识点 （4）各小组针对讨论的主要问题，在“课堂派”上进行成果汇报 （5）尝试提炼出本节课的重难点	通过学习任务引出课程能力目标 通过线上阅读学习资料培养学生的知识学习与应用能力、思维判断与分析能力 通过组内分工学习来培养学生的团队合作能力和表达与交流能力

续表

教学环节	师生活动	设计意图
第二阶段：面对面课堂教学环节		
内容讲解	1. 教师任务 （1）教师根据课前线上预习情况以及个人任务的完成情况，挑选有代表性的问题，进行知识点特别是重难点的讲解，使学生掌握以教为主的教学设计中，肯普模式、狄克–柯瑞模式、格拉奇埃利模式都是基于行为主义学习理论的教学设计 （2）根据各组项目方案设计的完成情况进行点评，解答共性问题 （3）进行个性化指导，及时帮助学生解决问题 （4）监督学习过程，帮助各个小组完成任务 （5）有针对性地进行讲解 （6）通过反馈进行总结评价 2. 学生任务 （1）汇报个人任务的完成情况 （2）汇报小组项目设计方案 （3）各小组针对教师的讲解进行补充 （4）每个小组汇报项目方案设计成果；通过整个项目方案的设计，掌握三类教学设计过程模式的相关内容 （5）汇报完成后，对于个人学习和小组讨论过程中明显存在的问题，进行交流讨论；也可通过网络学习平台，下载相关帮助文档和仿真案例，找到出错原因，培养系统性思维能力 （6）通过教师讲解，各小组再次进行详细讲解 3. 以教为主的教学设计过程模式 以教为主的教学设计过程模式的主要理论依据是奥苏贝尔的“学与教”的理论（“有意义接受学习”理论、“先行组织者”教学策略与动机理论）；其设计思想是以教师为中心；其设计原则是强调以教师为主；其研究主要内容是帮助教师把课备好、教好 （1）特点：①有利于教师主导地位的发挥；②有利于教师对整个教学过程的监控；③有利于系统科学知识的传授；④有利于教师教学目标的完成；⑤有利于学生基础知识的掌握	

续表

教学环节	师生活动	设计意图
内容讲解	（2）缺点：重教轻学，忽视学生的自主学习、自主探究，容易造成学生对教师、教材、权威的迷信，使学生缺乏发散思维、批判思维的训练 （3）方法与步骤：①学习环境分析。对教学所需要的总体环境，包括物环境和人环境进行分析。②学习者特征分析。主要分析学生的初始能力、一般特征与学习风格。③学习任务分析。分析内容包括学习目标与教学内容两部分。学习目标一般由学生的行为来描述，由学生的知识技能、学习能力与态度情感构成。学习内容分析指为实现学习目标要求学生系统学习的知识、技能和行为经验的总和，即通常的教学大纲与教材所包含的内容。学习内容分析将进一步确定教学内容的学深度与广度，并揭示组成学习内容的各项先决知识和能力的联系。④编写测试项目。⑤教学策略设计。教学策略是对完成特定的教学目标而设计的教学过程系统，包括教学组织策略、传递策略与学习策略，是教学活动顺序、教学方法、教学组织形式和教学媒体等因素的综合考虑。⑥教学评价设计。以教为主的评价主要有形成性评价与总结性评价 4. 以学为主的教学过程设计模式 以学为主的教学过程设计模式的理论基础是建构主义。其设计原则是强调以学生为主。其设计思想倾向于以学生为中心，特别强调学习者的自主建构、自主探究、自主发现，容易培养学习者的创新精神和创新能力 （1）缺点：它往往忽略教学目标的分析，忽视教师的主导地位 （2）方法与步骤：①教学目标分析。通过分析目前学生的状况与所应达到状态的差距，也即目前水平与期望水平之间的差距，即分析学习需要，确定教学的总目标。②情境创设。创设与主题相关的、尽可能真实的情境。③信息资源的设计。确定学习主题所需信息资源的种类和每种资源在学习过程中所起的作用。主要包括应从何处获取资源，以及如何有效地利用这些资源等问题。④自主学习设计。在以学为主的建构主义学习环境中，常用的有支架式学习法、抛锚式学习法与随机进入学习	

续表

教学环节	师生活动	设计意图
内容讲解	法等。⑤协作学习环境设计。在个人自主学习基础上开展小组讨论、协商，以进一步完善和深化对主题意义的建构。整个协作学习过程由教师组织指导，教师和学生一起讨论。⑥学习效果评价设计。学习效果评价包括小组评价、自我评价。评价内容主要包括三个方面：自主学习能力；协作学习中所做出的贡献；是否达到意义建构的要求。⑦强化练习设计。根据小组评价和自我表现评价的结果应该为学生设计一套有一定针对性的强化练习。这类练习既要反映基本概念、基本原理，还要能适应不同学生的要求，以便通过强化练习能够纠正学生原有的错误，最终达到学生的意义建构 5. 学教并重的教学设计过程模式 学教并重的教学设计过程模式介于以教为主和以学为主两种模式之间，吸收其长处，避免其短处。其总体思想是教师通过教学意图和策略影响学生，把学生置于主体地位，使学生成为学习的行动者 （1）优点：既充分体现教师的主导地位，又充分体现学生的创新能力，不仅有利于对学生的知识技能和创新能力的培养，也有利于对学生健康情感和价值观的培养 （2）缺点：对教学环境要求较高，它需要教师周密策划，否则可能顾此失彼 （3）方法与步骤：①分析教学目标。②分析学习者特征。③教学策略的选择与设计。以教为主策略的子策略有支架式、抛锚式、随机进入式、启发式、自我反馈式、基于 Internet 的探索式等。以学为主策略的子策略有课堂讨论、角色扮演、竞争、协同、伙伴等。④教学媒体的选择与设计。教学媒体设计是指确定各种媒体的具体内容、呈现方式和各种媒体间的组合关系。⑤形成性评价设计。以教为主的评价包括两个环节：一是收集反映课堂教学效果的有关信息；二是根据信息资料所反映的教学状况来进行及时反馈。以学为主的评价主要是依据自主学习能力、协作学习过程中做出的贡献来看是否达到意义建构的要求。根据小组和自我评价的结果，为学生设计有针对性的补充学习材料和强化练习，以纠正原有错误或片面认识，最终达到符合要求的意义建构	

续表

<table>
<tr><th>教学环节</th><th>师生活动</th><th>设计意图</th></tr>
<tr><td colspan="3">第三阶段：课后线上互动交流环节</td></tr>
<tr><td>拓展反思</td><td>1. 教师
（1）发表讨论话题：比较以教为主和以学为主的教学设计的异同
（2）发布作业：通过小组组内、组间在线合作学习，把讨论的记录整理后提交到话题讨论区；并在课程资源区上传共享自己的学习资源
（3）师生进行交流评价
（4）进行教学反思
2. 学生
（1）上网搜索拓展资源
（2）在课堂派平台进行拓展学习
（3）将自己搜索到的学习资源上传到课堂派资料区
（4）独立完成作业
（5）师生交流，反馈评价
（6）进行学习反思</td><td>通过线上交流互动以及资源的分享，培养学生的知识应用能力、思维判断与分析能力

通过话题讨论来培养学生的团队合作能力和表达与交流能力

通过作业来培养学生跨学科思维能力、全球视野和系统性思维能力</td></tr>
</table>

6. 教学评价

教学系统设计过程模式的评价量表如表 8-4 所示。

表 8-4　教学系统设计过程模式的评价量表

评价内容	评价指标及权重	得分
知识学习与应用能力（20）	能够快速检索三类教学系统设计的过程模式和相关知识（5）	
	能够对检索到的内容进行分析与判断（5）	
	能从海量知识中有效获取与本节课相关的内容（5）	
	能够运用三类教学系统设计的过程模式进行教学设计（5）	
思维判断与分析能力（10）	能够对 ID1 和 ID2 以及主导主体教学设计思想进行分析（5）	
	能够灵活运用三类教学模式进行教学方案的设计（5）	

续表

评价内容	评价指标及权重	得分
工程设计与实践能力（10）	能够在项目中分析任务、发现问题（5）	
	能够围绕项目，说明三类教学系统设计过程模式的方法与步骤（5）	
团队合作能力（20）	能够在项目中明确自己的任务目标（5）	
	能够在合作学习中解决项目中的任务（5）	
	能够在合作中解决任务中的具体问题（5）	
	能够在合作中完成项目（5）	
表达与交流能力（15）	能够在项目学习中阐述自己的观点（5）	
	能够在项目方案设计中清晰地呈现设计思路（5）	
	能够按照有效沟通的基本步骤与他人交流（5）	
跨学科思维能力（10）	能够基于三类教学系统设计过程模式的特点在项目中进行教学设计（10）	
全球视野（5）	能够在课前与课后学习与本节课内容相关的知识，了解教学系统设计发展的新动向（5）	
系统性思考能力（10）	能够深刻理解“三类教学系统设计过程模式”的特点及其组成部分（10）	

（二）案例2——“以学为主”教学系统设计

1. 项目名称

基于K邻近模型预测葡萄酒种类的数据可视化

2. 学习需求分析

本次项目与案例1名称相同，但是学习要求更进一步。通过案例1的积累，学生已经初步具备教学系统设计的理论知识与基本设计思维和能力，想要进一步深化，则要引导学生进一步系统学习，尤其是要培养学生“构思—设计—实施”思维模式，有效提升学生分析问题与解决问题的能力。

3. 教学目标分析

教学目标包括如下三个：一是个人能力，包括知识学习和应用能力、思维判断与分析能力、工程设计与实践能力、创造能力；二是团队能力，包括团队合作能力、表达与交流能力；三是全局意识，包括跨学科思维能力、系统性思考能力。

4. 教学内容分析

教学重点、教学难点、教学环境、教学方法等。

5. 教学活动设计

教学活动设计如表 8-5 所示。

表 8-5　教学活动设计

教学环节	师生活动	设计意图
第一阶段：课前线上导学环节		
课前预习	1. 教师 （1）教师创建“教学系统设计”课程及班级教学 （2）布置“以学为主”的教学系统设计学习任务 （3）将创建课堂自动生成的二维码或加入码发给学生 （4）将课件、学习视频、学习任务、检测学生学习效果的在线测试和供师生/生生交流的在线话题等上传到课堂派学习平台 （5）发布课程学习公告，通知学生查看公告完成相应的学习任务 2. 学生 （1）到课堂派平台签到 （2）加入课程进行自主学习 （3）根据学习任务进行合作学习 （4）通过课件和视频的学习初步进行个人能力和团队能力训练 3. “以学为主”的教学设计原则 （1）以问题为核心驱动学习，问题可以是项目、案例或实际生活中的矛盾 （2）强调以学生为中心 （3）强调“情境”对意义建构的重要作用 （4）强调“协作学习”对意义建构的关键作用 （5）强调对学习环境的设计 （6）强调非量化的整体评价，反对过分细化的标准参照评价 （7）强调利用各种资源来支持“学”而非“教” 4. 学习任务 （1）个人能力层面：复习建构主义学习理论；下载“以学为主的”教学系统设计教案和教学 PPT，了解学习目标、学习任务及学习内容；观看“学习环境的设计”“自主学习策略与协作学习策略的设计”“研究性学习的设计”“学习评价设计”四个视频，自主学习“以学为主”	通过学习资源的引导使学生明确个人层面的能力目标：培养知识学习与应用能力、思维判断与分析能力方面 通过任务驱动和合作学习，使学生明确团队层面的能力目标：培养团队合作和表达与交流能力方面

续表

教学环节	师生活动	设计意图
课前预习	的教学系统设计模式 个人需要完成的学习任务：①梳理当代建构主义学习理论的发展脉络，尝试以此为视角分析“以学为主”的学习方式所蕴含的理论依据；②查阅文献，分析自主学习、协作学习和研究性学习的发展动态。 （2）团队能力层面：对于不懂的、难以理解的知识，可以与同学互动交流 小组需要完成的学习任务：①上网搜索，通过网上期刊、书籍等浏览2～3篇有关“以学为主”的ISD模式理论文章及其设计案例；②选择一节课，尝试采用“以学为主”的ISD模式进行设计	
第二阶段：课前线上深学环节		
内容讲解	1. 教师 （1）根据学生完成任务的情况，主要就“以学为主”教学设计的各个环节与学生进行研讨交流 （2）引导学生解决问题，帮助学生完成自习 2. 学生 （1）完成自主学习后，参与在线话题讨论“以学为中心的教学设计的主要环节”，并发表自己的观点和看法。进一步掌握以学为中心的教学设计环节：分析学习目标、分析学习者特征、分析学习内容、设计学习任务、创设学习情境、设计学习资源、提供认知工具、设计自主学习策略、进行管理与帮助设计、进行总结与强化练习以及教学评价 （2）生生、师生讨论，理解建构主义是学习理论由行为主义发展到认知主义以后的进一步发展，其核心思想是对“认知工具”的建构，从参与性、生成性、控制性三个维度来说，建构主义指导下的认知工具表现出积极的、创造性的、学习者控制的思想，这三个方面正好体现了建构主义在教学系统设计中的具体指导意义 （3）学生自我检测，尝试初步完成“以学为主”的教学系统在线测试，在线测试系统可以自动出成绩 （4）总结整理出面对面教学时需要向同学学习或需要教师重点讲解的部分，留下学习痕迹	通过解决问题、完成任务的过程，使学生了解个人层面的能力目标：培养知识学习与应用能力、思维判断与分析能力。 通过教师引导，师生讨论培养学生的团队合作和表达与交流能力

续表

教学环节	师生活动	设计意图
第三阶段：课中线下优学环节		
重难点讲解	1. 教师 （1）根据线上学生的学习情况及任务完成情况，对“以学为主”教学设计的实例重点讲解 （2）布置任务：每人参照“以学为主”的教学设计模式，设计教学活动 （3）对个人或小组进行个性化的指导 （4）互动评价 （5）归纳总结本节课的重难点：①理解“以学为主”教学设计的原则；②掌握“以学为主”的教学设计模式；③理解并掌握“以学为主”的教学设计案例分析；④理解并掌握“以学为主”教学设计模式的运用 2. 学生 （1）根据老师的讲解，针对各自遗留的问题进行协作探究 （2）针对项目任务的完成情况，反馈问题；通过项目方案的设计，明确“以学为主”的方法步骤：①教学目标分析，进行“以学为主”的教学设计的目的是确定当前所学知识的“主题”。②情境创设——创设与当前学习主题相关的、尽可能真实的情境，这分两种情况：一种是学科内容有严谨结构的情况，这时要求创设有丰富资源的学习环境，以便学习者根据自己的兴趣、爱好去主动发现和探索；另一种是学科内容不具有严谨结构的情境，激发学习者参与交互式学习的积极性；③信息资源设计，确定学习本节课所需信息资源的种类，以及每种资源在学习本节课过程中所起的作用；④自主学习策略的设计；⑤协作式教学策略的设计；⑥学习过程与学习效果评价设计；⑦教学结构设计 （3）师生互动交流 （4）完成学习任务 （5）展示项目方案设计的最终成果	通过师生间的交流互动以及小组间的合作学习，学生在完成任务的过程中，能够理论联系实际，进一步培养系统性的思考能力、团队合作能力、表达与沟通能力

续表

教学环节	师生活动	设计意图
第四阶段：课后线上优学		
拓展反思	1. 教师 （1）推送拓展学习资源：①拓展阅读；②网站资源 （2）布置课后作业：学生在线学习拓展资料，或自己在网上搜索下载感兴趣的资料，进行拓展学习，扩充知识面 （3）解惑答疑，针对学生的提问，进行个性化指导 （4）教学评价反思 2. 学生 （1）师生间、生生间进行学习交流 （2）线上提问，解答疑惑 （3）独立完成作业 （4）进行反馈评价 （5）学习反思总结	通过线上师生间的交流互动，帮助学生对所学知识进行巩固练习，进而了解学生各个层面的能力获得情况

6. 教学评价

“以学为主”教学系统设计的评价量表如表 8-6 所示。

表 8-6　“以学为主”教学系统设计的评价量表

评价内容	评价指标及权重	得分
知识学习与应用能力（20）	能够在线快速检索“以学为主”教学系统设计相关知识（5）	
	能够对检索到的内容进行分析与判断（5）	
	能够从海量知识中有效获得与本节课相关的内容，进行有效的管理（5）	
	能够灵活使用“以学为主”教学系统设计模式进行教学设计（5）	
思维判断与分析能力（20）	能够运用“以学为主”的教学系统设计模式对项目的需求进行分析（5）	
	能够在项目中有针对性地选择和组合教学内容（5）	
	能够在项目中合理地组织教学形式与方法（5）	
	能够在项目中合理组织学习活动和学习形式（5）	

续表

评价内容	评价指标及权重	得分
工程设计与实践能力（10）	能够在项目中分析任务、发现问题（5）	
	能够围绕项目，解决“以学为主”的教学设计思路（5）	
创造能力（10）	能够在“以学为主”教学资源设计开发项目中灵活运用教学设计方法（10）	
团队合作能力（20）	能够在项目中明确自己的任务目标（5）	
	能够在合作中解决项目中的任务（5）	
	能够在合作中解决任务中的具体问题（5）	
	能够在合作中完成项目中教学设计的任务（5）	
表达与交流能力（10）	能够在项目学习中阐述自己的观点（5）	
	能够在项目方案设计中清晰呈现“以学为主”教学设计思路（5）	
	能够与他人进行有效的沟通交流（5）	
跨学科思维能力（5）	能够基于“以学为主”教学设计模式特点在项目中进行教学设计（5）	
系统性思考能力（5）	能够深刻理解“以学为主”教学系统设计的原则、方法、步骤（5）	

第九章 混合教学模式设计与实践实例分析——以“信息安全保密”课程为例

第一节　混合教学模式设计

一、混合教学模式设计的要素

对于混合教学模式，不同的国家有不同的分类。比如，印度国家信息技术研究院将混合教学分成了三种，第一种是学习者根据自身情况设定的学习与教师教学最终学习到的知识和技能的混合，这一类型的混合主要是指代那些知识型和应用型的知识点。第二种是不同教学内容和不同教学媒体之间的混合，教师通过一定的行为和态度来促进学生的学习。第三种是绩效支持和知识管理工具之间的混合，这种混合教学模式可以有效提升学生的能力，并且让学生逐渐具备将隐性知识转变为显性知识的能力。

Harvi Singh 和 Chris Reed 两位学者将混合教学模式分为五种，分别是线下和在线学习的混合、自定步调和同伴写作学习的混合、结构化和非结构化知识的混合学习、定制内容和现成内容的混合、工作和学习的混合。

我国有学者将混合教学分为教学媒体的混合、学习模式的混合、学习内容的混合三种，这一分类方法也在一定程度上对混合要素进行了定位。

从国内外相关学者对于混合学习的研究可以发现，混合教学共包含五个维度，分别是教学环境、教学方式、交互方式、教学媒体和教学评价，在不同的维度中也有一些不同的混合要素。比如，在教学环境当中有传统课程、网络学习平台两种要素，在教学方式当中有自主学习和协作学习两种要素，在交互方式当中有师生交互、生生交互、面对面交流、网络交流等要素，在教学媒体当中有教科书、黑板、电影、投影、多媒体课件等多种不同的要素，教学评价则包含教师评价、学生评价、自我评价、定量评价、定性评价、形成性评价和总结性评价等多种不同的要素。

（一）教学环境的混合

在混合教学当中，课堂教学和在线教学混合是最基本的形式，这种混合形式不仅是指课堂当中面对面教学和在线教学的混合，也包括利用网络课程平台进行在线教学之间的混合。混合教学充分结合了课堂教学和学生网络教学之间的优点，充分发挥了教师的主导作用、尊重学生的个性特征。

（二）教学方式的混合

混合教学当中的自主学习，主要是指在传统教学环境下的学生要自主进行知识查阅、访谈等学习活动。在线学习环境下还需要进行知识自主检索、自主学习。协作学习是指传统教学模式下的小组学习、交流合作，以及网络环境下的主题交流和探究活动。实现学生自主学习和协作学习也是开展混合教学的重要任务。

（三）交互方式的混合

混合教学当中的交互主要是指传统环境下教师与学生、学生与学生之间的面对面交流，也包括在信息技术基础上的交流，如通过在线论坛、电子邮箱、微信互动等进行交流。在教学实践过程中，全新的教学方法会让一部分学生不适应。但是在传统的课堂上进行师生交流则不会出现这样的情况，而且有利于培养学生和教师之间的情感，两者结合有利于取得更好的教学效果。当然，网络学习平台的出现还可以为教师学生的交流提供多样化的方式，进而帮助学生更好地适应新的教学模式，保证学习效果。

（四）教学媒体的混合

教学媒体主要是指进行教学信息储存和教学信息传递的载体。传统的教学媒体包括黑板、教材等，利用传统的教学媒体可以帮助教师和学生进行最为直接的交流，却受到时间和空间的约束，而在网络教学当中的媒体，却可以突破时间和空间的限制，保证资源更高的利用率。但是，网络教学媒体也存在一定的缺陷，比如因为网络教学的自主性比较强，所以很难进行有效的跟踪。只有将传统教学和网络教学进行一定的结合，才能够做到扬长避短，达到最佳的教学效果。

（五）教学评价的混合

在混合教学模式中，还应当注重实现评价主体的多元化，以及评价形式的多样化。比如，在评价主体方面，要包含教师评价、学生自评、学生互评等。在评价方式上，则需要将学习过程中的形成性评价和课程结束后的总结性评价相互结合，即同时注重学生学习结果和学习过程。多元化的评价方式，可以让学生更加清晰、全面地对自己进行认识，教师也能够因此得到更加全面的反馈，进而及时根据学习情况进行教学改革，解决教学过程中存在的问题。这种多元化的、灵活的评价方式，可以给学生提供更大的、更自由的发展空间，进而缓解学生学习的压力，帮助学生更轻松地进行学习。

二、混合教学模式设计的原则

对于混合教学来说，各要素之间的混合发展并不是简单的相加和混合，而应遵循一定的原则，进行一定的融合。在进行混合教学模式设计的过程中，需要遵循以下几项原则。

（一）尊重学生的主体性原则

尊重学生的主体性原则是设计混合教学时必须遵循的首要原则。在进行教学设计的时候，学校要充分考虑到每一位学生的学习特征，并且与学习目标、学习进程进行一定结合。在选择学习方法的时候，也需要保证学习方法与学生的学习特点相互适应，在教学时充分尊重学生的个性和喜好，保证学习满足学生自身的操作水平。另外，学习资源也要进行一定的融合，将线上教学资源与线下教学资源进行融合，最终根据学生的实际学习情况进行教学。

（二）适配学习内容的原则

在进行混合教学模式设计的过程中，要保证将不同类型的课程和学习内容进行混合。从认知心理学的角度来看，知识可以分为陈述性知识、程序性知识和策略性知识等。陈述性知识主要是指说明事物性质和特征的相关知识，可以用来对一些事物进行区分和辨别。程序性知识主要是指那些措施性的知识，强调学生进行主动的锻炼。策略性知识主要是关于如何进行学习和思考的知识，这一方面的知识更加强调学生学习的灵活性和创造性。混合教学过程当中的每一个要素都要与这三方面的知识进行一定的融合，找到相互之间的适配性。比如，在陈述性知识教学设计当中需要考虑学生的自主学习，进而与开放学习的方式进行一定的融合。但是，在程序性知识和策略性知识当中，需要将实践操作和案例分析加以融合，使用多媒体进行教学，利用多媒体学习资源进行混合。因此，混合教学设计当中的各个要素怎样进行融合，需要根据课程特点来决定。

（三）适应学习过程的原则

建构主义理论认为，学习过程包括情境、协作与会话、意义构建等要素。在进行学习活动设计的过程中，要保证混合要素与多种学习活动需求的相互匹配与适应，最终保证学生在学习的时候，创设的情景与教学内容相符，从而引导学生取得更好的学习效果。协作与会话在整个学习过程中都会有所涉及，要保证成员相互之间通过协作和交流对同伴有所了解，从而更好地完成小组的学习任务。意义建构则是整个教学过程的最终目标，学生可以通过前期的学习掌握具体的学习内容，探究具体的学习方法，进而提升自己的知识迁移能力，保证实现新知识和旧知识之间的相互转化。总之，学生在学习的过程中，每一个环节都不是一成不变的，需要根据实际的教学情况以及学生的自身特征进行调整，保证教学要素和教学环境的有机融合。

（四）学习情境灵活应变的原则

从混合教学的现实情况来看，学习不同的内容需要依赖于不同的学习情境，而创设不同的学习情境又需要不同的混合要素。这就导致混合学习情境需要依托于网络多媒体技术和传统课堂创设，以保证创设情境的多样化。与此同时，学生也需要在实际的学习过程中应用自己的学习经验，最终保证学习资源得到充分利用。

总体来说，一个良好的混合教学模式在进行设计时，不仅要考虑学生，更要考虑学习内容、学习过程和学习情境等因素，保证在充分满足各因素同时，取得上佳的教学效果。

三、混合教学模式设计的依据

混合教学模式的特点在于可以将多种教学要素进行一定的混合，进而形成一定的结构。混合教学的基本过程：第一，识别学生的学习需求；第二，根据学生的特征来制订学习计划；第三，保证教学活动的基本事实和有效开展；第四，对整个教学实施过程进行一定的跟踪，并且对教学效果进行有效分析。

在进行教学开始之前，要对学习者的学习需求和个性特征进行了解，认识到学习者本身的不同之处和学习需求之间的差异。当学校和教学者对学生的特征有所了解之后，便可以根据学习者原有的认知结构和技能水平等，制订具有针对性的学习计划和实施策略。混合教学模式是线上网络教学和传统教学课堂相互结合而成的，从设施环境来看，依赖于计算机等相关设备，为此需要考虑到机器设备的标准、网络宽带、学习系统等多种相关影响因素。

四、以网络课程为基础进行混合教学模式设计

在进行混合教学模式设计的过程中，要遵循面授教学和网络教学相结合的理念，将整个混合教学活动分为三个阶段，第一阶段是前期分析，第二阶段是教学方案实施，第三阶段是混合评价。在前期分析阶段，可以对教学目标、教学内容和学生的个性特征进行一定的分析，进而为第二阶段的教学实施打下基础。在教学方案实施阶段，要将混合教学作为新内容，保证混合教学贯彻在教学策略和学生的学习当中。混合评价则要丰富评价主体和评价形式，保证评价工作的全面性，根据评价方式进行信息的反馈，最终保证学习活动的有效性。

（一）混合教学模式的前期分析

前期分析阶段的主要内容包括对学习者的个性特征进行分析，并且设定教学目标，根据实际情况进行教学内容的设计。在进行新的教学活动之前，可以对学习者的学习能力和特点等进行一定的分析，进而对学习者原有的知识水平和认知能力有一定的了解。进行教学设计的最终目的，是促进学生进行学习和教学方法之间的相互匹配，取得更好的教学效果。

在教学目标方面，要保证学习者通过一系列的学习活动可以达到某种水平。合理的教学目标可以在一定程度上对学生起到激励作用，影响具体的学习行为，达到更好的教学效果。教学内容则是要根据教学目标进行调整，让学生所学习的内容适合学生，并且为之后教学目标的确定提供依据。学校和相关的教学设计者，还需要了解整个教学过程所依托的教学环境。在信息技术高速发展的当今时代，学习环境发生了极大的改变，学生学习已经从传统的现实环境变成了网络虚拟环境，这为混合教学模式的开展提供了很好的条件。

（二）混合教学模式方案的实施

教学实施分两阶段：第一阶段是利用学校现有的成熟教学平台（系统）和教学仿真系统，初步实现混合教学；第二阶段是在第一阶段的基础上进行混合教学平台（系统）的二次开发，如利用 Moodle 系统或 Claroline 系统进行自己的个性化课程管理系统构建，或对仿真软件进行二次开发。在实施阶段，最重要的是动态反馈和持续改进。在保证教学内容实施的过程中，要进行综合考虑。混合教学策略的设计顺序还会影响教学过程的实施。教学内容和内容的相关属性，都会在一定程度上影响教学顺序。比如，不同的知识点使用传统媒体和新媒体技术的教学效果各不相同，要保证知识点可以取得最好的教学效果，就一定要选择合适的教学方式。理论性知识和实践性知识有所区别，要在具体的实施过程中根据特殊情况进行教学。

学习活动是课堂教学的主体部分，学习活动的设计情况将直接影响最终的教学效果。而在进行学习活动设计的时候，学生的参与有十分重要，如果学生愿意参与到学习活动设计的过程中，会取得事半功倍的效果，反之则无法取得良好的效果。混合教学活动要求课堂教学和在线学习的相互混合，但是在这一过程中，学习活动的设计者要协调好面授教学内容和在线教学内容两者的关系，进而保证混合教学的开展可以取得良好的效果。教师要根据实际的需求，来设计与之相之对应的学习活动，在我国，混合式学习的相关活动主要包括课堂教学、阅读、交流、协作、案例分析、资料收集、问题解决、反思、角色扮演等。不同的知识类型与之相对应的学习活动并不相同。一般来说，知识可以分为事实性知识、概念性知识、程序性知识和元认知知识，教学目标的层次又包括理解、应用、分析、综合、评价等，而一个知识点通常是由一个或者多个不同的学习环境组成的，所以教学目标也需要多个学习活动的辅助才能真正发挥其作用。事实性知识则主要是指那些概念、定义类型的知识。这一部分知识强调学生要认识和理解，为此相关的学习活动主要包含课堂讲授、资料阅读和资料收集等部分。但是对于程序性知识目标层次来说，主要是指应用和分析，这时则需要讨论、协作、问题解决和反思等学习活动。

（三）混合教学评价设计

进行混合教学评价，主要是为了对学习者的学习态度和相关学习行为进行一定的综合考核。最终评价数据在进行分析之后，还需要进行一定的判断。混合教学当中的教学评价应当包括多元化的主体和多样化的评价方式，只有这样才能保证混合教学评价的全面性和科学性。比如，混合教学评价的主体应当包括教师、学习者、同伴等，而且在进行评价的时候，需要与教学内容、教学活动进行结合。混合教学评价的最终目标并不仅仅是为了检验学生的学习成果，而是希望因此发现学生在学习过程中存在的问题，进而解决这些问题，最终保证教学质量有效提升，达到预期的效果。

在混合教学当中，教学活动要充分利用课堂教学和网络教学的优势，最终有效提升教学效率。在传统的课堂教学当中，教师发挥着主导作用，不论是网络课程的使用，还是教学计划的开展、小组协作等，都需要教师进行一定的引导，进而启发学生的思维，促进学生的学习。在混合教学当中的课堂教学，可以对教学组织管理和教学过程进行一定的调控，加深教师和学生之间的交流，有效促进师生的情感发展。网络教学的一大优势便在于，它可以为学习者提供大量的学习资源，从而帮助学生更加积极主动地投入学习。利用网络平台进行教学，不仅可以对学生学习进行一定的指导，还能让学生进行自我检测，充分体现出学生的自主性。

通过研究可以发现，以网络环境为基础的混合教学模式，可以结合传统课堂教学和网络教学的优势。混合教学主要分为前期分析、方案设计实施、综合评价三个阶段，在每一个阶段都要充分贯彻混合教学的理念，促使教学方法不断创新，最终取得更好的教学效果。

第二节　混合教学模式实践

“信息安全保密”是很多学校开设的一门课程。这一课程可以帮助学生树立良好的信息安全保密意识，让学生的信息安全素养可以得到一定的提升。本节内容主要是在混合教学模式的基础上进行“信息安全保密”课程的教学，实现线

上教学和线下教学的相互融合，进而取得更好的教学效果。

一、混合教学理念下的“信息安全保密”课程

（一）以混合教学理念进行“信息安全保密”课程设计

“信息安全保密”课程的教学目的是提升学生的信息安全意识和信息安全素养，为此在进行“信息安全保密”网络课程设计的时候，要保证其内容不脱离相关的目标。按照传统的课程学习和网络学习主线进行课程内容设计，通过虚拟教室和虚拟课堂进行教学，要保证可以最终提升学生的信息安全知识、能力、意识和道德水平。在开展教学的时候，还需要通过网络防护、保密实例、保密论文等资源进行学习。总之，混合教学理念下的“信息安全保密”课程要充分尊重信息化发展的基础，最终有效提升教学活动的效率。

（二）“信息安全保密”课程的内容结构

“信息安全保密”课程的主要内容分为信息资源层和教学应用层，信息资源层是教学应用层开展的基础。

1. 信息资源层

信息资源层主要分为三个基本的模块，第一个模块是基础模块，主要是指“信息安全保密”课程教学所需要的基本资源，包括网络教材、电子课件和讲授内容等，这些内容体现出这一课程最主要的知识，还包括多种形式的网络教学资源，比如文字、图片、视频、音频等。总体来说，基础模块是进行混合教学的基础，也是开展混合教学的重要保证。

第二个模块是互动模块，这一模块主要是为了活跃学生的思维。在这一模块当中，学生可以自由查询相关学习内容，还可以进行在线交流、在线互动。互动模块还设置了自测的功能，相关的学院可以进行自测练习和自主考试。总之，网络课程教学平台的存在，以及互动模块的设置，为师生交流、学生自主学习提供了极大的便利。

第三个模块是拓展模块，主要是在教学之外提供相关的学习活动，对学生的学习情况进行一定的巩固，其中包括实例分析、论文及著作参考、保密宣传等等。案例分析主要是通过一些具体的事件和案例分析，学习到信息安全保密的相关知识。论文及著作参考主要是进行一些相关论文及书籍的学习。保密宣传可以让学生对保密法以及相关条例有一定的了解。这些拓展模块可以为学习者提供更加丰富的课外资源，有效弥补了传统课堂的知识不足，开阔了学习者的视野，同时也为学生学习提供了良好的平台，有效拓展了教学的范围，为开展混合教学模式营造良好的教学氛围。

2. 教学应用层

教学应用层便是教学活动的具体开展，教师可以利用网络系统进行教学设计、教学开展、课后交流、答疑解惑、作业评阅、在线考试等活动，学生则可以利用在线系统进行自主学习、互动交流、完成作业、进行考试、课后评价等。随着相关技术的不断进步，教学跟踪功能出现，教师可以对学生进行全面跟踪和评价，以及时发现、解决学生在学习过程中遇到的问题。

在进行教学内容安排的过程中，需要充分考虑到知识信息量大和覆盖面广的特点，要从具体的知识点出发，对课程内容进行有效的梳理，对知识结构进行合并和优化，增强不同知识点之间的联系。为了让知识点更加一目了然，还可以通过制作概念图的方式来进行知识展示。

混合教学模式中的教学方法也应当遵循多样化的原则，利用网络信息技术充分进行信息化教学，满足学习者多样化的学习需求，保证混合教学模式的有效开展。网络信息技术的存在为互动教学的实施提供了支持，比如保密案例教学、在线考试等学习活动的存在，可以在一定程度上提升学生的参与积极性。使用情境教学法进行教学，可以为信息保密宣传、网络攻防创设特定的情景，帮助学生加深对具体信息安全情况的了解。

总体来说，混合教学理念下的“信息安全保密”课程，可以为学习者提供更加丰富的在线学习资源，进而有效解决传统课堂当中教学资源不足的问题，让学生进行自主学习成为可能。在线教学还可以通过多样化的方式来为学习者提供学习资源，帮助学习者进行更加深入的理解。总之，在混合教学理念下的“信息安全保密”课程，可以有效提高学习者的自主学习能力和学习兴趣，促进学习者取得更好的学习效果。

二、“信息安全保密”课程混合教学的前期分析

（一）学习者的特征

为了保证“信息安全保密”课程的实效性，在进行课程教学之前，需要对学习者进行一定的调查，对学习者的个性特征有基本的了解，为网络教学和混合教学的实施进行一定的准备。

1. 访谈分析

在访谈的过程中，可以选择一部分学生代表作为访谈对象，访谈的主要内容包括学习者的计算机水平、对“信息安全保密”课程的了解情况、喜欢的主要教学方法等。对访谈结果进行分析后发现，大多数学生会使用 Office 的相关软件，也大多用过专业的杀毒软件，但是更加深入的专业性知识就了解不多了。对于“信息安全保密”课程的相关内容，很多学生并没有进行过专业的学习，大

多只是听过讲座，所以了解也不够深入。

2. 问卷调查结果分析

在问卷调查当中，主要进行了三方面的调查，分别是传统课堂的学习情况、网络学习的基本情况和学习者的网络学习需求。调查问卷发出200份，收回200份，有效问卷200份。

首先来看传统课堂的学习情况，在调查结果当中，比较了解“信息安全保密”课程的学生只有34.4%，有65.6%的学生对这一课程并不够了解。有96.6%的学习者在以往的教学当中有比较明确的学习目标，另外3.4%的学习者则没有明确的学习目标。当学习者在遇到困难的时候，62.1%的学生不会选择与学生、同伴进行讨论。另外，有55.2%的学习者会在学习过程中主动查询学习资料。有79.3%的学习者认为传统课堂中的学习方式比较单一，学习资源也比较匮乏。问卷调查的结果表明，在传统的教学课堂当中，大多数学生对“信息安全保密”课程并不了解，但是大多数学生有着比较明确的学习目标。

从网络学习的基本情况来看，调查结果显示，82.8%的学生对网络学习的方式有所了解，但是其中很大一部分学生认为网络学习比较缺乏情感交流。从调查结果来看，在教科书、黑板教学、幻灯片、计算机系统等选项当中，选择幻灯片和计算机系统的学生数量最多，很显然，学生大多喜欢新颖的教学内容呈现方式。学生对于混合教学的兴趣比较大，很多学生希望通过网络教学的方式来弥补传统教学课堂的不足，而且利用新媒体图文并茂的方式来进行知识的教学，也更容易让学生接受。注意，学生能力有限，因此在开展网络教学的时候，教师还需要对学生进行一定的引导。

最后一部分是学生的网络学习需求，调查结果显示，有61.2%的学生希望在学习的过程中进行更多的讨论和交流，也可以与同学之间进行深入的合作。在对学生的能力进行评价的时候，需要将期中成绩、期末成绩、课堂表现、章节测试情况等进行融合。而且调查结果显示，很多学生在学习的过程中无法集中自己的注意力，因此，学校可以根据实际情况增加一定的实践机会。分析还发现，在混合教学当中，学生对于自主学习、教师指导、协作学习等也非常期待。随着学习方式的变化，最终的评价方式也应当发生一定的转变，实现单一评价方式向多元化评价的转变。

通过访谈和问卷调查可以发现，大多数学生具有一定的网络学习基础，这也在一定程度上激发了学生学习混合教学课程的兴趣。

（二）教学内容和教学目标

在前期对学生的分析当中可以发现，大多数学生已经具备基本的计算机操作能力，可以利用网络进行自主学习，他们还对混合教学模式有较大的兴趣，但是在知识技能方面则有所缺乏，对于信息安全的相关内容不够了解。学习“信息安全保密”课程，不仅可以让学生对信息安全方面的基本概念和理论内容有所了解，还能够让学生对网络信息安全、通信安全及相关的保密技术有所了解，进而树立信息安全意识，提升自身的信息安全素养。教学目标应设置为：学生对信息安全知识进行全面的了解，同时掌握相关技能，培养解决问题的能力。

布鲁姆将学习的内容划分为事实、概念、原理、技能和问题五个层面，将学习目标划分为认识、领会、运用、分析、综合评价等层面。“信息安全保密”课程当中包括信息安全保密概述、物理安全保密技术和方法、通信信息安全保密技术及方法、信息安全保密法规、信息安全保密管理等，课程知识内容包含了事实、概念、原理、技能和问题解决等多个方面。这门课程非常强调理论知识学习和技能学习，尤其是要及时发现问题、解决问题。比如“网络安全形势”主要包括互联网的诞生与发展、网络安全面临的问题、网络窃密手段三个重要的知识点，这三个重要的知识点都属于事实性知识，所以只需要学生熟识。但是在课程当中的终端安全隐患和终端安全技术则属于技能型知识，需要领会并且进行运用。

（三）混合教学实施条件分析

在进行混合教学模式实施条件分析的时候，不能仅考虑人员和环境方面的因素，还要对混合教学的实施条件进行综合分析，最终为混合教学模式的实施提供依据。

“信息安全保密”课程的授课教师一般具有计算机学习背景，对于教育的信息化有相对较深的了解，思想也相对开放，更愿意接受教学模式的改变，实行混合教学。从学生的角度来说，他们接触计算机的时间比较早，对于计算机的操作熟悉，再加上学生对于利用网络进行学习具有热情，混合教学模式的开展比较容易。调查结果显示，很多学生希望通过教学模式改革打破以往以教师为主导的格局，进而更加主动地参与到课堂的教学当中，使自己成为课堂的主体，进行更多的交流和实践。混合教学模式下的“信息安全保密”课程，又依赖于专业的软设施和硬件设施，同时还对学生的主动性、学生的素质有较高的要求，这些都是教学开展的重要保证。“信息安全保密”网络课程为学习者提供了更加丰富的学习资源，而且丰富了知识素材、知识呈现形式等。但是在进行网络学习的时候，依然需要教师进行辅导，及时帮助学生解决可能存在的问题，为混合教学模式下的“信息安全保密”课程教学做好保障。

三、“信息安全保密”课程教学方案设计

（一）教学策略设计

在进行“信息安全保密”课程混合教学方案设计的过程中，需要对课程当

中的知识点进行全面的分析，进而针对每一个知识点找到合适的教学方法，选择什么样的教学手段、开展什么样的教学形式都需要具体有效的方案。“信息安全保密”教学情况如表 9-1 所示。

表 9-1　“信息安全保密”教学情况

混合方式	知识点	教学方法
网络学习+课堂教学	互联网的诞生和发展	阅读网络教材、组织讨论交流
	网络安全面临的威胁	故事教学、视频教学、案例教学
	网络窃密的主要手段	案例教学
课堂讲授+实践教学+网络学习	终端安全隐患	学生提问、教师讲授
	终端安全防护原则	教师讲授
	终端安全环境的建立方法	教师演示、学生实践
	终端安全检查	教师讲授、演示
	文件安全防护及其他终端应用的安全	学生课后阅读、课后思考
课堂讲授	网络通信数据截获隐患	教师讲授、动画演示
	网络协议安全缺陷	教师讲授、学生思考
	网络管理安全隐患	教师讲授
课堂讲授+网络学习	网络安全防护的一般要求	教师讲授
	信息加密原理	
	物理隔离网络安全威胁	
	网络安全检查内容、检查方法	学生阅读
	军人使用互联网的要求	

混合教学策略的设计主要是将课堂讲授、网络学习和实践三种方式进行混合，而在具体的教学方法选择当中，则主要是选择阅读网络教材、学生相互交流、进行案例分析等。在一些技能型的知识教学当中，还需要教师进行必要的演示，进而加深学生的理解和记忆。

（二）混合学习活动的设计

在进行混合学习活动设计的时候一定要考虑“信息安全保密”课程本身的特点，进而通过课堂教学、阅读、讨论和交流、协作学习、案例分析、资源共享、解答疑问和评价反思等具体的学习活动来进行内容教学。

1. 课堂教学

传统的面对面教学是使用最为普遍的一种教学方式，教师在教学的过程中，可以通过视频、图片将那些比较抽象的知识呈现出来，进而进行教学。因为学生的注意力是有限的，无法在很长的一段时间当中都做到精力集中，而学生出现走神的情况便可能无法跟上教师的教学进度，这时需要通过网络学习的方式，让学生在跟不上教学进度的时候进行学习。将一些重要的知识点制作成网络课件，放在网络平台上供学生自主学习，便可以满足学生随时随地进行学习的要求。

2. 阅读

阅读活动一般是在传统的课堂当中进行纸质教材的阅读，但是在混合教学模式的基础上，可以阅读网络教材，也可以阅读一些优秀的论文、著作等。

3. 讨论和交流

讨论和交流在教学过程中是常见的一种活动形式，因为讨论和交流可以创设一个轻松的环境，让学生更加充分地表达自己的观点。在传统的课堂教学当中，很多学生不愿意进行讨论和交流，再加上讨论时间非常有限，所以难以取得有效的效果。利用网络教学平台则可以有效弥补传统课堂当中讨论和交流存在的缺陷，在网络信息技术的支持下，甚至可以进行异步的交流和讨论。在进行讨论和交流之前，教师要提前准备好相关的资料，实现资料共享。借助网络平台，还可以让那些表达能力差、性格内向的学生进行表达，从而有效缓解学生学习的压力。

4. 协作学习

协作学习主要是通过小组的方式进行。在网络环境下，因为学生无法进行面对面的交流，所以很难有效实现分组，在线小组教学存在成员交流困难的问题，也很容易出现作业抄袭的情况。为此，在混合教学模式中进行小组协作学习，需要教师进行专业的指导，进而保证小组协作学习的有效性。与此同时，教师还可以让小组相互监督，最终在彼此监督、相互协作的基础上完成学习。

5. 案例分析

案例分析这一方法具有典型性。可以搜集一些比较特殊的案例，以此提升学生的学习积极性，取得更好的教学效果。学习者在分析案例的过程，还可以锻炼自己的分析能力、解决问题的能力。

6. 资源共享

和传统课堂教学相比，资源共享是线上教学明显的优势，因为网络教学资源丰富，学生可以选择自己喜欢、适合自己的教学资源，这样一来便可以有效避免传统教学课堂中教学资源单一的问题。虽然大量的教学资源可以有效实现资源共享，但是同时也带来了随意性的问题，无法统一学习标准，因此学校还需要提前进行网络教学资源的筛选和确定。

7. 解答疑问

解答疑问是提升学生能力最为有效的方法。学生在学习过程中会遇到各种各样的问题，只有教师帮助学生解决这些问题，才能让学生真正得到进步。因此，混合教学可以采用面对面解答疑问为主、在线解答疑问为辅的方式解决学生的疑问。为了避免出现重复的问题解答，教师可以将常见的问题和已经解答过的问题放在交流论坛当中，提升解答疑问的效率。

8. 评价反思

评价反思是学习者对自身的学习过程进行反思，进而发现问题、解决问题的一个过程。在传统的课堂教学当中，很多学生不愿意进行评价，无法将自己最真实的问题展现出来。而在评价和反思活动当中，教师要根据混合教学模式的特点制定明确的评论标准，每一个人和每一个小组都进行自我评价，学习者和小组之间以匿名的方式进行互评，通过反思和评价为学生提供足够的进步空间，引导学生进行进一步的学习。

因为网络信息安全的相关知识可以分为事实性知识、概念性知识、原理性知识和技能性知识，不同类型的知识所适合的学习活动有所区别，因此应当根据知识点的实际内容进行有效的划分，最终提升“信息安全保密”课程的教学效果。

（三）“信息安全保密”课程混合教学评价设计

在混合教学评价的过程当中，学生的学习情况不能仅仅通过一次的测试进行判断，而需要对学习者的学习情况进行综合评价。为此，有必要保证评价主体的多元化和评价方式的多样化。

1. 评价主体的多元化

在传统的教学过程中，教师是评价主体，教师在对学生进行评价时以考试分数为唯一的依据，虽然考试分数可以在一定程度上反映学生的学习情况，但是这样的评价方式显然存在一定的问题，而且以教师为单一评价主体本来就存在局限性和片面性。为此，“信息安全保密”课程混合教学的过程中，需要使用多元化评价主体的方式，不仅需要教师进行评价，还需要学生进行自我评价、学习者相互进行评价等。师生通过网络课程教学当中的在线交流还可以进行互动，比如在教学完成之后便可以及时进行点评。

2. 评价方式的多样化

混合教学模式下的评价方式也是多样化的，除了依据考试成绩之外，还可以依据测验分数、学习时间、课堂表现等。最重要的是，要将定量评价和定性评价进行结合。在“信息安全保密”混合教学评价当中，每一个章节都可以进行章节测试，再与考试成绩加以综合，形成对学生的定量评价。另外，通过课堂观察、课后交流等方式对学生的表现进行定性评价。最终将定量评价和定性评价进行一定的综合，展现学生的学习效果。

四、"信息安全保密"混合教学实践

前期的学习内容、教学目标和学习者特征分析，以及具体的教学活动设计，为最终的"信息安全保密"混合教学实践提供了重要基础。

（一）混合教学实施过程

1. 课程准备

课程准备是混合教学实施的一个重要环节，是教师对课程教学意义、教学内容、教学目标和课程安排的说明。因此，教师首先要了解"信息安全保密"课程，将课程的教学大纲、教学计划、重要知识点介绍给学生。因为采用混合教学模式，教师还要将使用的新媒体介绍给学生，针对"信息安全保密"课程进行有计划的培训。

2. 教学活动组织

高效地开展学习活动，是保证混合教学实践成果的关键。比如，在"网络信息安全保密技术与方法"这一部分知识当中，可以使用课堂教学、网络学习和实践教学，在进行教学活动设计的时候也可以包含课堂讲授、阅读和协作学习等。这一部分知识采用混合课堂讲授和网络学习的方式，可以取得更好的教学效果。在网络课程教学当中，提供丰富的网络教学资源，支持学生进行自主学习。在讲授、阅读、案例学习等多种学习活动当中，需要发挥教师的引导启发作用，同时体现出学生的自主性和创造性。

"信息安全保密"课程的内容非常广泛，对时间的要求也比较高，如果仅仅依赖教师的课堂教学，教学效果非常有限，学生也难以学习到全面的知识。因此，需要在网络课程教学的指示下进行学习、讨论、协作、资源共享，从而更好地完成教学任务。利用网络课程进行学习，还可以为学习者提供充足的案例和参考书籍，让学生得到启发。在课堂学习和自主学习的过程当中，学生经常会有一些无法及时解决的问题，而网络教学平台讨论交流区的建立，为教师与学生提供了一个实时交流、及时解决相关问题的平台。教师也可以积极鼓励其他学生发表自己的看法和意见，进行意见交流，提高混合教学模式下"信息安全保密"课程的开展效率。

（二）混合教学评价

在"信息安全保密"课程混合教学当中，评价主体是教师、学生，主要的评价方式是定量评价和定性评价、形成性评价和总结性评价等。

教师可以通过网络课程平台对学生的学习情况和作业进行点评，了解到学生的具体学习情况；可以通过考试、测试、问卷调查等方式对学生进行定量评价，进而了解学生的表现；还可以通过课堂观察、相互交流的方式对学习者的表现进行定性评价。在学习过程当中，每一章结束之后有一定的测验，这是形成性评价的内容；而期末考试则属于总结性评价。结合四种不同评价方式，对学生学习情况进行更加科学全面的评价。

第三节　混合教学模式实施效果分析

对“信息安全保密”课程的实施效果进行分析，可以更加直观地了解“信息安全保密”课程混合教学的实施效果，进而为高校混合教学课程的改革提供一定的参考。

一、“信息安全保密”混合教学实施效果

（一）问卷调查结果

1. 问卷调查设计

本次进行问卷调查的设计，目的在于了解学生应用混合教学模式的效果，具体内容分为学生使用混合教学模式的基本情况、学生对混合教学模式的满意度、学生使用混合教学模式的学习效果和后续改革的建议四个方面。

2. 调查问卷分析

问卷调查的第一部分是使用混合教学模式的基本情况。在“信息安全保密”课程的相关知识和技能掌握情况当中，超过70%的学生表示乐意接受混合教学模式的学习，并且认为可以取得较好的学习效果；有58.3%的学生喜欢教师在教学的过程中引入一定的案例。在网络课程教学的板块当中，按照学生欢迎程度进行排名，网络教材占69%，电子教案教学占55.2%，案例教学占40.4%，讲授教材占20.7%，书籍参考占6.9%。在进行网络学习的过程当中，有58.6%的学生表示自己会经常与教师进行一定的交流，有96.3%的学生表示自己拥有较好的自控能力，但是就实际情况而言，学生的自控能力不强，很多学生在网络教学当中难以跟上教学进度。值得注意的是，在混合教学模式下，丰富的网络课程资源为很多学生带来了可以利用的学习资源，在一定程度上激发了学生的学习积极性；但是也有一部分学生认为网络课程资源的发展给自己的学习带来了较大的压力。

从问卷调查结果来看，学生通过混合教学已经基本掌握“信息安全保密”知识和技能，并且混合教学模式有效增加了课堂中教师与学生、学生与学生之间

的交流机会。整体上来说，学生对混合教学是比较满意的，大多数学生认为网络教学可以在自主学习当中取得更好的效果，不过也有一些学习活动没有取得理想的效果，比如很少有人会积极参考书籍，讨论交流的情况也不太理想。这可能与学生长期以来形成的学习习惯有关，需要教师及时加以引导。

第二部分是学生对混合教学模式的满意度调查，问卷调查的内容主要包括网络教学对学习的支持情况、混合教学模式下的学习环境、课程内容组织形式、时间分配、师生互动情况、形成性评价和总结性评价方式的满意程度等。通过对调查结果的分析发现，网络学习和课堂教学的时间分配还有待改进。虽然大多数学生知道深入交流对于学习效果的提升十分重要，但是缺乏实际的行动，所以互动交流的作用十分有限。因此，在之后的互动交流当中，教师需要采取相应的措施对学生进行一定的激励，促使学生主动地参与讨论和交流。

第三部分是学习效果的调查。这一部分调查结果显示，有93.1%的学生乐意接受网络教学和传统课堂相结合的教学方式，并且认为这样的方式可以有效提升学习的积极性。有大约82.3%的学生认为教师的主要作用是进行课堂教学，仅有20.7%左右的学生认为教师在情感交流和情感提升方面具有比较大的作用。在网络课程教学的作用方面，有73.5%的学生认为网络课程教学对于学习的帮助比较大，可以拓展学生的视野，有66.0%的学生认为网络课程教学可以为学生丰富课外知识。但是也有103名学生认为网络课程的教学给学生带来更多的压力，如果连课堂教学的知识都没有完全掌握，还花费大量的时间来进行网络课程资源的学习，会造成时间紧迫、效果不佳等问题。“网络课程教学的作用”调查结果如表9-2所示。

表9-2　“网络课程教学的作用”调查结果

网络课程教学的作用	拓宽学生视野	丰富课外知识	给学生带来更多压力
学生数量	147名	132名	103名
比例	73.5%	66.0%	51.5%

从学习效果方面的调查可以发现，虽然大部分学生接受了混合教学模式，但是因为受传统教学观念的影响比较深，所以依然对教师教学有着较强的依赖性。即使是网络课程教学，大多也局限在案例教学方面，无法充分发挥网络课程教学的作用。由于不适应新的教学方式，学生很容易在教学过程中出现各种各样的问题。

第四部分是对于后续改革建议的相关调查。调查结果显示，有56名学生认为应当增加自主学习的时间，占调查学生的28%；有70名学生认为应增加自主练习的时间，占调查学生的35%；有93名学生认为教师应当对学生学习直接进行引导，占调查学生的46.5%；有89名学生认为教师应当地对学生学习间接进行引导，占调查学生的44.5%；有116名学生认为应当进行网络交流板块的改进，占调查学生的58.0%。“改革建议”调查结果如表9-3所示。

表 9-3　“改革建议”调查结果

改革建议	人数	百分比
增加自主学习的时间	56 人	28.0%
增加自主练习的时间	70 人	35.0%
教师对学生进行直接引导	93 人	46.5%
教师对学生进行间接引导	89 人	44.5%
进行网络交流板块的改进	116 人	58.0%

从上述内容可以发现，混合教学模式当中的网络教学课程，在“信息安全保密”课程教学当中发挥了比较积极的作用，有效提升了学生自主学习的能力和意识，学生的学习效果得到了有效改善。但学生深受传统学习观念和传统学习习惯的影响，所以对网络教学产生了比较大的影响。

（二）实验结果分析

本次混合教学模式的开展，选择了一个有 30 名学生的班级作为实验班，选择了另一个有 29 名学生的班级作为对照班。两个班级在最开始，学生的年龄、学习成绩等没有较大的差异。在进入新学期之后，实验班开始使用混合教学方式进行“信息安全保密”课程的教学。在学期结束之后，两个班级学生成绩情况如表 9-4 所示。

表 9-4　两个班级学生成绩情况

班级	平均成绩	优秀率 （90 分以上）	良好率 （80 分～90 分）	中等率 （70 分～79 分）	不及格率
实验班	89.9	55.0%	45.0%	0	0
对照班	83.4	30.7%	52.1%	17.2%	0

从成绩数据统计来看，实验班和对照版从原来的成绩相差不大变成了平均成绩相差 6.5 分。在两个班级当中，实验班和对照班优秀学生比例分别是 55.0% 和 30.7%，良好学生的比例分别是 45.0% 和 52.1%，中等学生的比例分别是 0 和 17.2%。很显然，使用混合教学模式之后，学生的学习成绩得到了明显的提升，教学质量也得到了提高。

问卷调查和实验班教学的结果显示，学生普遍认可、接受混合教学模式，通过一定的学习，可以在知识、技能、情感等多个方面达到预期的要求，学生的自主学习意识也可以因此得到一定的激发，进而使学习效果得到明显的改善。“安全信息保密”课程作为信息安全保密意识、信息安全保密知识、信息安全保密技能和信息安全保密伦理四位一体的课程，通过混合教学模式进行教学，可以培养学生的安全保密素养，提升学生整体信息安全保密水平。

二、网络教学基础上的混合教学模式存在的不足和教学经验

（一）基于网络课程教学的混合教学经验

1. 多种形式教学活动的混合

混合教学主要是以课堂学习加在线学习的方式开展教学，针对一部分特殊的知识点还需要进行实践教学。在教学过程中，为了能够帮助学生加深对重点难点的理解，还可以采用案例教学法，将那些比较抽象的知识转化为具体的内容。网络课程满足了学生自主学习的需求，可以为学生提供更加丰富的知识。实践教学可以让学生在实践过程当中不断进行反思和提升。总之，混合教学当中的多种教学活动，可以帮助学习者从理论、实践、应用等多个环节进行高效的学习，培养学生的研究精神，最终全面提升学生的素养。

2. 实验教学和实践教学相结合

混合教学模式下的学习活动设计要认识到在线教学的重要性，同时也不能忽视面对面教学的重要性。只有选择与教学内容相对应的教学方法，才可以取得预期的教学效果，达到理想的教学目标。

3. 多样化的混合评价方式

在混合评价当中，要利用教师、学生、他人等多元化的评价主体进行评价，还要使用定性评价和定量评价等多种评价方式。评价的内容不仅要将期末考试包含在内，还需要进行在线学习测评和作业测评。通过多样化的评价方式，保证全面检测学生的学习情况。

（二）混合教学实施过程中存在的问题

1. 学生接受混合教学模式的能力参差不齐

通过具体的调查和实践可以发现，大多数学生的适应能力较强，在开展混合教学模式的过程中，大多数学生可以及时进行转变，适应教学需求，从传统的被动听课转变为积极进行课程讨论。但是仍然有少部分的学生适应能力比较弱，无法及时适应自主学习的方式，出现力不从心的感觉，久而久之，学生就会产生挫败感。在这样的情况下，教师应该给予这些学生更多的关注，进行进一步的引导和鼓励。

2. 对疑问和作业处理不够及时

很多学生在遇到疑问的时候并不会第一时间请教老师，大多会选择去交流板块寻找答案。而且，也有学生不愿意主动发表自己的意见和观点。在这样被动的

情况下进行学习，学生的学习效果并不好。因此，教师应当引导学生进行互动和交流，主动展开一些有意义的话题供学生讨论，活跃学习的氛围。

3. 教学内容和教学时间不协调

很多学校是初次使用混合教学模式，所以在教学过程当中无法保证课堂讲授和网络学习两种方式的协调性。而学生的接受能力并不相同，所以在进行网络学习的时候学习进度也不相同。在具体实践的过程中可以发现，很多学生仍然在使用最传统的阅读方式，这样的阅读方式对学生进行时间分配带来较大的压力。

（三）提高混合教学模式的有效建议

混合教学模式的实施为教师的教学和学生的学习提出了更高的要求，为了提升混合教学的效率，可以从以下几方面来开展。

1. 实现教学过程的结构化发展

教学过程的结构是指教师在教学过程中针对学生什么时候进行学习、在什么地方进行学习、学习什么内容进行具体的规定。针对这些内容，教师每周必须进行实时的安排，课时、面授时间、测试等都需要提前告诉学生，帮助学生提前做好准备。

2. 实现网络教学和面授教学的结合，提升教学效率

在教学过程中，教师和学生需要明确学习方式对学生的知识、学习能力等方面的要求，为进一步的教学提供保障。教师还应当处理课堂教学和网络学习之间的关系，充分发挥网络教学本身所具有的优势，让学生获取更多课外知识，丰富学生的知识储备，提升学生的学习主动性。将课堂教学和网络教学两者的优势进行结合，并且发挥出来，才能达到最佳的教学效果。

3. 注重反思在学生学习过程中的作用

反思对于提升教学效果有着非常明显的作用，反思是学生对自己的学习情况进行评价，进而提升学习效率的有效措施。可以让学生在学习中进行反思，也可以让其在学习之后进行反思，但是要为学生提供足够的反思空间和时间。对于学生来说，还需要注重反思方法，比如，可以通过论坛、博客等现代方式进行交流与互动。与此同时，学生还需要向教师进行及时的信息反馈，帮助教师及时发现教学过程中的不足。

结　语

混合教学产生于信息时代，其最大特征是线下教学与线上教学相结合。关于混合教学的应用已经得到众多教育学者的研究与探讨，并且取得了不俗的研究成果，但是依然存在着很多问题，面临着诸多挑战，比如运行机制不完善、教学方式操作性不强等。问题与挑战需要积极面对和克服，而在这一过程中，同样要把握机遇，比如，教育领域要大力引入和应用新型信息技术，通过与实践不断磨合与积极创新开创混合教学新局面。本书基于当前现状以及相关理论尝试进行混合教学模式设计，并通过实际试验验证教学设计的实践效果，并在这一基础上对混合式学习课程与实施进行设计，并以“信息安全保密”课程为例进行具体研究。

本书所做出的探索研究具有一定创新性，但受限于当前研究水平，如混合教学相关理论较少、开展混合教学高校数量有限以及研究者学识水平等，研究存在一定的不足，甚至可能出现错误，因此欢迎广大读者在阅读本书时提出批评与建议，帮助作者进一步调整，使本书能够在混合教学研究领域发挥一定作用，进而为混合教学更加成熟以及得到广泛应用作出应有贡献。

参考文献

[1] 李艳玲. 新工科背景下的混合教学模式探究——以大学“计算机基础及应用”教学改革为例 [J]. 长治学院学报, 2018, 35 (2): 82-84.

[2] 刘军, 李英梅, 战宇. 基于互联网+的材料力学课程建设 [J]. 高教学刊, 2018 (20): 108-109+113.

[3] 龙奋杰, 邵芳. 新工科人才的新能力及其培养实践 [J]. 高等工科教育研究, 2018 (5): 35-40.

[4] 金鑫, 李良军, 杜静, 等. 新工科背景下机械基础课程体系构建 [J]. 机械设计, 2018, 35 (S2): 114-118.

[5] 武婷婷, 唐加山. 新工科背景下“线上-线下”混合教学框架设计与实践 [J]. 软件导刊, 2018, 17 (11): 220-222.

[6] 沈嵘枫, 纪敏, 谢诗妍, 等. 新工科背景下“人工智能+林业机械”研究生课程教学改革 [J]. 西部素质教育, 2018, 4 (22): 135-137.

[7] 崔建峰, 陈克忠, 黄智云. 新工科视角下地方高校计算机基础课程改革 [J]. 黑龙江教育 (高教研究与评估), 2019 (3): 34-37.

[8] 龙奋杰, 邵芳. 基于组织行为学理论的混合教学模式改革——以贵州理工学院为例 [J]. 现代教育技术, 2019, 29 (3): 53-58.

[9] 杨梅, 潘臻. 基于 Learning Pyramid 理论的 C 语言程序设计混合教学模式研究 [J]. 教育现代化, 2019, 6 (11): 84-86.

[10] 郑海永, 任新敏, 王楠, 等. 新工科背景下任务驱动式混合教学实践 [J]. 中国现代教育装备, 2019 (5): 92-94.

[11] 翟立公, 王俊颖, 杨剑婷, 等.《食品原料学》混合教学模式探索与评价 [J]. 现代食品, 2019 (5): 32-36.

[12] 陈亮, 薛纪文, 霍炜. 新工科背景下的程序设计语言课程教学研究 [J]. 计算机教育, 2019 (5): 133-136.

[13] 方向. 新工科背景下的大学计算机教学改革研究与实践——以山东工商学

院为例［J］. 大学教育，2019（6）：88-90.
［14］杨莹，夏秋英，徐立. 新工科背景下混合教学模式的应用探索——以互换性与测量技术课程为例［J］. 大学教育，2019（8）：56-58.
［15］梅晓丹，曲建光，王文福，等. 面向新工科的“自然地理与地貌”课程教学模式探索［J］. 测绘工程，2019，28（5）：77-80.
［16］何国良，汪紫煌，辛欣. 新工科背景下数据结构课程的教学研究［J］. 科教导刊（下旬），2019（24）：118-121.
［17］屈会芳，李环，石秦峰. 新工科形势下培养高水平应用型人才的策略研究［J］. 济宁学院学报，2019，40（5）：67-71.
［18］柏金，王谦. 工程热力学线上线下混合式教学模式的构建与优化［J］. 高等工科教育研究，2019（S1）：283-285.
［19］杨莉，胡国兵，徐志国，等. 基于雨课堂的课程设计混合教学模式的构建与实践——以“单片机原理及应用课程设计”为例［J］. 金陵科技学院学报，2019，35（4）：52-56.
［20］涂频. “智慧教育+课程思政”的混合式教学设计研究［J］. 教育现代化，2019，6（A4）：213-215.
［21］李中捷，刘天博，金闪. 新工科背景下区块链线上线下教学模式探讨［J］. 科教导刊（中旬刊），2019（35）：98-100.
［22］汪洋，姚汝贤，魏雪峰. 新工科背景下混合教学模式在数据结构教学中的应用——以黄淮学院数据结构课程教学为例［J］. 中国多媒体与网络教学学报（上旬刊），2020（3）：154-156.
［23］刘钰，马艳丽，米静，等. 新工科背景下“通信原理”课程混合教学模式探讨［J］. 中国多媒体与网络教学学报（上旬刊），2020（1）：165-166.
［24］刘军，柳福祥，崔盛. 新工科背景下数据分析能力导向的概率论与数理统计课程教学体系改革探究［J］. 教育教学论坛，2020（18）：200-202.
［25］任泽民，李庆玉，黎彬. 新工科背景下数值分析课程改革的几点思考［J］. 教育教学论坛，2020（18）：284-285.
［26］岳一领，董科，张志鸿，等. 新工科导向下的递推式混合教学模式探究与实践［J］. 科技创新与生产力，2020（4）：69-72.
［27］薛山，江文辉，李变花. 新工科浪潮下四段式混合教学金课建设探索与实践——以《食品安全与卫生学》为例［J］. 食品与发酵工业，2020，46（10）：303-308.
［28］于鲁汕，管恩京，王平，等. 基于信息化在线课堂的“新工科”混合教学模式研究与实践［J］. 高教学刊，2019（26）：20-23.

[29] 黄小娣，杨斌，冯丹艳．互换性与技术测量课程在新工科背景下教学改革与实践——以广东理工学院为例［J］．高教学刊，2020（13）：105-108.

[30] 钟琦，杜春涛，严深海，等．新工科驱动下新型教学模式的探索与实践——以大学信息技术课程为例［J］．赣南师范大学学报，2020，41（3）：123-127.

[31] 高腾刚．浅谈新工科背景下《数据库原理与应用》课程教改探讨［J］．电脑知识与技术，2020，16（12）：127-128.

[32] 乔国朝，张争艳，张建辉，等．新工科背景下机械专业人才培养模式改革与实践［J］．高教学刊，2020（21）：85-88.

[33] 董卫萍，蔡尚真．新工科背景下混合教学模式探究——以“数据结构”课程为例［J］．绍兴文理学院学报（教育版），2020，40（1）：51-56.

[34] 余仁萍，陈明明，费选．新工科背景下复变函数与积分变换教学改革探索［J］．教育现代化，2020，7（49）：34-36.

[35] 胡剑凌，曹洪龙，邵雷，等．“DSP 技术”课程教学改革与实践［J］．实验技术与管理，2020，37（7）：173-175+216.

[36] 任皓，张帆，曾励，等．基于混合教学的数控技术课程网络化平台研究［J］．中国教育技术装备，2020（2）：49-51.

[37] 秦毅，王福杰，任斌，等．Process Simulate 仿真技术在新工科背景下课程实验教学改革与探索［J］．计算机产品与流通，2020（10）：220+227.

[38] 刘娟．面向新工科的 Go 语言教学设计研究［J］．电子测试，2020（19）：133-134+119.

[39] 李薇，杨庆华，焦方源，等．新工科背景下物联网课程教学模式研究［J］．现代计算机，2020（23）：69-73+93.

[40] 李敏之，王阳萍，李海军．新工科建设指引下的西部高校一流本科课程建设——以大学计算机基础课程为例［J］．计算机教育，2020（11）：89-93.

[41] 张策，徐晓飞，初佃辉，等．高校工科教育改革趋向及思考——统筹 MOOC 教学与新工科建设［J］．中国高校科技，2020（11）：64-68.

[42] 李沐纯，李洁芳，高克昌．通识课中 SPOC 混合教学模式的应用研究——以趣读财务报表为例［J］．佳木斯职业学院学报，2020，36（12）：131-133.

[43] 冯娜娜．新工科视域下混合学习课程的设计研究［D］．天津：天津职业技术师范大学，2020.

[44] 刘喆．新工科教育改革探索——以“信号与系统”课程为例［J］．工业和

信息化教育，2021（1）：28-31.
[45] 阎群，李擎，崔家瑞，等. 新工科背景下实践类课程混合教学模式研究[J]. 实验技术与管理，2021，38（1）：198-201.
[46] 杨雷，马安香，张晓红，等. 新工科建设的背景下基于 PBL 的《数据结构》课程教学模式研究[J]. 高教学刊，2021（8）：105-108.
[47] 王凤梅，戴振华. 新工科背景下以应用为导向的大学计算机改革探索[J]. 创新创业理论研究与实践，2021，4（1）：50-52.
[48] 许洪云，陈朝焰. 新工科背景下 Python 教学探讨与实践[J]. 计算机时代，2021（2）：96-98.
[49] 余佳佳，陈雄飞，黎静，等. 新工科背景下现代测试技术线上线下混合教学与实践研究[J]. 南方农机，2021，52（5）：126-127.
[50] 闫德鑫，杨军. 新工科背景下“数字电子技术”课程的混合式教学模式研究与实践[J]. 中阿科技论坛（中英文），2021（6）：176-17.